四川省高等教育自学考试教材

人力资源管理丛书

管理思想史

GUANLI SIXIANGSHI

附：管理思想史自学考试大纲

主编 王建军 杨智恒

四川大学出版社

责任编辑:陈克坚
责任校对:杨华军
封面设计:翼虎书装
责任印制:曹 琳

图书在版编目(CIP)数据

管理思想史／王建军,杨智恒主编. ——成都:四川大学出版社,2007.8(2024.9重印)
(人力资源管理丛书)
ISBN 978-7-5614-3789-6

Ⅰ.管… Ⅱ.①王…②杨… Ⅲ.管理学-思想史-高等教育-自学考试-教材 Ⅳ.C93-09

中国版本图书馆CIP数据核字(2007)第120737号

书名	管理思想史
主 编	王建军 杨智恒
出 版	四川大学出版社
地 址	成都市一环路南一段24号(610065)
发 行	四川大学出版社
书 号	ISBN 978-7-5614-3789-6
印 刷	成都普瑞特彩印有限公司
成品尺寸	146 mm×210 mm
印 张	11
字 数	338千字
版 次	2007年8月第1版
印 次	2024年9月第14次印刷
定 价	38.00元

版权所有◆侵权必究

◆读者邮购本书,请与本社发行科联系。
电话:(028)85408408/(028)85401670/(028)85408023 邮政编码:610065
◆本社图书如有印装质量问题,请寄回出版社调换。
◆网址:http://press.scu.edu.cn

目 录

第一章 绪 论 …………………………………………………… (1)
  第一节 管理思想史的研究对象与研究方法 ……………… (1)
  第二节 管理科学形成前的管理思想与实践 ……………… (7)
  第三节 管理科学的历史演进路径 ………………………… (25)
  第四节 对管理思想未来发展的展望 ……………………… (29)

第二章 古典管理理论的形成与发展 ……………………… (33)
  第一节 古典管理理论形成的时代条件 …………………… (33)
  第二节 泰勒的科学管理思想 ……………………………… (37)
  第三节 法约尔的一般管理思想 …………………………… (45)
  第四节 韦伯的行政组织思想 ……………………………… (53)
  第五节 古典管理理论的传播和发展 ……………………… (58)

第三章 行为科学理论的形成与发展 ……………………… (62)
  第一节 行为科学产生的历史背景和研究概况 …………… (62)
  第二节 人际关系学说 ……………………………………… (64)
  第三节 个体行为理论 ……………………………………… (68)
  第四节 群体行为理论 ……………………………………… (80)
  第五节 领导行为理论 ……………………………………… (82)
  第六节 对行为科学理论的评价 …………………………… (91)

第四章 管理科学理论的形成与发展 ……………………… (95)
  第一节 管理科学理论的产生和特点 ……………………… (95)
  第二节 运筹学 ……………………………………………… (103)
  第三节 系统管理理论 ……………………………………… (109)

第四节 管理科学理论的发展 …………………… (120)

第五章 现代管理理论的主要学派 …………………… (123)
第一节 巴纳德与社会系统学派 …………………… (123)
第二节 决策管理学派 …………………………… (127)
第三节 经验主义学派 …………………………… (135)
第四节 权变理论学派 …………………………… (141)
第五节 经理角色学派 …………………………… (146)

第六章 全面质量管理理论的发展 …………………… (154)
第一节 生产质量管理的实践与理论的演变 ………… (154)
第二节 戴明的全面质量管理思想 ………………… (157)
第三节 朱兰的全面质量管理思想 ………………… (166)
第四节 韦尔奇的 6σ 管理法 ……………………… (170)
第五节 ISO9000 质量认证体系 …………………… (174)

第七章 战略管理理论的形成与发展 ………………… (180)
第一节 战略和战略管理的概念 …………………… (180)
第二节 战略管理理论的发展演变 ………………… (186)
第三节 经典战略管理理论——战略规划理论的形成和发展
　　　　　　　　　　　　　　　　　　　　　　 (190)
第四节 产业组织理论的形成和发展 ……………… (205)
第五节 资源、能力基础理论的形成和发展 ………… (212)

第八章 企业文化与跨文化管理理论的形成与发展 …… (221)
第一节 企业文化管理理论的形成和发展 ………… (221)
第二节 企业跨文化管理理论的形成和发展 ……… (235)

第九章 当代管理思想及其发展趋势 ………………… (246)
第一节 托马斯·彼得斯的管理思想 ……………… (246)
第二节 约翰·科特的领导理论 …………………… (260)

第三节　彼得·圣吉的学习型组织理论 ……………… (274)
第四节　迈克尔·哈默与詹姆斯·钱皮的企业再造理论
　　　　…………………………………………………… (284)
第五节　虚拟组织理论 ………………………………… (289)

主要参考书目 ……………………………………………… (295)

附　录　高等教育自学考试　管理思想史自学考试大纲
　　　　(2007 年制定) ……………………………………… (297)

管理思想史真题荟萃 …………………………………… (327)

后　记 ……………………………………………………… (344)

第一章 绪 论

管理活动作为人类社会活动的基本内容之一,伴随着人类的出现便产生了,与此同时管理思想也就逐步形成了。因此无论是在世界的东方还是西方,我们均可从古代哲人那里找到许多有关管理思想的精彩论述。然而管理活动作为科学研究的对象,却是20世纪以来的事情。

今天,人们一般公认以泰罗(F. W. Taylor)的名著《科学管理原理》(1911年)以及法约尔(H. Fayol)的名著《工业管理和一般管理》(1916年)的发表为管理科学诞生的标志。在此后近一个世纪的时间里,管理学取得了长足的发展与进步,管理活动的实践和管理科学的研究两个方面都呈现出勃勃生机和兴旺发达的景象。不难预测,随着管理活动对未来社会发展的推动作用越来越大,管理科学必将进一步蓬勃发展。因此,我们今天通过对管理思想史的研究,回顾管理科学的历史发展进程,归纳管理思想演进的基本线索,总结管理思想发展的基本规律,对于管理实践活动和管理科学研究水平的提升,都有着十分重要的意义。

第一节 管理思想史的研究对象与研究方法

一、什么是管理

要想有效界定管理思想史的研究对象,必须首先搞清现代管理学对"管理"概念的定义。这是因为20世纪的管理科学成果众多,流派迭出,不同的学派对什么是管理的看法不同,其展开的研究重心不同,对管理科学的基本内容的认定也就大不相同。因此,对管理这一概念的界定,有助于对管理思想史的研究对象和范围的界定。

概括今天的管理学各流派给管理概念所下的定义,大致可分为广义和狭义两种。

(一)广义的管理概念

对管理概念作广义理解的可以哈罗德·孔茨(H. Koontz)为代表。他在《管理学》一书中开宗明义地说:"本书的目的是阐明经营理论和管理科学的基础知识。"[①] 换句话说,孔茨认为管理学的研究对象是经营理论和管理科学,或者说管理学就是这两部分的组合。按照这种理解,我们可以"给管理下一个广义而又切实可行的定义,可把它看成是这样的一种活动,即它发挥某些职能,以便有效地获取、分配和利用人的努力和物质资源,来实现某个目标"[②]。显然,在这里除了被称为一般管理学的内容外,生产管理、质量管理、营销管理、财务管理等内容也应纳入管理学的范畴。

(二)狭义的管理概念

对管理概念作狭义理解的可推法约尔为代表。他在《工业管理和一般管理》一书中,首先将企业的全部活动分为以下六种:(1)技术活动(生产、制造、加工);(2)商业活动(购买、销售、交换);(3)财务活动(筹集和最恰当地利用资本);(4)安全活动(保护财产和人员);(5)会计活动(财产清点、资产负债表、成本、统计等等);(6)管理活动(计划、组织、指挥、协调和控制)。由于前五种活动都不负责制订企业的总经营计划,不负责建立企业组织和协调各方面的力量和行动,因此,它是企业的一般生产经营活动。而管理活动则是渗透在生产经营活动之中,对它们起保证、主导作用,有自己特定内容,需采用特殊技能的活动。这种管理活动

---

① 哈罗德·孔茨、西里尔·奥唐奈:《管理学》,贵阳:贵州人民出版社,1982年版,第1页。

② 丹尼尔·A·雷恩:《管理思想的演变》,北京:中国社会科学出版社,1986年版,第2页。

由计划、组织、指挥、协调和控制五项职能组成。[1] 在这里，计划包括预测未来和拟订行动方案；组织包括建立一个从事组织活动的双重机构（人的机构和物的机构）；指挥是维持组织中人员的活动；协调就是把所有的活动和工作结合起来，使之统一并和谐；控制则旨在使所有的事情都按照已定的计划和指挥来完成。法约尔的这一看法使人们相信当你在从事计划、组织、指挥、协调和控制工作时，你便是在进行管理。管理就是通过计划、组织、指挥、协调和控制等职能活动，去有效配置资源以实现组织目标的过程。显然，法约尔关于管理概念的理解比孔茨狭窄，但由于它确定了管理活动的独特领域，便于对管理活动本身展开系统研究，因此它一经提出，在此后的数十年间对管理学的发展产生了巨大的影响。

二、管理思想史的研究对象

到了20世纪中叶，随着管理学理论研究的深入和实践影响的扩大，人们开始了对管理思想史的研究。在这个领域内，哈罗德·孔茨做过奠基性的工作。他曾写过两篇著名的论文：《论管理理论的丛林》（1961年）和《再论管理理论的丛林》（1980年）。这两篇文章对1980年前管理学领域内精彩纷呈的理论流派作了精辟的归纳与分析。他认为到1980年为止，管理学至少已发展出了十几个典型学派，如古典学派、行为学派、社会系统学派、决策理论学派、系统管理学派、经验主义学派、权变理论学派、管理科学学派、组织行为学派、社会技术系统学派、经理角色学派、经营管理学派等等。这些学派尽管对管理的看法不同，也各有自己的理论主张，但从内容上看均是对组织构造、管理方法以及经营方式这三类问题的研究。例如，被孔茨归纳为古典管理学派的泰罗、法约尔和韦佰（M. Weber）的管理理论，其内容主要包含了管理方法及组织理论两个方面。泰罗的科学管理理论本质上可以归结为对组织中分工协作体系的构建方法，以及如何通过激励以

---

[1] 法约尔：《工业管理与一般管理》，北京：中国科学出版社，1980年版，第10页。

提高效率的方式的研究；而法约尔和韦伯的著作则是典型的组织研究成果。行为科学学派作为管理学中的重要学派，其代表人物如梅奥（E. Mayo）、马斯洛（A. H. Maslow）、麦格雷戈（D. Mc Gregor）等，他们有的研究人的需求与行为的关系，有的探讨人的本性及相应管理的问题，还有的研究正式组织和非正式组织问题以及管理方式等。社会系统学派的代表人物巴纳德（C. I. Barnard）的研究是从经理人员在组织中的作用的角度来看组织如何有效运作。西蒙教授（H. A. Simon）作为决策理论学派的代表人物，在强调了决策在管理中的极端重要性的基础上，发展了决策的科学方法体系。至于权变理论学派、管理科学学派等等，其研究内容不过是组织及组织内管理的科学方法。而经营管理学派则专门研究了经营理论及经营中的管理问题。不难看出，孔茨对管理思想史的研究对象范围的界定，是与他对管理概念的广义理解相一致的。

当代著名管理史学家丹尼尔·A 雷恩对管理思想史的研究对象的把握，也是站在对管理概念作广义理解的立场上的。他在《管理思想的演变》一书中，高度关注管理方法在生产经营中的运用，他指出："使得管理有别于其他商业机能（如营销、生产、会计、财务、信息系统）的因素是管理把所有这些机能凝聚了起来，从而使企业与其经济、社会和政治环境融为一个整体。"正是基于这种理解，他在《管理思想的演变》一书中，将管理科学学派、质量管理学派、战略管理学派等的思想纳入了管理思想史的范围之内。

事实上，在对管理概念作狭义理解基础上所建立的管理学理论，是现代管理学的基础部分，它旨在揭示各类管理过程中的一般规律和方法；而在对管理概念作广义理解基础上所建立的管理学理论，不仅包括了现代管理学的基础部分，也包括了现代管理学的应用部分。显然，如果要想展示管理思想发展史的全貌，那么，孔茨对管理思想史研究对象和范围的界定无疑是恰当的。

因此，站在对管理概念作广义理解的基础上看，管理思想史是一门研究管理科学产生、形成和发展过程及其规律的学问。它的研究对象主要包括：（1）影响管理科学产生、形成和发展的历史条件；（2）管理科学产生、形成和发展的主要过程；（3）管理科学发展变化的基本规律；(4) 通过对各种管理思想的广泛运用而产生的主要社会影响。

三、管理思想史的研究方法

管理思想史作为一门研究管理学历史的学问，正像其他历史科学一样，从方法论角度看，必然有三个基本的研究视角：(1) 时间系列的视角。任何管理思想都是在管理活动和管理科学发展的时间系列中形成、存在和变化的，所以只有将某一管理思想放入管理活动和管理科学发展的时间系列中，才能再现管理科学的历史过程。(2) 研究领域系列的视角。任何管理思想都与前后相继的管理思想存在内容上的继承和变更关系，这种内容上的继承和变更决定了管理思想学派的异同，决定了管理思想学派不同的历史地位。(3) 研究方法系列的视角。任何管理思想都必须借助于一定的研究方法才能得出。研究方法的相同，可使得内容相近的管理思想表现出继承关系，甚至可使内容相左的管理思想表现出某种关联。

借助于上述三个基本的研究视角，我们可将管理思想史的基本研究方法概括为：将各种管理思想放入相应的时间系列、研究领域系列和研究方法系列中，以理清各种管理思想产生、形成和发展的环境条件、主要过程和历史地位，进而揭示管理科学发展变化的基本规律。

四、促进管理思想演进的主要原因

管理思想史是一门研究管理科学产生、形成和发展过程及其规律的学问，它既要致力于阐明不同时期人的本性、各种组织的职能和各类管理方法的理论和思想发生了何种变化，也要探讨为什么会发生这些变化。而要回答后一个问题，便必须将管理活动和管理思想放到一个广泛的文化背景中去考察。在这个背景中我们不难看出，管理不是一种与外界隔绝的活动，因为管理人员是在特定的文化和体制环境内构建管理组织和开展管理活动的，管理活动具有"开放系统"的特点。社会的特定文化环境会对管理思想施加影响，反过来管理思想也会影响制约它们的文化环境。因此，我们不难得出结论：管理思想的历史演进是社会文化变迁的产物。而文化是我们整个社会的遗产，它包含着与人类行为相联系的经济、社会和政治的多种形式。

（一）文化的经济内容

文化的经济内容反映人同资源的关系。资源既包含着可被利用来实现某种既定目标的有形的物质，也包含着那些无形的经营活动的努力。人们所能支配的资源的稀缺性和要实现众多的社会目标之间的矛盾始终是每个社会都会碰到的现象。从历史上看，人们如何利用这些稀缺资源来生产、分配产品和劳务以满足社会成员需要的形式是多种多样的。总的来说分配资源的方式可分为传统的方式、命令的方式、市场的方式和综合的方式四类。传统的方式是指依照以往的传统原则行事；而命令的方式是指由某位首脑人物或中央机构作出决定；市场的方式是指依靠市场来分配资源，价格、工资和利率都由生产产品和劳务的人与需要产品和劳务的人通过交易过程来确定；而到了现代社会，还出现了传统方式、命令方式以及市场方法的混合物，我们将其称为综合的方式。显然，分配资源的方式不同以及由谁来决定分配社会资源的状态不同，将对管理人员如何从事管理产生重大影响。在人类社会发展的不同历史阶段，随着人们如何利用这些稀缺资源来生产、分配产品和劳务以满足社会成员需要的方式的变化，管理思想也随之发生，相应变化。

（二）文化的社会内容

文化的社会内容反映特定的人与人之间的交往关系。人类不是孤立地生活的，为争取共同的生存或促进个人目标的实现，各种具有不同的需要、不同的能力和不同的价值准则的人组织成集体是有好处的。但组织中的人是参差不齐的，所以必须要求加入集体的人都要遵循某些共同的价值准则，使大家的某些行为协调一致，这个集体才能有效生存。不言而喻，管理的内容和成效受到个人与集体的关系以及存在于组织之中的共同价值准则的影响。在不同的时期和不同的文化中，其价值准则是不同的，在此基础上形成的管理思想也就会不同。

（三）文化的政治内容

文化的政治内容反映个人与国家的关系。它包括为建立社会秩序和保护生命财产而作出的法律和政治上的安排。如果没有国家和秩序，那就会出现无政府状态。除非对有理性的人提供某种保护，使其免遭无理性的人的危害，否则其结果将是经济、社会和政治的全面混乱。维护秩序和纪律的政治机构有多种形式：可以是民主制政府，也可以是君主制或者独裁式统治；维护秩序和纪律还要通过各类法律法规的制定和实施来实现。大量的历史事实表明，如果不同时期的法律和政治安排发生了变化，在此基础上形成的管理思想也就会随之发生变化。

显然，任何一个时代的文化的经济、社会和政治等各个方面的内容在不断变化，对它们的变化情况加以具体把握，可为我们研究管理思想演变的轨迹提供有益的分析途径。

第二节 管理科学形成前的管理思想与实践

一、古代早期的管理实践与管理思想

人类的社会实践活动一开始就是以集体协作劳动的形式展开的，而有集体协作劳动的地方就有管理活动，随之形成各种管理思想。应该说管理实践与管理思想和人类社会一样久远。

人类进行的管理实践，大约已有6000年的历史。我们在所有的古代文明中都可看到对大规模集体协作劳动的管理实践的典范之作，也可看到有组织的社会生活与国家管理实践的辉煌成就。

埃及的齐阿普斯金字塔，建于公元前2800年，用230万块巨石砌成，平均每块方石重约两吨半，其工程的浩大至今仍令人仰慕。中国的万里长城始建于公元前200多年，服役者40多万人，全长6700公里，蜿蜒于崇山峻岭和荒漠的戈壁滩上，其工程的宏大至今

仍令人惊叹。如此浩大的建设工程在当时的建筑条件下,不但是劳动人民勤劳智慧的结晶,同时也是管理实践的伟大业绩。

古巴比伦国位于底格里斯河和幼发拉底河之间,是文明古国之一,很早就开始了探索依法治国的管理模式。在公元前2250年,古巴比伦国的汉穆拉比王给他的国家颁布了一部由282条法律组成的史无前例的法典,它是处理贸易、人的行为、人与人之间的关系、工资、惩罚和其他许多社会问题的依据。如法律第104条是历史上第一条涉及会计和处理收入问题的法律。这些法律为现代社会的法制管理开了先河。

古罗马帝国的兴盛,在很大程度上归功于其有效的组织。罗马帝国强盛时期的疆域,西起英国,东至叙利亚,包括整个欧洲和北非,人口约5000万。这个庞大帝国的统治工作,为人类提供了许多管理方面的经验。284年,戴克利先成为皇帝后,实行了一种把集权与分权很好地结合起来的连续授权制度。他把整个罗马划分为101个省份,归13个区领导,而13个区又归并为4个大区。他除了自己兼任一个大区的领导外,授权给3个助手分别管辖其他三个大区。大区的首脑再授权给"总督",管辖各区。总督授权给"省长"管辖各省。这些省长只管民政,无权控制各省军队。这样,由于各省省长无权控制军队,而且低于皇帝两个层次,就没有足够的力量来反抗中央政权;同时,分布全国的101个省长管辖各省的民政事务,能够较好地适应各个地方的特点。这样就把中央的集权控制和地方的分权管理很好地结合起来了,使得罗马帝国在多年内能够成功地进行统治。

在上述这些大规模集体协作劳动和国家社会生活的管理实践中,人们积累了大量的管理经验,通过一批管理者和学者的总结和记录,使得我们今天可以在众多的古代典籍中看到很多现代管理思想的萌芽。

据《圣经》旧约全书的《出埃及记》中记载,摩西的岳父,对改进摩西事必躬亲的做法提出了建议:"你应当把有才能的人挑选出来,让他们充当千夫长、百夫长、五十夫长、十夫长,他们应该对每一件小事作出判断,但每一件大事,他们应该向你报告。"这体现了分权原则、管理幅度适当原则和例外原则等管理思想。

第一章 绪 论

苏格拉底（公元前469—前399）很早就认识到管理的普遍性，他认为公众事业的管理技术和私人事业的管理技术是可以相互通用的。他曾经说过，"管理私人事务和管理公共事务仅仅在量上有所不同"；它们都涉及对人的管理，如果一个人不能管理他的私人事务，他肯定也不能管理公共事务。他指出："私人事务管理与公共事务管理的区别，仅在于量的不同……没有人的作用，两者都无法进行……懂得如何雇用（人）者，便能成为私人事务及公共事务的成功指挥者，而不懂得如何雇用人者，则会在指挥这两者时犯错误。"①

亚里士多德（公元前384—前322）在他的《政治学》一书中提出了有关管理和组织的许多见解。例如：①论劳动的专业化。"劳动者的注意力专注于工作，而不是分散于工作时，各种工作便可做得更好。"②论部门分工。"每一办公室都应当具有特定职能"。③论集权、分权及代表制。"我们也应当知道，一些法庭对哪些事务具有司法权，哪些权力应当集中化。例如，是否应当让一个人负责市场秩序，而让另一个人负责其他地方，或者是否应当让同一个人负责所有地方？"④论协作。"整体当然高于部分"。⑤论领导。"未曾学会服从者，不可能成为好的指挥官。"② 从上述精辟的论述中，我们可以看到许多现代管理思想的影子。

孔子（大约公元前552—前479）很早就大力提倡按才能选拔和提升官员的制度。在孔子的时代，最受人尊敬的目标是在朝廷当官，争夺朝廷官职的斗争十分激烈，孔子主张选拔通过实践证明是德才兼备的人担任官职。汉朝（公元前206—公元20年）按孔子的主张开始实行文官考试。用任人唯贤的办法挑选官员，后来演变为根据考核（成绩评定）提升官员。隋唐以后，逐步实行了科举制度。

查纳卡雅·考底里耶（大约公元前332—前298）是古印度最伟大的政治家之一，他是孔雀王朝旃陀罗笈多的一位著名的大臣。考

---

① 色诺芬：《回忆苏格拉底和经济学》，哈佛大学出版社，1968年版，第189页。

② 亚里士多德：《政治学》(本杰明·乔伊科英译)，《西方世界名著》大英百科全书出版公司，1953年版，第474、487、500页。

底里耶撰写的《政事论》讨论了印度在行政管理中应如何建立和维持经济、社会和政治秩序等问题，论述了行政管理人员应具备的条件："名门出身……具有智慧……口才好……聪明、热情……善于交际"等，以及如何通过口试和了解情况来挑选人才。他还谈到要利用参谋顾问（"决不要只听一两个人的意见"）建立设有主任的部门以及为各种职务准备好详细的职务说明书等管理主张。①

汉高祖刘邦在总结他取得天下的经验时说："夫运筹于帷幄之中，决胜于千里之外，吾不如子房；镇国家，抚百家，给饷馈，不绝粮道，吾不如萧何；连百万之众，战必胜，攻必取，吾不如韩信。三者皆人杰，吾能用之，此吾所以取天下者也。"一个"用"字体现了管理中的用人之长的原则。

希腊的威尔·杜兰特提出了"一个国家诞生时总是讲求节俭的，而衰亡时总是腐败的"的论点，从而抓住了许多文明社会兴衰的本质。在这种兴衰周期中的勤俭阶段，逆境培育了团结一致，一无所有促进了积极性。这说明自我克制、节俭、勤奋工作，以及有秩序的生活会带来繁荣昌盛。

我国的许多古代典籍，如《周礼》，有对行政管理制度和责任的具体叙述。《墨子》《孙子兵法》等书对于管理的职能如计划、组织、指挥、用人等，都有不少适用于今天管理活动的精辟见解。

从上述简单列举的例证中，可明确地得出结论：我们的许多管理思想和主张是有着悠久历史的。尽管当时的这些处于萌芽状态的管理思想具有对管理职能的理解相对狭隘、对商业持轻视态度（主要关注行政管理）、管理思想并不系统等诸多缺点，但它仍然可为今天的管理学研究提供许多有益的借鉴。

二、中世纪的管理实践与管理思想

文艺复兴时期的作家创造了"中世纪"这个词，用来说明从罗

---

① T·N·杜马斯瓦米：《印度管理国家事务本领的实质：考底里耶德政事论》，伦敦：亚洲出版书局，1962年版。

马帝国的衰亡到文艺复兴（600—1500）这段时间中发生的事情。

在罗马帝国后期，奴隶制在经济上已经变得不合算了，奴隶对强迫劳动已经没有任何的热情，雇佣自由人当佃农对土地占有者来说更为经济。为了不致挨饿和出现持续的社会混乱，一种比奴隶制更有效的社会制度——封建主义制度便逐步形成了。然而在漫长的封建社会时期，无论是在东方的中国，还是在西方各国，封建制度紧紧地把人束缚在土地上，再加上宗教教会对世俗生活的干预，使贫穷和无知成为社会的一般特征，人类进步的步伐十分缓慢。

此时的欧洲，教会高于一切，罗马天主教会主宰着人们的生活。教义禁止人们为谋利而借贷，要求人们杜绝除最基本生活必需品之外的任何东西，反对商业贸易，宣扬"生意是罪恶的需要"的观念。要求人们不去考虑现世，而是考虑来生；不去关心获取，而是关心救赎，因为对贸易本身的兴趣会把人们对上帝的兴趣转移到对获利的兴趣上，会使人们由服从、谦卑变为进取，这样一来也就违背了神的旨意。在这种氛围下，有关生产和经济方面的管理思想的发展便停滞不前了。然而尽管如此，罗马天主教会还是在解决大规模活动的组织问题方面取得了巨大成就。它采取按地理区域划分基层组织，在此基础上又实现了高效率的职能分工，并在各级组织中配备辅助人员，要求下级既参与制定决策的过程又不破坏指挥的统一。罗马天主教会之所以能够控制在世界各个角落的几亿教徒的宗教生活，在很大程度上与它采用的这一套组织形式有密切关系。

此时的中国，宗教对世俗生活的影响远没有像欧洲那样严重，因此人们不仅在社会管理实践中成果显著，而且在经济和生产方面的管理实践中仍有所建树。例如，在宋真宗时期，一个叫丁渭的大臣提出的"一举三得"方案，便突出地反映了公元11世纪的中国在管理实践方面的高超水平。当时由于皇城失火，宏伟的昭君宫被烧毁。真宗命令丁渭用25年的时间修复它。这是一个浩大的工程，任务极重，不仅要设计施工，还要清理废墟、挖土、烧砖、运输材料。丁渭提出，可以首先在皇宫前挖沟，然后利用挖沟取出的土烧砖，再把京城附近的河水引入沟中，使大船可以直接从水路把大批建筑材料运到宫前，最后将废墟杂土填入沟中，就地处理碎砖烂瓦，复原大街。这一切省去了运土制砖的时间,大大加速了工程进度。用系统方法一揽子解决了就地取土、材料运输、清理废墟三个问题。

从管理思想看,中世纪在经济管理领域的研究基本上没有任何重要成果,因为局限于某一地区的仅能维持生存的经济不需要有任何经济管理理论来帮助它们发挥作用。但是,在社会管理领域,在中世纪后期还是产生了不少影响深远、值得研究的管理思想成果。

(一) 阿奎那的管理思想

托马斯·阿奎那(Thomas Aquinas,1226—1274),中世纪著名的神学家和经院哲学家。他的著述甚多.其中以《神学大全》最为著名,被誉为中世纪经院哲学的百科全书。从管理学的角度看,阿奎那从自然法的观点出发,对如何协调人们的相互关系进行讨论具有重要的历史意义。他指出:①"每一个人对于获得仅与自然有关的东西,胜过于对所有的人或许多别人的共同事务的关系。"②"当各人有他自己的业务需要照料时,人世间的事务就会处理得更有条理。"③"如果各人都对自己的处境感到满意的话,可以使人类处于一种比较和平的境地";相反的,"在那些联合地和共同地占有某种东西的人们中间,往往最容易发生纠纷"。① 显然阿奎那的这种宗教伦理思想,在某种程度上与后来管理思想中关于人性的某些基本假定中的伦理学基础的探讨有明显的关联性。

(二) 马基雅维利的管理思想

尼科洛·马基雅维利(Niecolo Machiavelli,1469—1527),意大利文艺复兴时期的政治家、思想家、历史学家。他著有《君主论》《战争的艺术》《佛罗伦萨史》等著作。这些著作中渗透的管理思想主要有:①"性本恶"的人性假定。马基雅维利将"权力欲望"和"财富欲望"看作是人性的基础。他说人"是反复无常的、忘恩负义的,是怯懦、虚假、伪善、嫉妒、对他人满怀敌意的",因此,必须使用强制手段对人进行管理和控制才能达到目标、完成任务。②物质利益决定论。马基雅维利认为,人们冲突的根本原因是物质利益。他在研究罗马历史时指出:"罗马贵族总是不经过特别反抗就把自己

---

① 托马斯·阿奎那:《神学大全》[第2部分之2,第66题,第2条]。

的崇高地位让给人民，但是问题涉及财产的时候，他们就如此顽强地保护自己，以至于人民不得不采取特别措施才能满足自己的要求。"③共和制优于君主制的政体观。马基雅维利在对政治体制的研究中指出，由于"人民总是比国王更聪明，更为坚定，更有理性"，所以与君主制相比较，共和制更优越。在国家生活中明确强调人民的作用，这对管理思想的影响是巨大的。④强调了领导者的素质问题。在他的著作《君主论》中，运用"案例分析"的方法，说明了一个君主应该具备的条件和才能。他对领导者的素质提出的名言是："要比狮子还勇敢，比狐狸还狡猾。"这样才能使"狼"感到恐惧，才能使自己不落入陷阱。他还告诫领导者，"必须会那样随机应变，以便遵循时代潮流和变幻无常的命运所指的方向"①。马基雅维利的这些思想对研究现代领导科学具有一定的借鉴意义。

（三）托马斯·莫尔的管理思想

托马斯·莫尔（Thomas More，约 1478—1535），欧洲早期空想社会主义学说的创始人。他以《乌托邦》（初版于 1516 年，全译为《关于最完美的国家制度和乌托邦岛的既有益而有趣的全书》）一书而名垂史册。书中的管理思想主要是通过他对英国现实的批判和未来社会的设想而表现出来。②主要内容有：①指出私有制是一切罪恶的根源。他根据英国当时的情况把社会分为两种人：食利者和生产者，并进一步认为这种分化的根源在于私有制，只要私有制存在，这种贫富不均和少数人掌握巨大财富而多数人遭受苦难和重压的状况就会存在，而"只有完全废止私有制度，财富才可以得到平均公正的分配，人类才有福利"。②提出了"乌托邦"的构想。莫尔指出，在理想的乌托邦岛上可分为 54 个城市，城市的周围环绕着农场和田野。城市由若干个以户为单元的工场作坊组成，每一个户由 10~16 个成年人组成，从事某一项手工产品制作，生产出来的产品交

---

① 转引自郭咸纲：《西方管理思想史》，北京：经济管理出版社，2004 年版，第 26 页。

② 参见郭咸纲：《西方管理思想史》，北京：经济管理出版社，2004 年版，第 27 页。

公共仓库保管，以供统一分配。而农场的生产劳动则由人们轮换完成。乌托邦中还有专门从事管理工作的非体力劳动者，比如极少数学者和行政长官。在岛中每人每天只需要劳动6小时，其余的时间从事科学、艺术等活动。③主张按民主的方式治理国家。在乌托邦中，人民具有选举权和被选举权，一切权力机关都是选举产生的，除去最高执政官是终生职务外，所有其他公职人员每年选举一次。在这里，公职人员不是高高在上的老爷，而是植根于人民之中的公仆，他们的职责是组织、监督人民从事生产和消费，杜绝浪费和懒散，使人人都能敬岗爱业。④设想整个社会经济按照一定的统一原则管理。在经济管理方面，他主张由国家估量全岛产品，并在必要时重新进行分配；国家可以统一调动劳动力；国家统一经营对外贸易；实行按需分配的产品分配原则，岛上实行公有制，岛上居民所生产的一切产品都归公有，并成为整个社会的财产，每个人从公共仓库领取他所需要的一切。莫尔认为在产品极其丰富和人们的道德水准普遍提高的前提下，可以采取按需分配这种更高一级的社会组织形式。这一点对今天的国家管理和企业组织内部确立分配原则仍有一定的启发意义。

三、工业文明的形成与现代管理理论的萌芽

现代管理思想是工业文明的产物，而工业文明的发展则是以近代资本主义的发展和工业革命的不断深入为前提的。资本主义精神的确立、资产阶级政治革命、工业革命分别从思想、政治和产业三个方面为工业文明的繁荣和现代管理理论的形成奠定了基础。

（一）工业文明形成的时代背景

社会的进步总是以社会生产方式的变化为原动力的。在封建社会，尽管大多数产品，特别是农产品都是以自给自足的方式制造或种植的，但是仍有一些用于交换的产品来自原始的工业组织——行会。据资料记载，行会制度最早存在于公元1100年到1500年之间，它包括两种类型：一类是商人行会，由货物的购买者和销售者组成；另一类是手工业行会，由货物的制造者组成。在手工业行会里，存

在一种由师傅、熟练工匠和学徒组成的权力等级制。其中也存在劳动分工，存在监控从事某类工作者的机制。在行会制度下，商人购进原料，然后把原料承包给个体工人或家庭去加工；个体工人或家庭用自己的设备，在家中把原料制成产品，把产品交给雇主以换取工资。在这种行会制度下，低水平的商品生产比自给自足的封建式生产有更高的生产效率，但是其缺点也十分明显：一是工具简单，技术落后，不能刺激人们去改进生产；二是生产规模小，效率低，劳动分工有限。随着贸易的增加，由于需要更多的资本，人们发现可从劳动分工中获得更多的好处，以及如果建立集中的工场将更为经济也更有效率等，于是纷纷要求用新兴的工厂制度代替行会制度。在其他社会条件的配合下，工业文明的形成便成为必然。由此诞生了资本主义精神的三大支柱。

1. 新教伦理

中世纪的欧洲，天主教会主宰了政治、经济和世俗大众的生活，对资本主义经济的发展是一种严重的束缚。从思想上完成人性的解放、确认人类逐利行为的合理性，成为当时宗教改革面临的迫切任务。

1517年，马丁·路德在德意志发起宗教改革，他提出了"天职"的概念，"天职"是上帝为人在现世中安排的使命。马丁·路德认为，每个人完成了他所处地位的任务，就是履行了"天职"。瑞士的加尔文在宗教改革中进一步提出了"选民"和"弃民"的概念，"选民"注定得到上帝的拯救，"弃民"则会被上帝抛弃。生活中的成功者才是"选民"，而失败者就是"弃民"。因此，每个人忠诚于上帝成为"选民"的正确选择就是履行"天职"，努力争取自己的成功。

"天职"和"选民"观念激发了教徒在现实生活中创造财富的动力。积极地生活、积极地工作、积极地创造财富，成为宗教改革后产生的新教徒的生活准则。在"天职"和"选民"观念的基础上，新教衍生出了四条重要的伦理准则：①浪费时间是万恶之源，因为浪费掉的时间都是履行"天职"的机会；②乐于工作，不劳动者不得食；③劳动分工和专业化是神的意志，因为分工和专业化使得技术提高，丰富了物质的质量和数量，符合所有人的利益，既然神意如此，作为教徒就应该尽心履行现实中自己的工作职责；④超过基本需求的消费是浪费，是有罪的。① 这四条新教伦理准则要求新教徒以积极的心态面对自己在现实中的工作职责和苦难，通过工作创造财富，而且杜绝奢侈和浪费，为资本主义的原始积累奠定了基础。

2. 自由意志的伦理

资本主义的自由意志伦理在学者的推动下在资产阶级革命中得到了推广。从启蒙时代以来，不断有政治学者提出或讨论平等、公正、公民权以及建立按民意治理的共和国等思想，个人的自由意识逐渐苏醒。在推动人类自由观念进步的众多学者中，约翰·洛克无疑是影响力最大的一个。洛克的自由思想体现在其代表作《政府论》中。洛克认为：①个人的行为受理智和自然法则支配，而不是受专横的传统标准或独裁人物的怪诞念头所支配。②人类社会是以私有财产为基础的。个人加入社会是为了更完善地维护他们的自由和财产，自然和理智的法则规定人们不得侵犯他人的财产，因此，国家应保护人们拥有财产的权利。

后来，洛克进一步提出了一种新的社会秩序：①法律要以理智而不是以专横为基础；②政府的权力来自人民授予；③实现个人目标的自由是天赋的权利；④私有财产和用它来追求幸福是天赋权利并应得到法律的保护。② 洛克的思想肯定了个人自由是天赋人权，并要求政府以理智来保护这种权力，同时以理智来要求法律等世俗权力，由此确认了人是自己行动的主宰，而将国王的权力、教会的权力等对个人自由的种种束缚赶下了神坛。洛克的著作对后来英国的"光荣革命"、法国大革命、美国的独立宣言都产生了深远的影响，在一定的程度上它们可以被看作是洛克的思想在政治领域中的实践。

3. 市场伦理

市场伦理兴起之前，重商主义是主流的经济思想。重商主义强调政府在资助和保护贸易方面发挥主导作用，以建立强大的民族经

---

① 马克斯·韦伯：《新教徒伦理和资本主义精神》，纽约：查尔斯-斯克里布纳父子公司，1958年版，第177页。

② 约翰·洛克：《政府论续篇》，《西方世界名著集》第35卷，芝加哥：大英百科出版公司，1952年版。

济。重商主义主张国家应广泛地干预经济事务,对私人经济活动加以限制,对某些特殊的商业利益提供保护。重农学派认为农业是经济的根本,反对对商业利益的特殊保护。但真正完成对重商主义致命一击的是古典经济学。以亚当·斯密为代表的古典经济学派提出了市场伦理。在其代表作《国富论》中,亚当·斯密提出,市场与竞争是经济活动的调节器,不受政府干预的完全竞争市场能够实现资源的有效配置,市场这只"看不见的手"能够实现市场参与者的利益最大化。在一个自由竞争的市场中,每一个人和每一个国家的自利行为,都将给他人带来最大的福利。斯密认为,劳动分工和专业化是市场竞争效率的主要源泉。分工和专业化的结果是熟练和创新,因此能够不断提高效率。实际上,亚当·斯密也并非主张政府对经济完全地放任,他所反对的只是各种垄断和保护以及伴随而来的权力滥用,主张应该通过法律等手段来有效地规范和维护市场秩序。[①]

市场伦理肯定了竞争而不是保护,肯定了个人激励的力量来自自我利益而不是国家利益,肯定了市场而不是政府是资源配置的最好形式,为市场经济下工业制度的繁荣指出了一条光明大道。

新教伦理动摇了教会的集权,自由意志伦理使个人变成了自己的主人,市场伦理选择了"看不见的手"这个促进经济发展的强力工具。资本主义精神解放了人、解放了市场,为资本主义的发展打下了坚实的文化基础。

(二) 资产阶级革命

一种精神获得足够多的支持时,就会投射到现实政治中,同时,一种精神的生存和发展,也需要一种现实的政治制度为其提供保护。资本主义精神在其萌芽之初,便已经开始影响现实中的政治制度,同时也需要现实政治制度的保护,这两种合力的结果是资产阶级革命的大爆发。

1640年—1688年,英国资产阶级革命确立了资本主义制度,是

---

① 亚当·斯密:《国民财富的性质和原因的研究》,载《西方世界名著集》第39卷,芝加哥:大英百科出版公司,1952年版。

世界进入资本主义时代的标志。1775年—1789年美国独立战争的胜利解放了北美殖民地民众，为人类的自由民主事业树立了光辉的典范，是第一次将欧洲启蒙运动的自由哲学思想大规模地付诸实践，体现了一种新的进步的政治精神和价值。1789年爆发的法国大革命将资本主义精神和政治制度传遍了欧洲大陆。

资本主义政治制度的建立，为资本主义精神提供了现实的政治基础，个人自由不再是一句口号，市场秩序的维护有了真实的主体，新教徒履行"天职"成为"选民"有了现实的可能性。资本主义制度的建立是资本主义经济繁荣的必要条件，也是现代管理学产生的一个必要条件。

（三）工业革命

工业革命是以机器大生产代替以手工技术为基础的工场手工业的革命，又称产业革命。它既是生产技术上的革命，又是社会生产关系的重大变革。

工业革命始于18世纪60年代，首先从英国的棉纺织业开始。因为英国公众喜爱棉织品，对棉织品的使用已非常广泛。当时的问题在于如何更好地加速纺纱和织布，以满足巨大的市场需要。当时英国人所采用的棉纺工具基本上和古罗马人所使用的工具相同。唯一的例外是约翰·凯发明的，于1733年取得专利权的"飞梭"。为鼓励那些促进了生产的发明，1754年英国成立了"技艺、制造业及商业奖励会"，为已被确定的成就提供金钱、奖章和其他报酬。

这些有利条件导致了一系列发明，使棉纺织工业有可能到1830年时完全实现机械化。在新发明中，理查德·阿克赖特的水力纺纱机（1769年）、詹姆斯·哈格里夫斯的多轴纺纱机（1770年）和塞缪尔·克朗普顿的走锭纺纱机（1779年）是十分出色的。水力纺纱机能在皮辊之间纺出又细又结实的纱；用多轴纺纱机，一个人能同时纺出8根纱线，后来是16根纱线，最后为100多根纱线；走锭纺纱机则结合了水力纺纱机和多轴纺纱机的优点。所有这些新纺纱机很快就生产出了比织布工所能处理得多得多的纱线。

以前的棉纺机是由水车和马提供动力，随着棉纺机的速度不断提高，需要一种比水车和马所能提供的更充裕、更可靠的动力。约1702

年前后，托马斯·纽科门制成了一台原始的蒸汽机，并广泛地用于从煤矿里抽水。1763年，格拉斯哥大学的技师詹姆斯·瓦特开始改进纽科门的蒸汽机，他同制造商马修·博尔顿结成事业上的伙伴关系，博尔顿为相当昂贵的实验和初始的模型筹措资金。经过一系列艰辛的研究和失败的打击，瓦特最终获得了其发明的蒸汽机的专利。

  蒸汽机的历史意义，无论怎样夸大也不为过。它提供了利用热能为机械供给推动力的手段，结束了人类对畜力、风力和水力等纯天然力量由来已久的依赖。蒸汽机于1789年开始应用于棉纺织业，并逐步扩展到化工、冶金、采矿、机器制造、运输等部门，促进了各工业部门的发展。

  蒸汽机在推动各工业部门发展的时候，不断提高的生产力要求从更广大的空间获取原料和市场。蒸汽机在交通运输业中的运用恰逢其时地解决了这个问题。引导蒸汽机用于陆上运输的主要人物是英国采矿工程师乔治·斯蒂芬森。1830年，他的"火箭号"机车以每小时8.7公里的速度行驶19公里，将一列火车从利物浦牵引到曼彻斯特。短短数年内，铁路支配了长途运输，它能够以比在公路或运河上所可能有的更快的速度和更低廉的成本运送旅客和货物。到1838年，英国已拥有310公里铁路；到1850年，拥有4 100公里铁路；到1870年，拥有9631公里铁路。到19世纪50年代，英国的主要铁路干线均已完成。火车的发明从根本上解决了陆路交通问题。美国的铁路由1860年的4.93万公里增长到1914年的40万公里。

  蒸汽机还被应用于水上运输。从1770年起，苏格兰、法国和美国的发明者就在船上试验蒸汽机。第一艘成功的商用汽船是由美国人罗伯特·富尔顿建造的。1807年，他自己的"克莱蒙脱号"汽船在哈得孙河下水。这艘船配备着一台瓦特式蒸汽机，它溯哈得孙河而上，行驶93公里，抵达奥尔巴尼。其他发明者也以富尔顿为榜样，其中著名的有格拉斯哥的亨利·贝尔，他在克莱德河两岸为苏格兰的造船业打下了基础。早期的汽船仅用于江河和沿海的航行。但是，1833年，"皇家威廉号"汽船从新斯科舍行驶到英国。5年后，"天狼星号"和"大西方号"汽船分别以16天半和13天半的时间朝相反方向越过大西洋，行驶时间为最快的帆船所需时间的一半左右。1840年，塞缪尔·

肯纳德建立了一条横越大西洋的定期航运线。

工业革命不但在交通运输方面，而且在通讯联络方面引起了一场革命。以往，人们一向只有通过运货马车、驿使或船才能将音信送到一个遥远的地方。18世纪中叶，英国人查尔斯·惠斯通与两个美国人塞缪尔·F·B·莫尔斯和艾尔弗雷德·维耳发明了电报。1866年，人们铺设了一道横越大西洋的电缆，建立了东半球与美洲之间直接的通讯联络。1876年，美国的贝尔发明了电话，1897年无线电技术诞生。

工业革命的结果是工业爆炸性地发展和人类物质的极大丰富。如英国的煤产量从1770年的600万吨上升到1861年的5700万吨，英国的铁产量从1770年的5万吨增长到1861年的380万吨，美国在1850年到1900年间工业生产增加了15倍。

工业革命更重要的后果是人类征服了时间和空间。自远古起，人类一直以坐马车、骑马或乘帆船旅行所需的小时数来表示不同地方之间的距离，但现在，人类能够凭借汽船和铁路越过海洋和大陆，能够用电报、电话与世界各地的同胞通讯。这些成就使世界统一起来，统一的程度极大地超过了世界早先在罗马人时代或蒙古人时代所曾有过的统一程度。亚当·斯密认为，市场的大小是对分工和专业化的重要限制因素，而随着人类对时间和空间的征服，市场的范围已经空前扩大，为分工和专业化的深度发展提供了一个广阔的平台，为资本主义的高速发展奠定了现实的基础。

（四）现代管理思想的萌芽

工业革命使得机器大工业代替家庭手工业和工场手工业，与经济发展结伴而来的是市场环境变化速度的加快和企业间竞争的加剧。工业革命为人们获得高效率和取得最大利润提供了技术手段，接下来的问题是：如何解决组织效率，即提高管理水平以获得高效率和取得最大利润？工业革命后企业的规模逐步扩大，工厂成为数量最多的一种社会组织，工厂制度成为一种新的社会制度。如何在工厂已经发展到较大规模时有效应对管理实践提出的挑战？市场经济的发展要求管理人员发挥更大的创造性，他们怎样才能在竞争和变化着的环境中、更大规模层次上、更好地利用有限的资源？对这些问题的回答直接导致了现代管理思想的萌芽。现将其中有代表性的思想列举如下。

1. 关于管理的重要性

在工业革命前，经济理论基本上集中在对生产的三个要素——土地、劳动力和资本的阐述上，管理的重要性还未进入人们的理论视野。第一个明确指出管理是生产的第四要素，因而管理具有极端重要性的是法国经济学家让·巴蒂斯特·萨伊（1767—1832）。萨伊说，一些"冒险家"（企业家）拥有企业，但是他们经常只拥有其中的一部分，他们是向别人借钱或者同别人合伙经营企业的，因此这些"冒险家"成为管理他人的管理人员，而在把土地、劳动力和资本这三个要素结合在一起时他承担了极大的风险。他必须掌握监督与管理的艺术……经营管理这种企业总是要冒一定的风险……（因此）冒险家可能……要荡尽他的财产，而且在一定程度上可能失去他的声望。同时，随着企业家的组织的发展，企业家发现他一个人无法指挥和管理所有的活动，于是他开始把有些活动交给准管理人员去指挥。这些准管理人员是第一批不占有资产的领薪水的管理人员，他们的责任是在企业家已确定的较为重大的政策范围内制定具体的决策。正是由于"冒险家"承担了把三个传统生产要素结合在一起时要冒的新的风险，他除了获得他本人投资的利润外，还得到另一笔管理的报酬。①

2. 关于对管理人员的素质要求

随着管理的重要性日益显露，寻找合适的管理人才就成为人们关注的问题。根据早期的文献，当时领薪金的管理人员——即在企业家下面的管理人员，通常是由企业家们的亲属担任，或者是从工人队伍中提拔上来的未受过管理知识培训的人。他们被提拔的原因是因为他们掌握了较高的技术，或者有能力（常常是指体力方面的能力）维持纪律。他们的工资通常只比其他工人稍高一点。这些管理人员都没有受过复杂的管理技巧的训练，他们完全按照自己的经

---

① 参见郭咸纲：《西方管理思想史》，北京：经济管理出版社，2004年版，第48页。

（见表1-2）。不难想象，如果未来的管理学不实现重大突破，要想适应新经济体制的发展将是不可能的。

表1-2 新经济体制与旧经济体制比较

新经济体制	旧经济体制
·价值问题 　信息是关键	·经营范围的大小 　生产是关键
·新市场 　距离消失	·市场细分 　人口统计特征
·客户购买力增强 　不再是单一购买形式	·诚信客户 　重复经营
·人力资本 　知识型员工增加	·实物和资产 　有形资产

二、管理学未来发展的新趋势

21世纪向管理学提出了挑战，也给管理学提供了全新的发展空间。然而未来的管理学向何处发展、怎样发展，却是一个难以回答的问题。今天我们只能对其趋势做一个大致的推测。

（一）创新仍然是未来管理学发展的主旋律

管理思想发展的历史告诉我们，社会生产方式和生活方式的变迁必然带来管理实践的变化，并进而推动管理思想的演变。任何已有的和传统的管理模式，最后都将被创新的管理模式所丰富或取代，创新永远是管理学发展的主旋律。当前管理创新已经表现出的发展趋势，主要有以下几方面。

1. 管理视角的创新

例如，全球意识、多方协作、立体沟通、双赢理念、战略行动和自我管理等新研究视角将全面进入管理学研究领域，为管理内容和管理方法的创新奠定基础。

验做事，碰到什么问题就解决什么问题。在这种情况下，如何找到合适的管理人员并对他们进行必要的培训便十分重要。为此格拉斯哥（英格兰）的詹姆斯·蒙哥马利于 19 世纪初撰写了很可能是最早的"管理学"教本。他指出："管理人员必须公正无私——坚决果断，随时准备防范错误的发生，而不是在发生问题后再去检查……"此后，塞缪尔·纽曼于 1835 年在《政治经济学原理》一书中对管理人员的特质要求作了更多的论述。他指出："要成为一个好的企业家，需要有一些品质，而这些品质，很少发现在同一个人身上都具备。他应该具备不寻常的远见和深谋远虑，能很好地制订计划。他在实施计划时必须有不屈不挠和坚持目标的精神。他常常还必须监督和指挥别人的工作。为了做好这项工作，他必须既谨慎又有决断；为了成功地从事某些生产工作，既要有丰富的一般事务的知识，又要有丰富的具体的职业知识。"后来，约翰·斯图尔特·穆勒又加上了忠诚和热心这两个重要条件。艾尔弗雷德·马歇尔则把自力更生和敏捷也作为一个合格的管理人员所必备的素质。

3. 关于管理体系和管理职能

为了使管理工作制度化和科学化，也为了满足对管理人员进行培训的需要，不少管理学的先驱者展开了管理体系和管理职能的探索。

丹尼尔·克雷格·麦卡勒姆（1815—1878），出生于苏格兰，1848 年到纽约和伊利铁路公司工作，在那里他提出了一套指导该部门进行工作的初步程序，显示了他在管理和工程方面的才能。麦卡勒姆认为，良好的管理是要以严格的纪律、具体和详细的职务说明、经常准确地报告任务完成情况、根据成绩确定工资和提升、明确规定上下级权力层次以及在整个组织机构中贯彻个人责任和下级对上级报告的责任等为基础的。他说，主要的管理原则应包括：第一，适当的职责划分；第二，授予充分的权力，以便能够充分执行其责任；第三，能够了解是否切实承担起责任的手段；第四，极其迅速地报告一切玩忽职守的情况，以便立即纠正这些错误行为；第五，通过每日报告和检查制度所了解到的这些情报既不会使主要负责人为难，也不会削弱他们对下属的影响；第六，总的说来，采用一项制度不仅能使总监立即发现错误,而且还能指出失职者。① 麦卡勒姆还制定了一套十分详细的组织细则,甚至还绘制了一张正式的组织图来保证这些原则的有效执行。

亨利·瓦农·普尔(1812—1905)是泰勒之前倡导建立正式的工厂管理制度的集大成者。普尔认为,管理的改革必须通过培养一批专业管理人员来进行,而不是通过抽象的理论家来进行。他认为在麦卡勒姆的成果中贯穿的组织原则、沟通交往原则和信息原则对于构建管理"制度"有重要意义。首先,组织是一切管理的基础,从董事长到普通工人都必须有细致明确的劳动分工,每人都有具体的职责和责任。每人都将对他的直接上司负责。第二,沟通交往是整个组织进行汇报的一种办法,它使最高管理层能不断地和准确地了解有关情况。第三,信息就是"沟通交往的记录"。普尔认为有必要把有关开支、收入和运价的业务报告汇编成册。因为管理部门要拥有丰富的有关工作情况的资料,以便分析现存制度并为改进服务提供依据。而要贯彻上述三个原则,普尔认为应在企业中建立和维持秩序、制度和纪律才行。当然,维持秩序、制度和纪律要注意"把人看成仅仅是机器"的危险,因为"如果把人看成是机器,那么只要支付工资就能使一个人具有做一名听话的仆人所需要的全部品德。但是,对任务不能总是作出硬性规定,最宝贵的东西常常是自觉自愿",因此,还应建立一种能通过向组织灌输团结精神而克服单调无味和照章办事情绪的领导体制。②

显然,在上述思想中我们已不难看到现代管理学中关于组织职能、指挥职能、协调职能和控制职能等理论的雏形。

4. 关于劳动分工问题

分工是生产和工厂管理制度的一个主要支柱。最早研究分工的是英国重商主义后期的重要代表人物詹姆斯·斯图亚特爵士(James

---

① 丹尼尔·克雷格·麦卡勒姆:《总监工的报告》,参见丹尼尔·A·雷恩:《管理思想的演变》,北京:中国社会科学出版社,1986年版,第102页。

② 参见丹尼尔·A·雷恩:《管理思想的演变》,北京:中国社会科学出版社,1986年版,第106页。

Steuart，1712—1780)。他在1767年出版的《政治经济原理研究》一书中，先于亚当·斯密提出劳动分工的概念，论述了工人由于重复操作而获得灵巧性。他比泰勒早一百多年就指出了工作研究方法和刺激工资的实质。他指出："如果给一个人每日规定一定的劳动量，他就会以一种固定的方式工作，永远不想改进他的工作的方法，如果他是计件付酬的，他就会想出一千种方法来增加其产量。"同时，他还讨论了管理人员和工人之间的分工问题。

亚当·斯密（Adam Smith，1723—1790）是英国古典经济学体系的建立者，在他最主要的代表作《国富论》中，用前三章来分析分工、效率和经济利益的关系问题。他指出"劳动生产力上的最大的增进，以及劳动时所表现的更大的熟练、技巧和判断力，似乎都是分工的结果。"这是因为劳动生产率的高低取决于个人的能力和技巧（技术），技巧又取决于在生产上的分工。他认为分工在管理上对于提高劳动生产率有三个好处：①分工可以使劳动者的技术熟练程度很快地提高。②分工可以使每个人专门从事某种作业，可以减少从一项工种转到另一项工种所失去的时间。③分工可以使专门从事某项作业的劳动者经常改革劳动工具和发明机器。在此基础上，亚当·斯密进一步指出，工厂中的分工有两种具体形式：一种是按产品分工，即专业分工；另一种是按工种分工，即职业分工。他同时提出可通过有效的分工体系的建立来实现生产过程的合理化①。显而易见，亚当·斯密的这些观点对后来的流水生产作业方式的建立和管理奠定了坚实的思想基础。

5. 关于工厂的生产经营管理

19世纪初，詹姆斯·瓦特（1796—1848）和马修·鲁宾孙·博尔顿（1370—1842）在他们建立的索霍工厂中进行过系统的生产经营的实践探索，并积累了大量的管理方法和思想。即使从今天的角度看，他们的一些管理思想和方法，在系统性上也并不逊色于现代大企业的管理。例如他们强调：①必须进行市场的预测和研究，将

---

① 参见郭咸纲：《西方管理思想史》，北京：经济管理出版社，2004年版，第50页。

一切生产和销售建立在市场调查和预测的基础上。②应当有计划地选择厂址。应选择水陆交通便利和有充分扩建余地的地方建厂。③要有计划地进行机器的布置，使之符合工艺的要求。对动力的来源，以及每种机器的购置成本和运转成本要做必要的计算。④应制定生产工艺的流程和机器作业的标准，并按所要完成的工艺流程安排详细的工作规划。⑤要建立内部控制制度。他们改变了当时通行的做法。不再由工厂负担购买和维修自己所用工具的费用，而是由工厂负责采购新的工具，由工人负责工具的日常维修。这种改革对保证机器的正常运转和降低维修费用的作用是非常大的。⑥实行产品部件的标准化。⑦对工厂中的各项工作要有先进的控制制度和统计记录，作为管理决策的依据。⑧建立详细的会计记录，实施有效的会计控制和监督。⑨进行工作研究，如测定每部机器的速度，以机器和工人的有机组合为基础来组织生产。⑩在工作研究的基础上，实行按成果付酬的工资制度。在可能的地方都实行计件工资制。并推行职工福利制度，以提高职工的士气。①

从以上的工厂管理方法上可以看出，现代企业的一系列管理问题在工业化早期的工厂中就已经存在，并在着手解决，且提出了一些解决方法。只不过这些方法后来在泰罗、法约尔等人那里变得更加系统化和理论化了。

第三节　管理科学的历史演进路径

管理科学自诞生以来，经过一个世纪的发展，呈现出学派林立、成果众多的状况。要想将其进行合理筛选并梳理成一个有机体系并非易事。人们往往从不同的角度对各种管理思想进行类型区分，并据此勾画出管理科学的历史演进路径。

---

① 参见郭咸纲：《西方管理思想史》，北京：经济管理出版社，2004年版，第51~52页。

(一) 丹尼尔·A·雷恩勾画的管理科学的历史演进路径

美国管理史学家丹尼尔·A·雷恩认为："管理既是环境的产物又是其过程。从内部来说，管理思想经过了一些不同的阶段，这些阶段在指引一些朝着目标前进的系统解决所碰到的问题时，有的侧重于人的方面，有的侧重于组织和方法方面。"因此，丹尼尔·A·雷恩正是从研究领域系列的角度将现代各种管理思想作了类型区分，并给出了下列管理思想史的内容框架：

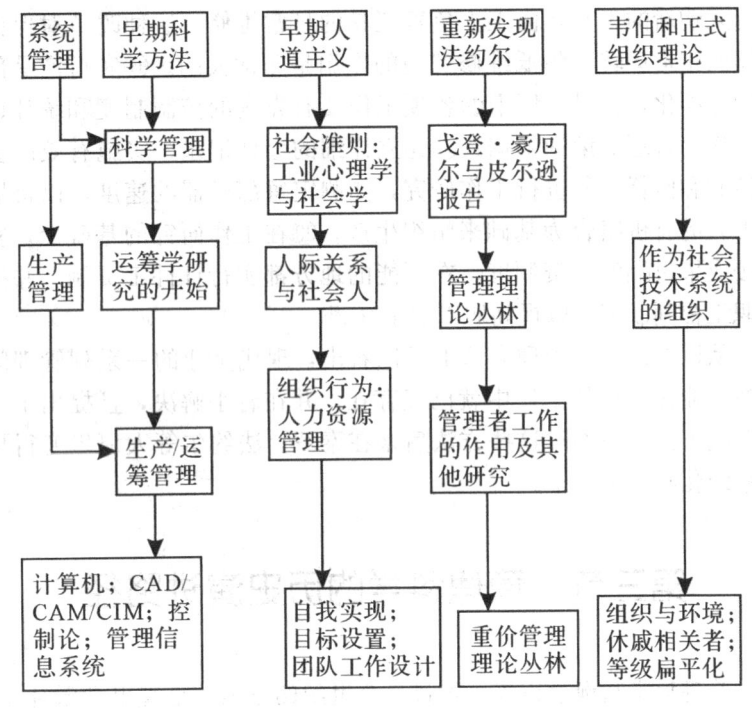

图1-1 现代管理思想概要[①]

(二) 芮明杰教授勾画的管理科学的历史演进路径

我国学者芮明杰教授在《管理学——现代的观点》一书中指出：

---

① 丹尼尔·A·雷恩:《管理思想的演变》，北京：中国社会科学出版社，1986年版，第567页。

"狭义的管理学主要由组织研究和管理方法研究两块内容构成；广义一点的管理学则还要加上经营领域的研究，这一领域的研究与经济学相关。"他认为这三个方面的演进在过去八十多年中，基本上遵循了下述路径。

1. 组织理论研究的演进路径

    古典组织理论 →   组织行为学 →
古典理论 20 世纪 20 年代 组织行为 20 世纪 40 年代
    组织社会学 →   领导科学 →
社会技术系统 20 世纪 60 年代 经理角色 20 世纪 70 年代
    组织文化 →   ?
企业文化 20 世纪 80 年代 20 世纪 90 年代

2. 管理方式方法研究的演进路径：

    科学管理理论 →   行为科学 →
泰罗 20 世纪 20 年代 梅奥 20 世纪 30 年代
    管理科学理论 →   决策理论 →
伯法 20 世纪 50 年代 西蒙 20 世纪 60 年代
生产管理、信息管理方法→ ?
 20 世纪 70 年代 20 世纪 90 年代

3. 经营理论研究的演进路径：

    厂商理论 →   产业组织 →
20 世纪 20 年代 贝恩 20 世纪 40 年代
    市场学 → 消费者理论 → 策略学（战略管理）
科特勒 20 世纪 60 年代 20 世纪 70 年代 波特 20 世纪 80 年代
→ ?
20 世纪 90 年代

  从上述管理思想史的内容中不难看出，芮明杰教授是将各种管理思想纳入成果时间系列视角和研究领域系列视角对它们进行了类型区分，并在此基础上勾画出管理思想的历史演进路径的。

（三）本书勾画的管理科学的历史演进路径

  如果我们全方位地运用管理科学成果的时间系列视角、研究领域系列视角和研究方法系列视角来研究管理思想史，我们可得到下列管理思想的历史演进路径示意图：

表1-1 本书对管理思想历史演进路径的描述

主要学派	按时间线索划分	按研究领域线索划分	按研究方法划分
古典科学管理学派	古典管理理论（20世纪初至20世纪30年代）	生产管理 一般管理	过程分析 技术分析
		静态组织结构	结构分析
行为科学学派	现代管理理论（20世纪40年代至80年代）	动态组织行为	行为分析
管理科学学派		信息系统管理	数学模型
现代管理学派		一般管理 组织系统行为 决策行为	系统分析 经验方法 行为分析
质量管理理论		质量管理	技术分析 系统分析 经验方法
战略管理理论		战略管理	系统分析
文化和跨文化管理理论		文化和跨文化管理	系统分析
当代管理理论	当代管理理论（20世纪80年代末至今）	管理理论的融合	系统分析 经验方法

20世纪初到30年代是古典管理理论时期，这一时期的主要成果有科学管理理论、一般管理理论、古典组织管理理论和人际关系学说等。这些理论勾勒出了管理科学的基本框架和范围，使得管理科学得以确立。

20世纪40年代到80年代是现代管理理论时期，也叫管理丛林时代。这一时期，管理理论流派林立，主要成果有动态组织行为理论、系统管理理论、数量管理理论、决策管理理论、质量管理理论、战略管理理论和文化与跨文化管理理论等。人们全方位地对各类管理问题进行研究，造成了管理科学的空前繁荣。

20世纪80年代至今是当代管理理论时期，各种管理思想呈现出一种融合趋势。这时的管理思想活跃，富有生命力，大多体现为个人成就。各种当代管理理论体现出更强的时代特征，也更具有明显的思想性。

表1-1基本描绘了管理思想历史演进的基本路径，本书以后各章将对各类管理思想的主要内容进行分门别类的讨论。

第四节 对管理思想未来发展的展望

一、21世纪对管理学的挑战

现代管理科学是20世纪社会经济、政治和文化发展的产物。21世纪社会的发展和变化必然给管理科学提出新的挑战，促使管理科学向新的水平和形态演变。从21世纪已经展现出的发展趋势看，它对管理学的挑战至少表现在以下几个方面。

（一）知识经济时代对管理学的挑战

21世纪是知识经济的时代。在知识经济时代，知识产权和拥有科技知识的人才成为了最宝贵的资源。国家与国家、企业与企业的竞争，主要体现为科技实力和人才的竞争。如何有效进行科技成果的自主创新，如何培养和有效使用高素质的人才，成为当代管理学的新课题。

（二）信息爆炸时代对管理学的挑战

今天的信息总量以前所未有的速度迅速增长和更新，人们将这种状况形象地称为"信息爆炸"。在信息爆炸的态势下，一方面有充足的信息供人们使用；另一方面，有用的信息往往又为浩瀚的知识海洋所淹没，人们往往难以及时搜索到自己所需要的信息，除非有比现今更为有效的信息搜索方法与沟通技术。信息社会中的人就像一艘孤立无援的船独自在大海中寻觅。从所需信息的角度来看，一个个生产者和消费者都是不充分信息的拥有者,如何在他们之间架起更有效的沟通桥梁,必然是摆在当代管理学面前的难题。

(三)经济全球化对管理学的挑战

信息技术的革命使全世界范围内的即时沟通成为可能,这种驱动力提高了经济和政治领域的开放性,使经济全球化成为每一个国家和经济组织都必须面对的现实。在经济全球化的背景下,每一个国家的国内政策必须变得更加以市场为导向;政府必须开放国门开展多国贸易,并加入区域性和国际性贸易联盟;国际间的公司也开始建立新型的战略合作伙伴关系,跨国公司的出现打破了地域,同时也加速了新事物的转换;资本、劳动力和市场都逐步在国际范围内配置。这些使得经济活动的能量聚积与风险释放都是过去的时代不可想象的。在这种情况下,怎样应对经济全球化带来的机遇和挑战,是当代管理学必须面对的新的研究领域。

(四)文化和利益多元化对管理学的挑战

从国际上看,经济全球化是在参与交往的各方坚持文化和利益多元化的基础上实现的。每一个国家和经济组织都有自己的价值取向和文化传统,都有自己必须面对的经济、政治和法律压力。从经济组织内部看,在21世纪,尽管物质财富逐步丰富,人们生活不断提高,但人们之间的利益差异仍将存在。如何处理好国际贸易争端,真正做到互惠互利?如何协调好组织成员间的利益冲突,真正开创多赢局面?当代管理学必须在这些问题上给予更多的关注。

(五)生态和环境问题对管理学的挑战

发展是硬道理,21世纪也要发展。然而当20世纪的发展带来了资源枯竭、环境恶化、物种减少、气候反常等严重后果时,对于整个社会而言,人们不禁要大声发问:在21世纪我们究竟怎样才能做到可持续发展?对于每一个企业而言,我们也要大声发问:在21世纪我们究竟应该怎样自觉解决经济的外部性,以确保企业能与社会同步,实现可持续发展?这些都应是未来管理学研究的重要问题。

(六)新经济体制对管理学的挑战

21世纪到来之际,一种被称为"新经济体制"的企业生产经营模式正在逐步取代旧经济体制。新旧经济体制之间的差别是巨大的

2. 管理内容的创新

例如，国际商务战略、政治和法律风险评估、跨文化管理、可持续发展、利益和谐分配和整合、个性化服务和特色化经营、循环经济和节约型经济管理以及自我心智完善等内容将使未来的管理学面貌一新，硕果累累。

3. 管理方法的创新

例如，电子网络应用技术、信息管理的科学方法、非零和博弈决策技术、文化差异的理解和协调方法、科技自主创新方法、循环经济条件下产业结构调整方法、可持续发展视角下的管理绩效评估方法、危机管理技术等一系列现在刚刚崭露头角的新管理方法，在未来的管理学中必将得到充分的研究和广泛的应用。

（二）学科体系的完善是未来管理学发展的重要方向

20世纪的管理学尽管成果众多，成绩显著，但也存在学派林立、研究方法散乱、理论体系不完整和不协调的现象，一些成果还停留在表象描述和经验表达的阶段。这样的状况既是管理学还很年轻的一种标志，也是管理学未来进一步发展的障碍。21世纪的管理学应在继续坚持百花齐放、推陈出新的基础上，整合自己的研究对象、研究方法、研究前提和基本概念，形成自己独特的方法论体系和理论基础，在综合前人研究成果的基础上，形成一个严密的理论体系，使其科学性不断地得到升华。管理是需要经验的，但管理学则应该上升为科学。

（三）社会效用的进一步扩大是未来管理学发展的重要动力

20世纪人类社会的长足进步是由科学技术和管理这两个轮子来推动的，而20世纪人类社会的许多问题也和这两个轮子的转动不畅有关。21世纪人类社会将在一个前所未有的广度和深度上展开社会实践活动，人类自古以来就面临的一个重要难题——如何分配和有效利用稀缺资源以满足社会的多种需要的问题将更加突出。在解决这个问题的理论和实践活动中，未来的管理学将扮演更重要的角色。同时，未来的管理学在完成自己角色使命的过程中，也必将获得更加强劲的推动力。一切管理学家和管理实践工作者都应该也可以在这之中发挥自己的聪明才智。

第二章 古典管理理论的形成与发展

资本主义精神的确立、资产阶级政治革命及工业革命分别从思想、政治和产业三个方面为现代经济的繁荣奠定了基础。到了19世纪末,工业的进一步成长与制度化管理为管理科学的诞生在实践和理论方面都进行了大量的准备,最终形成了以泰勒的科学管理理论、法约尔的一般管理理论、韦伯的理想的行政组织理论为代表的古典管理理论。古典管理理论是管理工作者超越经验和传统,以理性的观点和方法来总结和发展管理理论的系统成果。古典管理理论的产生,是管理学发展成为一门独立学科的标志,为现代管理理论的发展开启了智慧之门。

第一节 古典管理理论形成的时代条件

一、古典管理理论形成的宏观背景

到了19世纪下半叶,在西方社会蓬勃地开展了一个多世纪的工业革命发展到一个新的历史关头,出现了市场和企业规模的迅速扩大、对企业制度化管理的重视和管理者组织的形成等新的时代背景,为现代管理科学的诞生奠定了现实条件。

(一) 市场和企业生产规模的迅速扩大

工业革命为火车和轮船带来了蒸汽动力,便利的交通使市场迅速扩大。同时,通信技术(例如电报)提供了新的信息沟通网络,它把更大地域范围里的供应商、生产商、销售商和消费者连接在一起。随着运输和通信的进步，批量生产和批量销售开始成为可能。这样一来，为了实现产品大批量生产和销售，许多企业展开了横向和纵向的发展。横向发展是指在同一领域的制造商通过合并、联营以及组成托拉斯等，互相联合起来以便能更好地控制市场、取得财务上的某些有利条件和降低生产费用，获得规模经济效益。在石油、牛奶、糖、烟草、橡胶、酿造业中就出现了这种情况。纵向发展是指公司在生产进程中出现"后向"或"前向"的关联。"后向"关联是指寻求原料来源或供应者，"前向"关联意味着为自己的产品打开市场的销路。比如，一家炼油厂为了进行勘探、获得石油开采权、钻井以及修建通向炼油厂的输油管，就会出现"后向"关联；为了找到批发代理商或者为了建立自己的零售站，就会出现"前向"关联。一大批大型企业在这种情况下纷纷建立，企业的生产规模也就迅速扩大了。以美国的钢铁产业为例，1868年，美国的钢产量为8500吨，而到了1902年，美国的钢产量已达到了913.8万吨。

（二）对企业制度化管理的重视程度投入增强

大规模的生产和销售要求更大的资本投入。由于资本投入提高了，这些昂贵的设备只有发挥最大的生产效率，才能降低成本。用管理者钱德勒的话说，这些资本密集型的工业必须在"最小效率规模"（即在导致最低单位成本）的水平上运作，才能获得成本优势。具备了成本优势，就可以降低产品价格以扩大市场，最终实现机械化的整体循环，使提高产量、增加批量销售等现象反复出现。

在这种背景下，人们开始审视对企业实行制度化管理的重要作用。大规模的生产需要"最有效的制度……为达到产品的低成本和标准化的每个细节，都需要这种制度"。人们强烈地意识到要实行制度管理就意味着要建立规章、建立标准和程序，以掌握生产车间中增长的活动总量。制度化管理还包括这样一些课题，即建立工作的标准、规定工作的质量和数量、通过选择工艺和制定时间表来协调工作流程、工资的激励、成本核算、确定岗位职责，以及妥善处理诸如怠工之类的劳动状态问题等等。此时，不少的企业家和经济学家对将管理看作生产的一个要素的兴趣明显上升了。这个时期的一位经济学家爱德华·阿特金森指出："在同一个地点、同一个时间，使用相似的机器，不同的管理会改变生产的结果。"

（三）管理者和管理者组织的出现

在工业革命中，在设计和安装工业设备过程时，工程师发挥着重要作用，因此，他们常常成为企业的管理者。管理者的这种非职业的状态影响了对管理问题的系统关注和深入研究。这一问题在19世纪末引起了人们的重视。在解决这一问题的过程中，出现了一个划时代的事件，那就是1880年美国机械工程师协会（ASME）的成立。这个协会第一次在新泽西州霍博肯的史蒂文斯技术学院开会，其宗旨是：讨论工厂经营管理方面被其他工程师组织忽视的因素。1886年5月，ASME在芝加哥召开了又一次具有里程碑意义的会议，工程师与该制造公司总裁亨利·R. 汤（1844—1924）提交了一份题为《作为经济学家的工程师》的论文。汤说："有许多优秀的机械工程师；也有许多优秀的'生意人'；但是，这两类人极难得集中在同一个人身上。不过，这种素质的结合……对于工业工作的管理来说是很重要的，并且，如果这些素质集中在同一个人身上，那将产生最高的效益……车间管理与工程管理同等重要……而工作的管理已经具有长远的重要意义，乃至也许会被当作一门现代艺术而确立其自身的地位。"由于似乎没有任何工程师组织关注过管理，汤提议ASME创立一个经济部门，作为车间管理及车间统计方面的信息交流场所和发表言论的讲坛。车间管理人员将处理有关组织、职责、报告，以及一切属于工厂经营管理方面的问题；车间统计将处理工时与工资体制、确定和分配成本、会计运作方式，以及一切属于执行会计制度方面的问题。这种要求管理者职业化和管理者组织专业化的思想，成为现代管理科学诞生的催化剂。

二、古典管理理论形成的现实原因

要想管理好规模庞大的企业和市场，离不开工厂制度，而当时缺乏管理科学支撑的、极不成熟的工厂制度完全无法应对管理实践提出的挑战。为了解决这一难题，以泰勒为代表的一大批最早的现代管理学家做了极其艰苦的努力，从而建立了现代管理科学。

当时，困扰在管理实践中的主要有以下四方面的问题，对这些问题的回答，成为古典管理理论形成的现实原因。

（一）劳资关系及激励问题

在早期的工厂制度下，劳资间存在着较大的矛盾。工人认为资本家是贪婪的，主要通过压低工资来获得利润；而资本家则认为工人一般都较为懒惰，只知道要求高的工资而工作效率却很低。劳资双方的这种观念使得双方之间经常产生冲突，甚至是暴力事件，在19世纪的资本主义国家劳资双方的冲突演化成流血事件并不是一件新鲜事。如何解决劳资矛盾，激发人的积极性，成为管理者的当务之急。

（二）管理人才的缺乏

在从农业社会转型为工业社会的过程中，社会暂时无力提供大量的合格的管理人员。当时的管理，还完全处在经验阶段，还没有关于如何进行企业管理的知识体系。因此，管理人员的培养，实际上都是通过工作经验的积累来完成的。当时的管理人员，基本上来自技术人员或工人。由于没有共同的管理原则，这些来自技术人员或工人的管理者，都需要通过实践摸索管理方法，因而探索有效管理方式的过程较长。当管理者获得的管理知识只能来源于自身的实践时，这一过程从时间上来说是漫长的，成本也是很大的。而且由于每个管理者的经验没有一般化，不能进行有效传授，这样的结果是每一个新的管理者都需要重复前人的活动，这是一种极大的人力资源的浪费，同时也限制了管理水平的提高。因此，在没有一个系统的管理知识体系之前，管理者培养的缓慢速度和所付出的巨大代价对企业的发展产生了明显的制约作用。

（三）工人掌握技能及工人的劳动效率问题

工业革命之后，企业工人的来源比较广泛，包括农民、退伍军人、手工业者、无业游民，甚至童工。这些工人的一个共同特点是，受教育少，很难掌握较高级的技术，熟练劳动者严重缺乏。除了技能的缺乏外，工人在认识上也存在问题，如认为加快工作，提高工作效率后会使另外一些人找不到工作，加上资方在工人激励问题上的认识和具体做法都存在不足，因此，在计件工资制下，工人"磨洋工"的情况仍然较为普遍,劳动效率较低。如何让工人快速地掌握操作技能,提高效率,是当时每位管理者所必须解决的问题。

(四)政府机关如何提高管理效率

19世纪末,如何通过有效的管理来提高效率,不仅是企业关注的问题,也是政府思考的问题。随着"彭德尔顿法案"的实施,美国建立了文官制度。1887年,威尔逊认识到:政府改革必须超越人事改革的范围,而进入政府办公室的组织和工作方式领域。为了实现这个目标,威尔逊建议"进行行政方面的研究,以便弄清:第一,政府能够成功地做哪些分内之事;第二,政府怎样尽量以最高的效率、最低的资金和能源成本去做这些分内之事"。威尔逊认为,对政府的研究已经过久地集中在政治方面,而对如何管理公共事业则不够充分。毕竟,"行政领域是一种企业领域……与紧迫、争吵的政治相距遥远……行政研究的目的是使行政方式免于混乱,避免代价高昂的经验主义方式,使行政措施深深植根于稳定原则的基础上"。政府对如何建立行政管理制度的深切关怀,也对现代管理科学的产生起到了推波助澜的作用。

第二节　泰勒的科学管理思想

一、泰勒其人

弗雷德里克·泰勒(1856—1915)是美国的发明家、工程师、科学管理理论的代表人物,被誉为"科学管理之父"。

泰勒生于宾夕法尼亚杰曼顿的一个富有的律师家庭。天分极高的泰勒中学毕业后考上哈佛大学法律系,但因为眼疾而辍学。1875年,他进入一家小机械厂当徒工。1878年转入费城米德维尔钢铁厂当机械工人,他在该厂一直干到1897年。在此期间,由于工作努力,表现出色,先后被提升为车间管理员、小组长、工长、技师、制图主任和总工程师,并在业余学习的基础上获得了机械工程学士学位。在其工作和成长过程中,泰勒进行了管理方面的研究并取得了成效。

1898年至1901年间,泰勒又受雇于伯利恒钢铁公司继续从事技术和管理方面的研究。研究的过程中,泰勒取得了一种高速工具钢的专利,该专利的收入为他的生活提供了保障,确保他在1901年后能够以大部分时间从事咨询、写作和演讲等工作,来宣传他的一套管理理论——"科学管理",即通常所称的"泰勒制",为科学管理理论在美国和世界的形成和传播做出了贡献。

泰勒的主要著作包括1895年出版的《计件工资制》、1903年出版的《工厂管理》和1912年出版的《科学管理原理》。

二、泰勒的探索

工业革命使人类对科学能够解放生产力、提高效率的作用深信不疑。作为一个工程师的泰勒对此更是印象深刻。因此,面对众多的管理问题,泰勒力图找到一种科学的方法来加以解决。科学方法的特征之一就是要能够通过可控的实验的检验,只有被实验所证实的,才是最可靠的。在其整个职业生涯当中,泰勒一直在探索或推广一种超越经验的、具有确定性和科学性的解决管理效率问题的方法。

在米德维尔钢铁厂的管理实践中,泰勒目睹了普遍存在的工人"磨洋工"问题。泰勒出生在一个清教徒家庭中,虔诚的宗教观念让他难于理解和接受工人在工作中的"磨洋工"和低效率。泰勒对此进行了总结和分析。他认为工人"磨洋工"主要有以下原因:①管理问题。当时的企业管理当局不懂得用科学方法来进行管理,不懂得工作程序、劳动节奏和疲劳因素对劳动生产率的影响。②工人的认识问题。工人认为加快工作会使另外一些人找不到工作。③工人的传统习惯问题。工人们使用单凭经验的代代相传的工作方法,缺少训练,没有正确的操作方法和适用的工具。在泰勒还是一名普通工人时,他虽然不是出于本意少干活,但他也不得不和大多数工人保持一个相近的产量和效率水平。当泰勒成为管理者以后,他的责

任感驱使他去解决效率这个问题。为此,他组织实施了一系列的实验:

(一)铁块搬运实验

1898年,泰勒在伯利恒工厂进行了著名的搬运铁块实验。当时工人的实际日搬运量在12吨~13吨之间,工资水平是1.15美元。泰勒从75个候选人中选择了一名身材矮小的工人——施密特,他将施密特的铁块搬运过程分为四个阶段,逐个进行分析:从车上或地上将生铁搬起来,需要多少时间;带着铁块在地上走,每一英尺需要多长的时间;带着铁块沿着跳板走向车厢,每一步需要多少时间;空手回到原地,每一英尺需要多少时间。通过仔细的研究,泰勒发现,采用科学的方法对工人进行训练,并把劳动时间与休息时间很好地搭配起来,工人的日搬运量可以达到47吨,工人的工资水平也提高到了1.85美元。泰勒设计的工作方法及工作强度都在工人的生理承受范围之内,而提高的收入水平对工人来说有较强的刺激作用,工人们都乐于接受新的工资水平和工作方法。实验取得了成功。

(二)铲掘实验

在泰勒的铲掘实验之前,工人铲铁砂和煤炭是自备铲子,铲子的大小不一,铲起的重量不一样。泰勒研究后发现,无论铲掘哪种物料,当一个人在操作中的平均负荷是每铲9.5公斤时,能达到最大工作量。泰勒根据不同物料的情况,准备了8~10个不同的铲子,每种铲子针对一种特性的物料,使每铲的平均重量尽量接近9.5公斤,结果,完成同样的工作量,需要的铲掘工人数量从400人减少到了140人,每年为企业节约了80 000美元。

(三)金属切削实验

泰勒的金属切削实验历时26年,耗用80万吨钢材。泰勒研究了根据金属的成分、工件的直径、切削深度等12个变量确定金属切削中的切削速度、角度等问题,提高了金属切削的效率。在巴思等人的帮助下,实验取得了重大进展,泰勒同时发明了高速钢并取得专利。

三、科学管理原理

泰勒认为在传统的管理模式下,要取得任何成就都需依赖于赢得工人的积极性,而真正能赢得工人积极性的情况却是罕见的。因此,他努力采用科学的方法来研究管理,通过成功的实验来确定新的管理思想和管理方法,力求摆脱对工人积极性的依赖。由于泰勒的管理理论是建立在科学实验的基础上的,所以被称为科学管理理论。这一理论主要包括下列内容。

(一)科学管理的前提假设

(1)科学管理能够有效地提高资源利用率,解决当时普遍存在的劳资问题。泰勒认为,劳资矛盾的日益尖锐是因为社会资源没有得到充分利用,如果能找到科学的方法提高资源的利用率,劳资双方都能增加收益,矛盾就可以解决。

(2)工人是"经济人",关心的是如何提高物质收益。经济人的行为动力是经济利益,经济利益能够诱发经济人发挥其潜能,因此,对工人的激励,应以物质收益的诱导为主。

(3)单个人可以取得最大效率,集体行动反而导致效率下降。科学管理就是探索使单个人提高效率的有效方法。

(二)科学管理的目的

科学管理的目的是获得最高的效率,即泰勒认为管理的中心问题是提高劳动生产率。因为泰勒认为效率的提高有助于社会总体财富的增加,符合劳资双方的利益,同时可以弱化劳资矛盾。

(三)科学管理的内容

1. 作业管理

泰勒认为,通过时间研究和动作研究,可以找到最佳的作业办法,管理者的任务之一就是进行该项研究并将该方法通过文字确定下来,要求全体员工执行。作业管理,首先把每次操作分解为动作,并把动作细分为要素,然后研究每项动作及其要素的必要性和合理性,去掉不合理的动作,保留必要的动作,依据经济合理的原则对必要动作进行改进。同时,在观察和分析每项动作要素所需要的时间并考虑人的生理状况后,将动作的频率控制在适当的范围内。为了提高作业效率,作业管理还应同时研究工具、机器、材料和环境的标准化问题。作业管理通过动作的合理性和人的生理特征相结合,并通过工具和环境等标准化,探索高效率的标准化操作方法。

2. 工人的选择和培训

泰勒认为,为了实现高效率,首先应该科学地选择工人;为了发掘出工人的潜力,就需要对工人进行培养和教育。因此,在作业管理的方法制定出来后,应通过培训让工人掌握该方法,也只有掌握了该方法,工人才可能真正地超越传统和经验,提高效率。

3. 激励性的报酬制度

泰勒认为过去的工资方案存在着重大缺陷,不符合效率原则,主要表现为工资标准是以经验和估计为依据,即使计件工资也是如此,因为不同工人生产的一件成品可能代表的是不同的效率,而用同样的工资标准显然就不一定符合效率原则。为了克服以前的工资方案的缺陷,泰勒在1895年提出了"差别工资制":通过作业研究,根据科学原理制定工作定额;工资的支付对象是工人而不是职位或工种,具体而言是根据工人的实际表现。当工人达到工作定额时,获得100%的定额工资,当超过定额时,提高工资支付率,通常是定额工资的125%,如果没有达到工作定额,按定额工资的80%支付,并发给一张黄色的工票以示警告,如不改进就要被解雇。

4. 计划职能和执行职能分开

传统的管理中,工人根据自己的习惯进行工作,从而使得工人的工作效率是由工人自己决定。这种方式的效率差别很大,不能发挥每个工人的潜力,而且使得效率水平没有一个客观的评价标准。当工人由于认识问题而相互影响,在一个低水平上"磨洋工"时,管理者很难给予有效的评价和约束,使得效率难以达到最高。因此,泰勒认为,需要成立计划部门对此进行控制。计划部门制订全部的计划并对工人发布指令,其主要任务是:(1)进行调查研究并把它作为确定定额和操作方法的依据;(2)制订有科学依据的定额和标准化的操作方法;(3)拟订计划,发布命令;(4)把标准和实际情况进行比较,以便进行有效控制并完善标准。

虽然泰勒的计划职能主要还停留在作业管理阶段，但却是一个巨大的进步，因为泰勒的计划职能中体现出分工思想在管理领域内的拓展，同时也融入了控制的思想。

5. 职能工长制

职能工长制是泰勒根据工人的具体操作过程，对车间工作进行分工形成的一种管理制度。泰勒认为，一名职能工长不可能同时具备工长必备的全部素质，为了使工长的职能得到有效发挥，需要分工，使每个工长只承担一种管理职能。泰勒设计了8种职能工长来代替原来的一个工长，其中，4个在车间，4个在计划室，每个工长按照自己的职能范围向工人发布命令。在计划室的4个工长分别是工作命令工长、工时成本工长、工作程序工长、纪律工长，在车间的4个工长分别是工作分派工长、速度工长、修理工长、检验工长。工作命令工长即"指示卡片管理员"，负责提供有关工具、材料、计件工资和资金，以及其他操作指示的情况；工时成本工长即"时间和成本管理员"，负责花费的时间及消耗的成本的表单的发送和回收；工作程序工长即"工作流程管理员"，负责决定工人和机器的工作流程；纪律工长即"车间纪律管理员"，负责记录工人的"优缺点"，担任"调节人"，同时兼有挑选和解雇工人的职能；工作分派工长即"班组领班"，负责把材料放到机器之前的工作；速度工长负责把材料放到机器之后的工作，包括工具、切削和机器的速度；修理工长负责照管和维修机器；检验工长负责检查工作的结果。

虽然泰勒认为职能工长制分工明确，职能单一，便于培养管理人员，有利于计划部门和执行部门的协调，但由于严重的多头管理，职能工长制没能在实践上取得成功。但是，职能工长制所体现的分工思想为职能参谋制的组织结构提供了思路。职能参谋制的管理者无直线管理权力，避免了多头管理，并可利用分工来深化知识的运用、提高管理效率。

6. 例外原则

例外原则是指企业的管理人员把一般日常事务授权给下属人员负责处理，而自己保留对例外的事项、一般也是重要事项的控制权，如重大的企业战略问题和重要的人员更替问题等。例外原则至今仍然是管理中极为重要的原则之一,尤其对于当今的大规模企业来说,例外原则对于高级管理人员特别重要。

7. 管理哲学

泰勒认为,传统的管理困境在于认为管理最重要的是提高工人的积极性。而工人则认为自己提高的工作效率被资方占有,提高积极性只是增加了自己被剥削的程度,因此工人以"磨洋工"的方式来消极抵抗。资方认为在积极性不能有效提高的情况下(当时这是一种较为普遍的事实),减少工资的支付就能增加自己的收益。这样,劳资双方产生了严重的心理对立。而科学管理的实质应是"一场全面的心理革命",科学管理就是让劳资双方"把注意力从被视为最重要的分配剩余的问题上移开,而共同把注意力转向增加剩余上,一直到剩余大大增加,以至于没有必要就如何分配剩余的问题进行争吵为止。他们会看到,当他们双方不再互相敌视,而肩并肩地向同一方向迈进时,通过他们的共同努力所创造的剩余将多得简直令人目瞪口呆。他们双方都认识到,当他们以友好合作和相互帮助来代替对抗和斗争时,他们就能共同使剩余猛增,以至工人工资有大大增加的充分余地,制造商的利润也会大大增加。这就是伟大的心理革命的开始,是实现科学管理的第一步"。

可见,科学管理的哲学或者它的真正基础在于相信劳资双方的利益的一致性。除非工人也一样富裕起来,否则,资方的富裕是不会长久的;反之亦然。给工人以他最需要的高工资和给资方以他所需要的产品的低劳工费用,是完全可能的。正因为如此,泰勒说,科学管理"不是一种获得效率的方法,也不是一串或一批有效率的方法";"不是一种计算成本的新制度,也不是一种支付工人工资的新办法";"不是工时研究";"不是职能工长制";而是一种管理哲学,是一场"心理革命"。泰勒认为,所有这些方法都是其管理哲学支配下的"有益的辅助手段"。

四、对泰勒科学管理思想的评价

泰勒的科学管理思想在管理学上的突破是全面的、划时代的。

科学管理使得工人的工作效率从由经验决定,转而由科学的方法来决定。科学管理突破了小农意识,认为在现代企业的操作中,存在着一种客观上效率最优的方法。而这种效率最优的方法,工人没有主动性去探索,或者即使知道了也不会实施,管理者的任务,就是去找到这种高效的方法,其途径就是作业研究。工人接受一种科学的作业方法和资方探索科学作业方法的认识基础,则是双方都意识到效率的提高将会使双方共同富裕。泰勒认为科学管理是将既有的知识收集起来加以分析组合,并归类成为规律和条例,使之构成一种科学。泰勒将管理者的职能从具体的生产中分离出来,使对管理的研究由此获得独立的地位。科学管理是人类第一种较为系统的管理思想,从此,管理学正式成为一门独立的学科。

科学管理理论的产生和成功,是人类理性的强大力量在管理领域的证明,为管理学的全面发展和繁荣奠定了基础。管理活动可以科学化和理性化的思想对后来的管理学产生了深远的影响。例如,继续用更精确的理性精神——现代自然科学和技术科学的成就来寻求管理中的最优解,产生了后来的科学管理学派的理论;对科学管理的"反动"则导致了行为科学的兴起。科学管理在生产组织管理中所取得的显著成果,推动了生产力的发展,使企业的生产效率提高了很多倍,受到了当时欧美国家的普遍重视和采用。泰勒从理论和实践两方面为后人开创了进行管理思想研究的先河,由此,才有了管理理论丛林的产生。

泰勒的科学管理理论在管理思想和管理实践中冲破了传统的经验管理方法的束缚,将科学理性引进了管理领域,它是将小农意识、小生产的思维方式转变为现代社会化大生产方式的一场革命。没有这场革命,人类就不可能真正进入现代文明社会。因此,虽然泰勒的科学管理理论还存在着一些明显的局限性,如人性假设的单一性、只关注生产问题等,但德鲁克认为,泰勒的科学管理理论"可能是联邦主义文献以后,美国对西方思想所做出的最特殊的贡献"。

第三节 法约尔的一般管理思想

一、亨利·法约尔及其生涯

亨利·法约尔（1841—1925）是古典管理理论的主要代表人之一，管理过程学派的创始人。1841年，法约尔出生在法国。1856至1858年，他就读于里昂公立中等学校。1858至1860年，他就读于圣艾蒂安国立矿业学院。1860年，他进入科芒特里-富香博公司担任工程师，并显示出他的管理才能。1868年，当该公司的财务状况极为困难，公司濒临破产时，法约尔被任命为总经理。他成功地解决了公司面临的问题，到1918年法约尔75岁退休时，公司的财务状况已极为良好，至今仍然是法国著名的冶金公司之一。

法约尔的职业生涯可以分为四个阶段：

第一阶段是1860至1872年。法约尔作为一个等级较低的管理人员和技术人员，主要关心的是采矿工程的事情，特别是防止火灾危险的事。在此期间，他于1866年被任命为科芒特里矿井矿长。

第二阶段是1872至1888年。他被提升为经理，管理一批矿井。成为高级管理人员后，他不仅要考虑技术问题，更要考虑管理方面的问题，这促使了他对管理活动进行研究。

第三阶段是1888至1918年。1888年，当公司处于破产边缘时，法约尔被任命为总经理，按照自己掌握的管理思想和理论对公司进行了改革和整顿。他关闭了一些经济效益不好的冶金工厂，并吸收资源丰富的新矿来代替资源枯竭的老矿。他于1891年吸收布列萨克矿井，1892年吸收了德卡斯维尔的矿井加工厂并把新的联合公司命名为康曼包公司。1900年他吸收了东部煤区的莱得莱维尔矿井。法约尔克服了种种困难，把原来陷于困境的公司整顿得欣欣向荣。在第一次世界大战期间，他领导的公司为战争提供了大量资源。公司培养了一批管理、技术和科学上的骨干力量，当法约尔75岁退休时,该公司已能在财务和经营上立于不败之地。

第四阶段是 1918 至 1925 年。法约尔致力于普及自己的管理理论。在科芒特里公司工作期间,法约尔就开始了管理的研究工作。1900 年,他向"矿业和冶金协会"的会议提交了《论行政管理》的论文,开始系统地阐述他的行政管理思想。在 1908 年的矿业学会五十周年大会上,他提交了论文《论管理的一般原则》;1916 年,他在矿业学会公报上发表了著名的管理著作《工业管理与一般管理》。退休后,他主要从事两项工作:第一项是创办一个管理学研究中心。这个中心每周都要举行一次有作家、哲学家、社会活动家、工程师、政府官员和实业界人士参加的会议。法约尔的许多权威著述都是在这里逐步形成的。第二项工作是试图说服政府对管理原则多加注意。1921 年,他的《论邮电部门行政改革》的小册子出版;同年他在《政治与国会评论》上发表了一篇题为《国家在管理上的无能》的重要论文。1923 年在布鲁塞尔举行了第二次国际管理科学会议,法约尔是领导之一。在 1924 年国际联盟代表大会期间,他接受了一项邀请,在日内瓦国际大学联合会发表了题为"管理要义的重要性"的演说。

由于泰勒提出的"职能工长制"(这一制度后来并未实施)与法约尔提出的管理工作十四条原则的第四条"统一指挥"明显对立,使得一些人认为法约尔与泰勒的理论是相互竞争和有明显差别的,但是法约尔一再强调他们两人的著作是相互补充的。1925 年,法约尔在布鲁塞尔第二届国际会议的开幕词中,声明有人把他推到"与泰勒对立的地位是荒谬的"。实际上,法约尔和泰勒是从不同角度分析管理问题的:泰勒是从生产角度提出了科学管理理论,而法约尔则从组织角度提出了一般管理理论。

但是,不仅是在美国,还是在法国,在法约尔生前的很长一段时间里,他的管理思想并没有引起人们的足够重视。在美国,直到 1949 年伦敦皮特曼公司出版康斯坦斯·斯托尔斯的译本时,人们才比较全面地接触到法约尔的管理思想。在法国,法约尔的思想未被重视的原因有二:一是当时法国对美国派往法国的军队在建造船坞、修路和建立通信线路等方面运用泰勒制所取得的成绩和效率感到极为惊异，所以当时的法国陆军部命令陆军所管辖的所有工作都必须研究和应用泰勒的科学管理原理。二是当时在法国有两位学者即亨利·勒夏特利埃和夏尔·费雷曼维尔，他俩把泰勒的管理著作译成了法文并在法国建立了一个"泰勒主义"组织，在法国普及和推广泰勒的科学管理理论。上述两方面原因使得在法国，人们更多地接触了泰勒的科学管理理论，反而不了解法约尔的管理思想。一直到法约尔去世前不久，"泰勒主义"组织与法约尔的"管理研究中心"合并为法国全国组织委员会后，法约尔的管理思想才逐渐被人们所认识。

法约尔在管理方面的著作主要有《工业管理和一般管理》《国家在管理上的无能——邮政与电讯》《公共精神的觉醒》等。

二、法约尔的管理思想

（一）法约尔的组织管理理论

法约尔认为，企业的全部活动可以分为技术活动、商业活动、财务活动、安全活动、会计活动和管理活动。管理活动协调其他五种活动，是企业所有活动的核心，由此确认了管理在企业活动中的核心地位。管理通过其各项职能的发挥来规范企业的各种活动，实现效率和效果。法约尔认为管理有五项职能：计划、组织、指挥、协调和控制，法约尔定义的管理就是实行这五项职能。计划是指挥探索未来和制定行动方案；组织就是建立企业的物质和社会的双重结构；指挥就是使其人员发挥作用；协调就是连接、联合、调和所有的活动及力量；控制就是要证实企业的各项工作是否与计划相符，其目的在于指出工作中的缺点和错误，以便于对它们进行纠正并避免重犯。

1. 计划

法约尔认为，任何行动计划都以下列内容为基础：①公司的资源，即建筑物、工具、材料、人员、销售渠道等。②目前正在进行的工作性质。③公司所有活动的未来发展趋势。在制订计划的过程中，法约尔还强调共同参与，各级负责人要为计划的制订做出贡献并承担执行计划时所要负的责任。一个好的计划应该有四个特点：①统一性，每项计划不仅有总体计划还有具体计划；②连续性，不仅有长期计划，还有短期计划；③灵活性，能应付意外事件的发生；④精确性，尽量使计划具有客观性，不带主观的臆测。

2. 组织

法约尔认为，企业中出现的金字塔组织机构是职能增加的结果。职能的发展是水平方向的。因为随着组织所承担的工作量的增加，职能部门的人员必然增加。等级系列的发展是垂直的，是由于有必要增加管理层次来指导和协调下一级管理部门的工作引起的。法约尔认为管理人员的管理幅度受到限制，一般来说，基层管理以 1∶15 为宜，以上各级则大致为 1∶4 较为恰当。

法约尔指明，有能力，有知识的参谋人员使管理人员的个人能力得到延伸。在企业管理中参谋人员只听命于总经理，不用去处理日常事务，主要任务是探索更好的工作方法，发现企业环境的变化以及关心长期发展问题。

法约尔认为，组织中的管理人员应该具有以下的能力和品质：①身体条件：健康、强壮，精力充沛，谈吐清晰。②智力条件：具有理解和学习能力、判断能力和适应能力。③精神条件：有主动性，勇于承担责任，忠诚和遵守纪律，有尊严等。④通用知识：接受了较为全面的教育，知识不限于所从事的工作。⑤专门知识：任何职能所特有的知识，如技术、商业、财务、管理等专业知识，且较熟悉。⑥经验：从本职工作中获得的知识，即从个人工作的成功经验和失败教训整理而得的知识。

3. 指挥

指挥是一种以对工人的品质和对管理一般原则的了解为基础的艺术。法约尔认为，合格的指挥人员应做到：①透彻了解自己的下属；②淘汰不胜任的员工；③通晓约束企业和员工的协议；④做好榜样，以身作则；⑤定期检查组织的账目；⑥召开会议；⑦不在细节上浪费精力；⑧保持职工的团结。

4. 协调

协调就是使企业的一切工作和谐配合以利于企业经营的顺利进

行并且有助于企业取得成功。法约尔强调的协调注重的是物质和技术的层面，他认为协调是使各种职能的社会组织机构和物资设备之间保持一定比例，如财政收支的平衡，产能和产量的适当比例，材料和消费成一定的比例，销售与生产成一定的比例，协调就是在工作中做到先主要后次要，使事情和行动都保持合适的比例。

法约尔还提出了关于企业需要进行协调工作的依据：

（1）各部门不了解而且也不想了解其他部门，在进行工作时好像它本身就是工作的目的和理由，不关心整个企业，也不关心毗邻的部门。

（2）在一个部门内部的各科室之间，与不同部门之间一样存在着一堵墙，互不通气，各自最关心的就是使自己的职责置于公文命令和通告的保护之下。

（3）谁也不考虑企业整体利益，企业里没有勇于创新的精神和忘我的工作精神。

法约尔没有强调由于利益冲突导致的事物和行动方面比例失调。但从他对协调工作的依据的描述当中，其实可以看出法约尔已经充分意识到在物质和技术的不协调的根源中，利益的原因重于技术的原因。法约尔描述的协调工作的依据，在当代管理学中被称为"部门墙"现象，消解"部门墙"是各级管理人员面对的一个重大问题。

为了解决协调问题，法约尔推荐部门每周召开例会以解决问题。这种例会的目的是让企业的各层级和各单位交流现状信息，通过高层指明企业的发展方向，明确各部门之间应有的协作，来平衡各个层次的利益冲突，保证各部门之间的行动协调一致。例会一般不涉及制订企业的行动计划，会议要有利于领导们根据事态发展状况来完成这个计划。每次例会只涉及一个短期内的活动，一般是一周时间之内。虽然"部门墙"不可能通过例会得到完全解决，但法约尔为管理者指明了一个解决"部门墙"的正确方向，那就是沟通。

5. 控制

控制就是注意一切是否按已制定的规章、下达的命令和计划进行，并对偏差进行纠正，对物、对人、对计划都可以进行控制。从管理的角度看，应确保企业计划的有效执行，而且更重要的是要根据各种情况的变化对其及时加以修正。由于控制作用于各种性质的工作和各级人员，所以控制有许多不同的方法，像管理的计划、组织、指挥和协调一样，控制需要有持久的工作精神和较高的艺术。控制是以管理者对未来不能完全把握为前提的，实际上是管理者对不断变化的现实所进行的调整。在此，法约尔实际上已经明确了一个后来被西蒙所强调的问题：人的理性是有限的。

（二）法约尔的十四项管理原则

法约尔根据自己多年的工作经验，提出了十四项管理原则。

1. 专业分工

实行专业分工可以提高工作效率。专业分工不仅适用于技术工作，也适用于管理工作。但是，专业化的分工要有一定的限度，不能分得过粗或过细，否则效果不好。专业分工使得各层级的人员能各司其职，使得新人可以很快变成熟手。

2. 权责对等

在企业中，人的权力与其承担的责任应当相符，有权力的地方就要有责任，不能出现有权无责或有责无权的情况。权力源于企业组织、制度、标准、默契，而非个人；愿承担多大责任，就可以也应该获得相应的执行权力。

3. 遵守纪律

纪律是企业领导人同下属人员之间在服从、勤勉、积极、举止和尊敬方面所达成的一种协议。没有对纪律的遵从，任何组织都不可能兴旺发达。各级人员都必须接受纪律约束，才能避免内耗和失控。纪律要在保证企业行为规范性的同时，保证让个人有最大的自由发挥空间，而且不干扰他人，不脱轨。

4. 统一指挥

组织内的每个成员都应接受而且只能接受一个上级的命令，不要界限不清，不要越权，更不要双重领导。

5. 统一领导

凡是具有同一目标的活动，只应有一个领导人和一套计划。统一指挥和统一领导的区别是，统一指挥是"对人"而言的，尤其强调不能多头领导；统一领导是"对事"而言的，主要强调领导所担负的责任。

6. 个人利益服从集体利益

企业的目标应尽可能多的包含个人的目标，使企业目标实现的同时满足个人的合理需求。当个人利益和集体利益发生冲突时，优先考虑集体利益。个体目标不能妨碍整体目标。必要时，先牺牲个体目标，以成就集体目标，而获取长期回馈的效益。

7. 合理报酬

报酬制度要公平、合理，对工作成绩与工作效率优良者应有奖励，但奖励不应超过适当的限度，以能够激起职工的热情又不会出现副作用为宜。优良的报酬和良好的管理结合起来，才能收到好的效果。"每个人只顾做可被衡量的事"，"当努力与报酬成正比时，才能激发一个人的动力"，"公平合理，信赏必罚"，若再佐以"高薪资、高绩效"策略，可以大幅度提升绩效，员工工资奖金大幅度增加，但薪酬的单位成本反而降低。

8. 适当集权与分权

提高下属重要性的办法是分权，降低这种重要性的方法是集权。分权和集权本身并无好坏，关键是一个尺度问题。要根据企业的条件和环境、人员的素质、组织的规模来恰当地决定集权和分权的程度。

9. 等级制度

等级制度就是从最高权力机构层层延伸直至基层管理人员的领导系列。它表明权力等级的顺序和信息传递的途径。但是，有时候可能由于信息沟通的线路太长而延误时间或出现信息失真的现象。为了既能维护统一指挥原则，又能避免信息的延误和失真，法约尔提出了一种跳板原则，即在需要沟通的两个同级部门之间建立横向沟通渠道，以使组织中不同等级中的相同层次的人员能在有关上级同意的情况下直接联系，以提高沟通的效率。法约尔认为各级人员都应养成使用这种沟通捷径的习惯，后人称这种方式为"法约尔桥"或"法约尔跳板"。

10. 秩序

秩序是指"凡事各有其位"。秩序原则既适用于对物质的管理，也适用于对人的管理。任何物品都要排列有序,人员要有自己确定的位置。正确的物和人的秩序以物的特性、工作的要求和人的特点为依据,同时要确保有利于工作的高效率和人的特长发挥。

11. 公平

"公平"原则就是"善意"加"公道"。公道是实现已订立的协定。为了促使下属充分履行职责,管理者应善意对待下属。管理者还应该注意,由于各种因素不断变化,原来的"公道"可能会变成"不公道",如果不及时改变这种情况,就会打击职工的工作积极性。

12. 保持人员稳定

人员变动频繁的组织很难成功。一个人要熟练、有效地从事某个岗位的工作,需要相当长的时间。假如他刚刚开始熟悉自己的工作就被调离,那么他就没有时间为本组织提供良好的服务。因此,保持人员的稳定是效率的一个重要保证,是管理的一项重要原则。人员的稳定是相对而言的,关键是要掌握好适当尺度,保持企业人员的稳定性与适应性。

13. 首创精神

发挥个人的聪明才智,提出具有创造性的想法或发明,既会给员工带来极大的快乐,也是刺激员工努力工作的最大动力之一。企业的领导者不但要有首创精神,还要鼓励全体成员发挥首创精神。管理人员应激发员工内在的原动力,并促使其自动自发地去改善、创新,勇于承担责任,并向高标准挑战。

14. 人员团结

全体成员的和谐与团结是企业发展的巨大力量,形成和谐团结的气氛,最有效的方法是严守统一指挥原则,加强企业内部的交流。法约尔注意到,思想交流,尤其是口头交流有助于提高人员团结。

法约尔指出:十四项管理原则的应用,关键是一个尺度问题,没有死板的绝对的东西。他说原则的应用"是一门很难掌握的艺术,它要求有智慧、经验、判断和注意尺度。由经验和机智合成的掌握尺度的能力是管理者的主要才干之一"。法约尔在这个问题上无疑是正确的,他实际上是在告诉我们,管理学不可能完全是科学的,虽然管理学中有管理科学学派的生存空间,但管理学只能是体现人类有限理性的知识，它不可能做到如科学一般的精确，在管理学当中，艺术占据着重要的空间。

虽然法约尔的管理五项职能中没有当代管理学很重视的人事职能，但不代表他没有意识到管理中人的重要性，只是他认为自己的五项职能已经将人事职能包容进去了。尤其我们从其十四项原则中可以看到，报酬、公平、人员稳定、团结等，都是和人事职能直接相关的重要原则。由此可见，法约尔的管理思想，不是真的忽视了，而是高度重视了人这一管理中最重要的对象和要素。

（三）管理教育的必要性和可能性

法约尔认为各种组织中的管理存在着共性，即存在着适用于各类组织的一般管理知识；法约尔认为低层级人员的技术能力较为重要，而随着组织规模的扩大，管理层级的上升，管理能力愈发重要，因此，为了提高各种组织的效率，有必要进行管理知识的教育。同时，管理存在着普遍的规律，这种规律是可以传授的，因此，法约尔认为在高等学校开设管理方面的课程有助于培养管理人才。

法约尔的管理的一般性观点确定了当代管理学以企业为重点，但并不限于企业探索一般管理知识的管理学研究方法，这对拓展管理学的研究范围和影响力产生了重要的影响。他的管理能力的要求将随着管理层级的变化而变化的观点一再被经验所证实，并成为各级管理者在自我完善过程中的指路明灯。

第四节　韦伯的行政组织思想

一、马克斯·韦伯及其生涯

马克斯·韦伯（1864—1920），作为德国社会学家、哲学家、历史学家为世人景仰。韦伯于1864年4月21日生于埃尔福特的一个富裕的德国家庭。韦伯的父亲曾任普鲁士下院议员、帝国议会议员。1882年韦伯进入海德堡大学学习法律，1883年在斯特拉斯堡服兵役一年，1884年进入柏林大学攻读法律。在完成并出版讲师资格论文《罗马农业制度的历史对罗马公法与私法的重要性》后，他开始在柏林大学教授罗马法、日耳曼法及商法，后来其学术重心从法学转向经济学。1894年韦伯放弃柏林大学任法学教授的机会，接受当时地位甚低的地方性大学弗莱堡大学聘请出任经济学教授；1896年转任海德堡大学政治科学教授；1897至1903年由于精神崩溃，被迫停止一切教学、研究与政治活动；1903年重返学术活动；1910年参与创立德国社会学学会，后于1913年因社会学方法论之争退出德国社会学学会。1920年6月14日因肺炎病逝。

韦伯的知识范围和学术研究视野非常广泛，从经济、政治、法律、宗教、音乐等社会生活领域到社会科学方法论都有重要建树。他是现代社会学的奠基人之一，他的观点对其后的社会学家、政治学家、经济学家和管理学家都有着深刻的影响。韦伯由于其在行政组织理论方面的卓越贡献而在管理思想史上被称为"组织理论之父"。

二、理想的行政组织

韦伯研究了政府机关的复杂性，发现了他认为这种复杂性背后的理性原则，由此产生了"理想的行政组织"的学说。

韦伯认为，理想的行政组织是通过职务和职位来管理的，而不是通过传统和世袭地位来管理；是以知识为依据进行控制；是依据客观事实而不是凭主观意志来领导。在理想的行政组织中，管理者应具有胜任工作的能力，组织中所有环节都是由专家来承担各种任务，因此组织规定每一个成员的职权范围和协作形式，使得各级人员都能正确行使职权，减少冲突，提高效率。

韦伯认为理想的行政组织应具有下列特征。

（一）确定的目标

组织应有确定的目标，人员的一切活动，都必须遵守一定的程序，其目的都是为了实现组织的目标。

（二）分工明确

组织为了实现目标，应把实现目标的全部活动都一一进行划分，然后落实到组织中的每个成员。对每个职位上的组织成员的权力和责任都有明确规定，并作为正式职责使之合法化，实现职责是任职者唯一的或主要的工作内容。

（三）指挥链

组织内的所有职位都应按照权力等级进行安排，形成一个自上而下的、等级森严的指挥体系，每一职务均有明确的职权范围。组织是一个井然有序且有完整权责对应关系的组织，各种职务和职位按等级制度体系进行划分，每一级的人员都必须接受上级的控制和监督，下级服从上级，但是他也必须对自己的行动负责。

（四）非人格化的人员关系

组织成员之间是一种指挥和服从的关系，这种关系是由职位的高低来决定的，是组织通过正式规定来明确的。个人之间的关系不能影响到工作关系。

（五）规范录用

所有组织成员都根据职务的要求，通过正式考试的成绩或培训中取得的技术资格来加以录用，由职位来确定需要什么样的人来承担。人员必须是称职的，同时也是不能随便免职的。职务通过自由契约关系来承担。

（六）实行任命制

只有个别特殊的职位才实行选举制，其余职位都实行任命制。

（七）管理职业化

职务已形成一种职业，管理人员都必须是专职的，有固定的薪金并享有养老金，有明文规定的、较完善的合理化的升迁制度。

（八）公私有别

管理人员在组织中的职务活动应当与私人事务区别开来，公私事务之间应有明确的界限。管理人员没有组织财产的所有权，并且不能滥用职权。

（九）遵守纪律

管理人员必须遵守纪律，受组织规则和制度的约束与监督，这些规则不受个人感情的影响,适用于一切情况。组织对每个成员的职权和协作范围都有明文规定,使其能正确地行使职权,从而减少内部的冲突和矛盾。

三、韦伯对权力的分类

韦伯认为,任何一种组织都是以某种形式的权力为基础的。没有某种形式的权力,组织的生存尚且非常危险,更谈不上实现组织的目标了。权力可以消除组织的混乱,使组织有序地运行。韦伯把权力划分为三种类型:①合理的法定的权力。它指的是依法任命,并赋予行政命令的权力。对这种权力的服从是对确认职务或职位的权力的服从。②传统的权力。它是以古老的、传统的、不可侵犯的和执行这种权力的人的地位的正统性为依据的。③神授的权力。这种权力是建立在对个人的崇拜和迷信的基础上的。韦伯认为,在三种权力当中只有合理的法定的权力才是行政组织的基础,因为这种权力能保证经营管理的连续性和合理性,能按照人的才干来选拔人才,并按照法定的程序来行使。这是能保证组织健康发展的最好的权力形式。

韦伯的理想的行政组织是一个复杂而普通的概念,它含义众多,甚至超越了学术,带上了一定的感情色彩。例如,以前一般把韦伯的理想的行政组织译作官僚组织,在当代社会就有较大的贬义成分。在当今社会,组织的柔性受到了空前的强调。韦伯的理想的行政组织中没有非正式组织的存在,一切都以明文规定的权责作为行为准则,这样一个"僵化"的组织是否适应现实?韦伯的理想的行政组织的理论是否对现实还有指导意义?

韦伯并非不知道他所论述的组织是不可能在现实中看到的。理想的行政组织的所有特征,都存在着一个共同的前提,即组织成员的理性程度很高,接近于甚至就是完全理性的,因此,组织内的分工和权责的划分也是完全合理的。在这样一个组织中,组织成员不需要非正式组织来弥补正式组织的不足,也不需要违背上级的命令,因为上级是正确的;同时,组织成员也不需要在明确规定的职责之外采取行动，因为各职位的职权和责任之间完整且完美地协调，组织成员已经没有采取那些行动的必要和空间。总之，韦伯的理想的行政组织可以理解为人类理性在组织管理中可以达到的极限，是一种效率最高的组织，但它只能存在于理想之中。

韦伯实际上是在说一个完全理性的组织是高效率的，这一点永远也不会过时。社会发展到今天，各组织对理性的依赖更强了。社会化大生产、科技高度发达、世界范围内事物间联系的密切，使得任何一个组织都必须按理性原则办事。尊重理性，让理性说话是组织的准则；否则，各级组织就会紊乱，降低效率。进入21世纪后，彼德·圣吉的学习型组织大行其道。学习型组织强调组织的学习能力。学习的对象是知识，由于知识的更新速度总是在不断提高，学习能力才显得日益重要，而加强学习知识就是加强一个组织理性处理问题的能力，因此，学习型组织实际上是在强调理性对于组织成功的重要性。而我们再回头来看，韦伯的组织理论强调管理以知识为依据进行控制，强调管理者对工作的胜任，实际上以对知识的充分掌握为前提。正因为如此，韦伯称理想的行政组织中各级人员都是专家，这些都是韦伯对理性的强调，其洞见显得极其深远。我们可以认为，彼德·圣吉实际是找到了一条建立韦伯的理想的行政组织的途径。

韦伯的理想的行政组织有很强的刚性，但是，用其中的原则来指导现实的组织也是完全适用的。比如，无论一个组织如何强调它的柔性、扁平化，但它本身始终是一个层级组织，存在着指挥链，存在着上下级之间的服从关系，存在着命令和服从；否则，就不可能是一个有效率的组织。韦伯理想行政组织的9个特征，除了关于薪酬在企业管理中的运用受到明显的限制外，其他各项原则，几乎是所有组织提高组织效率必须遵守的基本原则。而且，随着社会组织的日益复杂，组织规模不断扩大，韦伯的行政组织理论就更有实际意义。

第五节 古典管理理论的传播和发展

一、科学管理理论的传播

在泰勒的同时代,泰勒的很多追随者及其他学者对科学管理的传播和发展也做出了贡献,包括甘特、吉尔布雷斯夫妇、库克、埃默森等人。其中,埃默森是有名的效率工程师,提出了提高组织效率的十二条原则。库克则将科学管理的范围拓展到了教育、市政等非营利组织。

甘特最重要的贡献之一是发明了甘特图。甘特图运用表达生产日期和产量关系的图示来控制生产计划的执行,这种图示也叫生产计划进度图或线条图。在甘特图中,一般是横轴代表时间,横轴按比例分成小时数、天数、月数,纵轴代表工作项目。先把各项目的计划完成时间用线条画出,然后把项目的实际进展线画在计划完成情况线下或覆盖计划线,通过将计划线和实际线二者进行对比,可一目了然地发现计划与实际情况的偏差。甘特图简单、醒目,便于编制,在实际工作中是进行有效计划和控制的常用工具。

弗兰克·吉尔布雷斯是动作研究之父。他1885年(17岁)时放弃了上大学的机会当了砌砖工,10年后成为建筑承包公司的总管,不久后他自己也成了一名成功的建筑承包商。吉尔布雷斯独立地进行了作业研究,他注意到了作业中的多余动作,将砌砖动作由18个减至5个,使砌砖工人的效率提高一倍而不增加体力的消耗。后来,吉尔布雷斯遇见并追随了泰勒,将他的思想和泰勒的思想相结合,使科学管理产生实效。莉莲·吉尔布雷斯是他的夫人,除了帮助丈夫的工作外,吉尔布雷斯夫人在工业心理学方面有深刻的研究和见解,被称为"第一位女管理学家"。

除了泰勒同时代的人之外,亚历山大·哈密尔顿、丘奇、奥利佛·谢尔顿、玛丽·派克·福莱特等后继者对科学管理的发展和传播进行了不懈的努力。其中，玛丽·派克·福莱特认为协作是管理的核心，协作具有以下特点：①协作是由有关人员直接接触形成的。②协作是一个连续的过程。③协作在工作的早期阶段就存在了。④协作涉及全部要素。玛丽·派克·福莱特的思想成为后来的社会系统学派思想的主要来源之一。

二、工业管理教育

哈洛·泊森在泰勒的科学管理普及之前，就已经在大学里为研究生开设管理课程。作为泰勒协会的主席，泊森对推动科学管理在实践和理论上的传播及在高校教育中的普及做出了杰出的贡献。

德克斯特·金布尔是美国的管理教育家。他在泰勒的《工厂管理》出版后的第一年，就决定在大学里开设一门泰勒的科学管理课程。

雨果·迪默是美国人，管理教材的编写者，写了一些影响很大的管理教科书。在任宾夕法尼亚州立学院的教授时，他是最早主张把工业管理列入教学大纲的中心人物之一。在生命的最后19年中，迪默在芝加哥拉萨勒函授学院工作，对成千上万不脱产的管理人员进行函授教育。

三、古典管理理论的系统化

（一）林德尔·福恩斯·厄威克

林德尔·福恩斯·厄威克是英国著名的管理史学家、顾问和教育家，公认的管理学权威。在他众多的管理著作中，《管理备要》和《管理的要素》对后世的影响较大。

厄威克是组织设计理论的主要代表之一。他指出，组织设计有两个作用：决定从事经营的各个成员的服务内容，以及决定这些职务之间的相互关系，其目的在于有效地解决经营技术问题。

厄威克最大的贡献是对古典管理理论进行了综合。他把泰勒的科学管理和科学分析方法作为指导一切管理职能的基本原则，把法约尔的计划、组织、控制三个管理要素作为管理过程的三个主要职能,将法约尔的管理原则放在管理的职能下,如在控制职能之下的管理原则有配备人员,挑选和安排教育人员等,通过一系列总结,形成了泰勒—法约尔—厄威克等的古典管理学派。

(二)卢瑟·哈尔西·古利克

卢瑟·哈尔西·古利克是美国管理学家,曾任哥伦比亚大学公共关系学院院长、罗斯福总统的行政管理委员会的成员,出版了许多管理学方面的著作。

古利克提出了有名的管理 7 职能论,并将 7 种职能名称的首字母缩写成为 POSDCORB(其中 CO 为"协调"的英文缩写)。通过对 7 种职能的分析,他实现了古典管理理论的系统化。这 7 种职能是:

1. 计划

计划职能确定企业的目标和制定实现目标所要做的事情的纲要和做这些事情的方法。

2. 组织

为了实现企业规定的目标,必须建立正式的权力机构和组织体系,明确规定各级机构和岗位的职责和协作关系,并为组织机构配备合适的人员。

3. 人事

它包括有关职工的选择,训练培养和恰当的安排等方面的工作。

4. 指挥

它是指对下属的领导、监督和激励。

5. 协调

协调,就是为了使企业各部门之间工作和谐、步调一致,共同实现企业目标的职能。它可以经由两种路径来实现:一是通过组织来协调,一是通过思想来协调。

6. 报告

报告包括下级对上级的报告和上级各部门对下级的考绩、调查和审核。厄威克的报告职能实际目的是为了实现控制而进行的信息沟通。

7. 预算

预算包括财务计划、会计、控制等。这些控制活动可以通过以下过程来实现：经济测定，实际成果和预算的比较，对差异进行分析并找出原因，消除差异和改变计划。

四、对古典管理理论的简评

古典管理理论是人类历史上第一次以理性的方法来探讨管理问题。古典管理理论肯定了管理的重要性和普遍性，有组织就有管理，人的理性能够发现存在于各种社会现象中的管理原则。古典管理学者也创造性地提出了一些管理原则和管理职能，并取得了实践的支持。

古典管理理论没有深入研究外部环境对管理活动的影响，即使是对内部管理的关注，也更多地停留在生产部门，其研究方法和结论的系统性方面也有不足。虽然古典管理理论存在着这些缺陷，但这并不意味着古典管理理论对当代管理工作不能给以指导。不可能指望一辈学者就能穷尽一门学科的全部知识。古典管理理论以其特有的理论观点和科学有效的方法，对管理学未来的发展拓展出必要的空间，并在管理学领域获得了不朽的地位。

第三章　行为科学理论的形成与发展

古典管理理论将理性带入了管理活动之中，使管理活动的面貌焕然一新，促进了劳动生产率的大幅提高，为社会财富的增长和人们物质需求的满足创造了条件。但是，随着时间的推移，古典管理理论忽视人的心理因素和社会需求的缺陷逐步显现，难以满足更复杂的管理实践的需要。于是一批心理学家进入管理学研究领域，从20世纪30年代开始，管理学研究的重心逐步从对劳动过程的研究转为对人和组织行为的研究。到1949年，在美国芝加哥举行的一次跨学科的学术会议上，不少与会学者认为可以利用现成的科学知识来发展关于人类行为的一般性理论，并决定将这门综合性的学科命名为行为科学。此后，在行为科学中相继产生了人际关系理论、个体行为理论、群体行为理论和组织领导理论等众多成果。今天，它仍然是管理科学体系的重要组成部分。

第一节　行为科学产生的历史背景和研究概况

一、行为科学产生的历史背景

（一）行为科学产生的政治背景

早期的古典管理理论和古典组织理论把工人看作"活的机器"，强调管理的科学性、精密性和纪律性，而忽视了工人的社会需要，激起了工人的反抗，工人开始有组织地与雇主进行斗争，工会组织蓬勃发展。随着第一次世界大战和俄国十月革命爆发，资本主义国家的政治局势激烈振荡,阶级斗争和革命运动一度出现高潮。

(二)行为科学产生的经济背景

从20世纪20年代开始,美国和其他一些资本主义国家开始频繁爆发经济危机,破产企业增多,金融体系混乱,经济危机的负担被转嫁到普通劳动人民身上。据统计,1932至1933年美国失业人数达1 200万~1 300万(占劳动人口的1/4),如加上半失业者,达1 700万人。工业、运输业、建筑业失业率高达47.8%,实际工资比20世纪20年代后期下降了1/4,倒退到了1900年的水平。[①] 面对古典管理理论的失效,社会迫切需要一种与社会化大生产新形势相适应的新的管理理论。

(三)行为科学产生的人文背景

面对严重的政治危机和经济危机,亚当·斯密的自由放任的经济理论和泰勒、韦伯等人的古典管理理论所起到的作用乏善可陈。资本家开始寻找新的指导思想,在经济学方面,凯恩斯主义开始兴起,在管理学方面也有了一些新尝试。首先,工业心理学在古典管理理论和行为科学之间架设了一座桥梁,福莱特、芒斯特伯格、亨利·丹尼森等学者在古典管理理论占绝对统治地位的时期,就已经开始对人的心理和行为进行研究;其次,依据霍桑实验建立的人际关系学说,开辟了管理学的新领域,为行为科学的产生奠定了理论基础。

二、行为科学的研究领域

(一)行为科学的界定

就行为科学这个词本身的含义来说,有广义和狭义两种不同的理解。

广义的理解把行为科学视为包括研究人的各种行为(以至于动物的行为)的一个学科群,它不单指一门学科,而是包括心理学、

---

① 沙因著,余凯成等译:《组织心理学》,北京:经济管理出版社,1987年版,第118页。

社会学、人类学等多种学科，是社会科学的同义语，因而在英文中用复数形式来表示。如1982年出版的《管理百科全书》给行为科学下的定义是："行为科学包括用类似于其他自然科学的实验和观察方法，对人（和低级动物）在自然和社会环境中的行为进行研究的任何学科。得到公认的行为科学有心理学、社会学、人类学以及在观点和方法上与之类似的其他学科。"

狭义的理解把行为科学视为运用心理学、社会学、经济学等学科的理论和方法，来研究工作环境中个人行为和群体行为的一门综合性学科，而不是一个学科群。如1980年出版的《国际管理词典》给行为科学下的定义是："行为科学主要是有关对工作环境中个人和群体的行为进行分析和解释的心理学和社会学学说，其应用包括信息交流、创新、变革、管理风格、培训和评价等领域。它强调的是，试图创造出一种最优环境，以便每个人既能为实现公司目标做出贡献，又能为实现个人目标有所成就。"

在管理学中所讲的行为科学专指狭义的理解。

（二）行为科学研究的主要内容

行为科学至今虽然没有形成一套完整的知识体系，却已经为人们提供了许多有用的素材。第二次世界大战前后的行为科学主要包括以下四个部分：人际关系学说、个体行为理论、群体行为理论和组织领导理论。

第二节 人际关系学说

一、梅奥与霍桑实验

20世纪20年代，为了探究影响工人劳动效率的因素，美国国家科学院全国研究委员会赞助了著名的霍桑实验。哈佛大学的心理学教授梅奥主持了该项实验。实验的结果出人意料，梅奥对它进行了及时总结，并据此提出了人际关系理论，霍桑实验也因此成为管理思想史上最著名的事件之一。

乔治·梅奥（George Elton Mayo，1880—1949），原籍澳大利亚的美国管理学家，人际关系理论的奠基人，美国艺术与科学院院士。梅奥主持了著名的霍桑实验，并在实验的基础上写作并发表了《工业文明的人类问题》（1933年）、《工业文明的社会问题》（1945年）。这两本著作既是对霍桑实验的总结，也是梅奥人际关系理论的代表性论著。

美国芝加哥西部电器公司下属的霍桑工厂是一家拥有25 000名工人的制造电话交换机的专用工厂，具有较完善的娱乐设施、医疗制度和养老金制度，但生产效率并不理想。为了提高生产效率，管理学家和厂方工作人员共同组成了研究小组，开始了为时8年的霍桑实验。

阶段一：车间照明实验——"照明实验"

梅奥等人在1924年到1927年间进行了照明实验，实验目的是为了弄明白照明的强度对生产效率所产生的影响。根据早先的管理思想，研究者假设阻碍工人生产效率提高的因素是疲劳和单调感等，而提高照明度有助于减少疲劳，所以在一定范围内生产效率会随照明强度的增加而提高。但实验过程显示，不论增加或减少照明强度都可以提高效率。研究者得出结论：①影响生产效率的环境因素不止一种，照明只是其中一种；②由于影响因素众多，所以实验过程难以控制，照明与产量的精确关系难以测定。

照明实验未能取得预期的成功，其结果让研究人员感到茫然，许多人都退出了实验。

阶段二：继电器装配实验——"福利实验"

梅奥等人应邀成立了一个新的研究小组，从1927年到1929年进行了第二阶段的"福利实验"，实验目的是为了查明福利待遇的变化与生产效率的关系。研究人员不断调整工资支付办法、休息时间、茶点供应等福利待遇，但无论福利待遇上升或下降，产量都持续上升。研究者于是得出结论：福利待遇并不是影响工人生产效率的首要因素，生产率提高最根本的原因是实验带来了更加尊重工人的管理方式，激发了工人的工作热情，改善了群体内的社会心理气氛。

阶段三：大规模的访谈计划——"访谈实验"

既然实验表明管理方式与工人的工作热情对生产率有密切影响，于是从1928年到1930年梅奥等人开始了访谈实验，实验目的是了解工人对现有管理方式的意见，以改进管理方式。研究人员按照事先设计的提纲与工厂中的两万名左右的职工进行了访谈，问题主要是围绕工资、福利、管理政策等方面展开，但工人关心的问题与研究人员并不一致，所以收效不大。后来，访谈改由工人自由抒发意见，平均时间从30分钟延长到1小时至1.5小时。研究人员多听少说，详细记录工人的不满和意见。访谈计划持续了两年多，工人生产产品的产量大幅提高。研究者分析：访谈实验为工人提供了发泄不满情绪和提出合理化建议的机会，满足了工人的尊重需要，所以使工人工作热情高涨，产品的产量大幅度上升。

阶段四：继电器绕线组实验——"群体实验"

在以上的实验中，研究人员感觉到在工人当中似乎存在着一种非正式的组织，于是从1931年到1932年梅奥等人进行了群体实验，实验目的是为了证实非正式组织存在与否，以及非正式组织与工作效率的关系。实验挑选了14名男性工人在一个单独的房间里分别从事绕线、焊接和检验工作。为了刺激工人生产产品的产量，该小组实行计件工资制度，但结果是产量只保持在中等水平上，而且每个工人的日平均产量都差不多。研究人员观察发现，小组中存在着不同的派别，他们自发地形成了一些行为规范。例如，谁也不能干得太少，以免影响全组的产量；但谁也不能干得太多，以免使管理者改变现行奖励制度，甚至造成其他工人失业；谁也不能向管理当局告密，如果有人违反这些规定，就会受到群体的制裁，轻则侮辱谩骂，重则拳打脚踢。研究者分析：正式组织内存在着非正式群体，这种非正式群体有自己特殊的行为规范和自然产生的领导者，它对外保护成员，对内制约成员行为，对工人的工作效率有着直接影响。

霍桑实验经过8年的艰苦努力终于完成了它的历史使命，梅奥等管理学家根据实验发表了大量著作，提出了与当时最流行的科学管理思想不同的新观点，开辟了管理理论研究的新方向——人际关系学说。

二、人际关系学说的建立

梅奥和他的学生罗特利·斯伯格（C. F. J. Roethlisherger）将人际关系学说的理论要点总结如下。

（一）工人是"社会人"而不是"经济人"

泰勒的"科学管理理论"认为人是经济人，人类行为的动机仅仅是出自对金钱的追求；梅奥的"人际关系学说"则认为人是社会人，人类行为不仅受物质利益的影响，更重要的是为了满足社会方面和心理方面的需求。因此，管理不能单纯从技术和物质条件着眼，而是必须首先考虑工人的社会和心理方面的需要。

（二）企业中存在着非正式组织

非正式组织是与正式组织相对而言的。正式组织是指为了实现企业目标，明确规定各成员相互关系和职责范围的组织体系，科学管理理论和古典组织理论都很重视正式组织的作用。而非正式组织是指为了维护成员的共同利益，自发形成核心人物和行为规范的相对稳定的群体。梅奥的人际关系学说不仅认识到非正式组织的存在，而且指出非正式组织的存在是一种普遍现象，管理者必须正视和重视它的存在，并对它加以正确的引导，使之有利于正式组织目标的实现。

（三）管理的关键在于提高工人的满意度

科学管理理论认为生产效率主要取决于作业方法、工作条件和工资制度，只要采用科学的作业方法、改善工作条件、制定恰当的工资制度，就可以提高工人的劳动生产率。人际关系学说则认为生产效率主要取决于工人的"士气"，工人的"士气"又取决于他们对各种需要的满足度，满足度越高，士气就越高，劳动生产率也就越高。在这些需要中，物质的需要只占很少的一部分，更多的是社会需要，就如罗特利·斯伯格在《管理和士气》中所说："被社会所承认，在社会上重要性的明显证明，安全的感觉，这种感觉更多地是来自成为一个组织的公认的成员，而不是来自银行中存款的金额。"可见，所谓工人的满意度主要是指工人的友谊、尊重、安全等社会需要的满足程度。因此,新型管理者应该善于倾听,主动交流,尽可能了解并满足工人的需要,实现正式组织的目标。

人际关系学说的影响是震撼人心的,它通过实证的方法否定了古典管理理论对于人性的假设,证明了人在管理过程中的重要地位和作用,指出了人的友谊、尊重、安全等社会需要对于提高生产效率起着十分重要的作用。它不仅为解决当时资本主义的社会问题提供了一条新的思路,为管理学的研究拓展了新的领域,同时也为行为科学的建立奠定了坚实的理论基础。

第三节 个体行为理论

一、需要和动机理论

(一)马斯洛的需要层次理论

亚伯拉罕·哈罗德·马斯洛(A. H. Maslow,1908-1970),是美国著名的心理学家,人本主义心理学的创始人。他早期曾经从事动物社会心理学的研究,20世纪40年代后转入社会心理学研究,他在管理学上的主要贡献是在霍桑实验后提出了需要层次理论,这可视为是对霍桑实验"社会人假设"的补充,从而在管理理论上逐渐形成了一套以"关心人"为中心的全新的管理思路和方法。马斯洛的主要著作包括:《人类的动机理论》(1943年)、《动机与人格》(1954年)、《存在心理学探索》(1962年)、《宗教、价值和高峰体验》(1964年)、《尤赛琴管理》(又译作《优美心灵的管理》,1965年)、《科学心理学》(1966年)、《人性能达到的境界》(1971年)。他的需要层次理论是在《人类动机的理论》和《动机与人格》中提出的。

马斯洛认为,人有各类需要,人的行为过程就是需要满足的过程。马斯洛把人的需要归纳为五大类,由低到高分成五级,像金字塔一样。

第一级，生理需要。它是人的最基本的需要，在各层次需要中居于基础地位（位于需要层次金字塔的底部），是维持生命和种族延续所必需的物质需要，包括衣、食、住、行、性等。只有生理需要得到满足了，人们才会关注更高层次的需要。

第二级，安全的需要，即免除危险和免受威胁的需要。它具体包括两类需要：一是对现在安全的需要，即要求现在的生活免除危险，如人身安全、工作安全的需要等；二是对未来安全的需要，即期望未来的生活免受威胁，如将来老、弱、病、残的生活保障等。

第三级，社交的需要。它也可称为归属和爱的需要，是指个人渴望得到家属、朋友、同事、上司等的关怀、爱护和理解。具体包括两类需要：一是社交欲，希望和朋友、同事保持友谊与忠诚的伙伴关系；二是归属感，希望成为某个团体的一员，在个人有困难时能互相帮助。社交需要往往与个人的性格、生活区域、宗教信仰等有关系。这种需要很强烈，但又难以捉摸。

第四级，尊重的需要。具体包括两类需要：一是内部尊重的需要，如自尊、自主和成就感；二是外部尊重的需要，如地位、认可和受关注。尊重的需要很少能够得到完全的满足，但一旦得到基本的满足就能对人产生持久有效的推动力。

第五级，自我实现的需要。人生追求的最高目标，位于需要层次金字塔的顶端，包括创造、发挥个人潜能、实现自我理想、实现个人价值的需要。一个自我实现的人有以下特点：自主，思想集中于问题，超然，自治，不死板，同别人打成一片，具有非恶意的幽默感，有创造性，现实主义，无偏见，不盲从，同少数人关系亲密等。

马斯洛认为，需要是有层次的，上述五种需要由低到高依次排列成五级阶梯，当低层次的需要获得相对的满足后，才会追求高一层次的需要，如此逐级上升，成为推动继续努力的内在动力。只有未满足的需要能够影响行为，满足了的需要不再充当激励工具。

马斯洛的需求层次理论的历史贡献在于：理论上，它为分析和研究个体的行为提供了一个比较科学的理论框架，成为后来众多个体行为研究理论的基础；实践中，它以其直观性和简易性得到了实

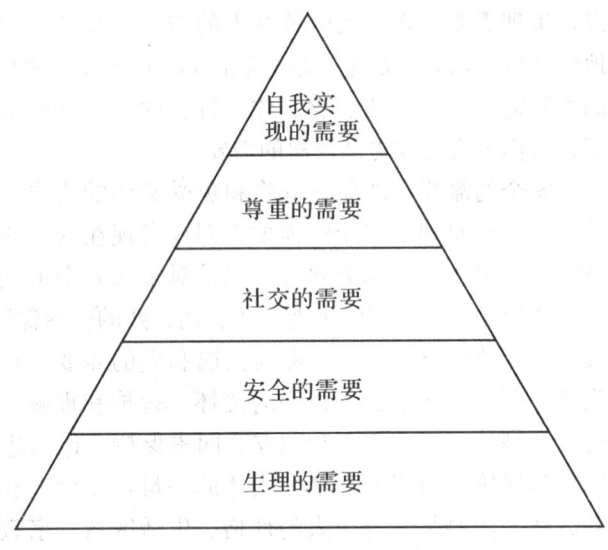

图 3-1　马斯洛的需要层次理论

际管理工作者们的认可。当然，它也存在一些不足，如需要层次的划分过于简单、机械，没有提出衡量需要满足程度的具体标准，缺乏实证资料的支持等。但瑕不掩瑜，到目前为止，马斯洛的需要层次论仍然是传播最广的个体行为研究理论之一，相信在很长一段时间内这种状况也不会发生大的改变。

（二）赫茨伯格的双因素理论

弗雷德里克·赫茨伯格（Frederick Herzberg，1923—），美国心理学家，匹兹堡大学博士，犹他大学管理学特级教授，曾在美国等三十多个国家从事管理教育和管理咨询工作。他的主要著作有：《工作的激励因素》（1959年，与伯纳德·莫斯纳、巴巴拉·斯奈德曼合著）、《工作与人性》（1966年）、《管理的选择：是更有效还是更有人性》（1976年）、《再谈一次，你如何激励员工》（1968年）、《丰富工作内容，大有好处》（1969年）等。双因素理论是他最主要的成就，《工作与人性》一书详细阐述了该理论。

20世纪50年代后期，赫茨伯格在匹兹堡地区对200名工程师和会计师进行了访谈，问题包括"什么时候你对工作感到特别满意"，

"什么时候你对工作感到特别不满意","这种情绪持续多长时间"等。访谈表明,受访人员不满意的因素,多与他们的工作环境有关;而满意的因素,一般由工作本身产生。他把前者叫作保健因素,后者叫作激励因素。

所谓保健因素,就是那些会造成职工不满的因素,如果改进它们能够消除职工的不满,但不能使职工感到满意并激励职工士气,只能保持职工现有的士气,维持现有的工作状态,因此保健因素也称为"维持因素"。它们多与工作环境有关,主要有公司政策、行政管理、工资福利、工作监督以及各种人际关系等。

所谓激励因素,就是那些能使职工感到满意的因素,如果改进它们能让职工感到更满意,并激励职工士气,提高劳动生产效率,如果没有改进也不会产生不满意。它们多与工作本身有关,主要有成就、赏识、挑战性的工作、增加的工作责任,以及成长和发展的机会等。

赫茨伯格的双因素理论同马斯洛的需要层次论有相似之处。他提出的保健因素相当于马斯洛提出的生理的需要、安全的需要、社交的需要等较低层次的需要;激励因素则相当于尊重的需要、自我实现的需要等较高层次的需要。当然,他们的具体分析和解释是不同的。但是,这两种理论都没有考虑如何把"个人需要的满足"与"组织目标的实现"相结合。

目前关于双因素理论的争议主要集中在两方面:一是认为赫茨伯格所采用的调查方法不够客观,带有倾向性;二是怀疑满足感和不满足感不能作为两种衡量尺度,而且在实际生活中有些因素能引起满足感,也能引起不满足感。但是,双因素理论在促使企业管理者关注工作内容方面起到了积极的作用,并促成了后来的工作丰富化、工作扩大化、弹性工时等一系列工作设计的变革。

(三)麦克利兰的成就需要理论

戴维·麦克利兰(David. Mcceland,1917-1998),美国社会心理学家,耶鲁大学心理学、哲学博士,哈佛大学教授,1987年获得美国心理学会杰出科学贡献奖。他从20世纪四五十年代起开始对人的需要和动机进行研究,于1966年在《促使取得成就的事物》一书

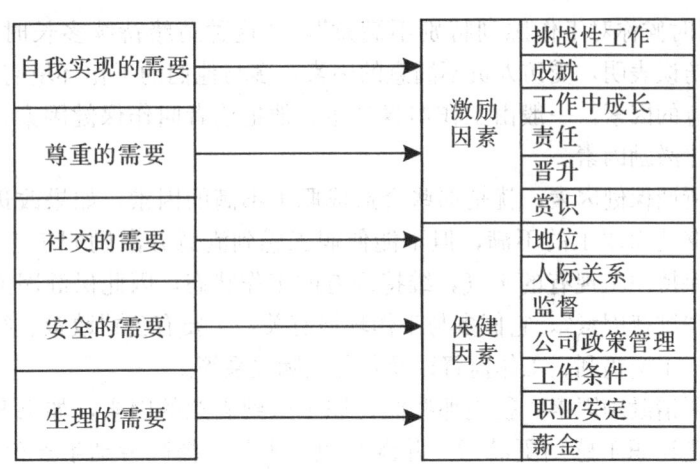

图 3-2 马斯洛需要层次理论与赫茨伯格双因素理论的对比

中提出了"成就需要理论",并得出了一系列重要的研究结论。

麦克利兰提出了个人在工作情境中有三种重要需要,它们分别是:

(1) 成就需要:追求卓越、争取成功的一种需要。具有卓越的成就需要的个人总是对工作的胜任感和成功有强烈的要求,他们追求的是在争取成功的过程中克服困难、解决难题的乐趣,而不是成功后的物质奖励。

(2) 权力需要:影响或控制他人且不受他人控制的一种需要。具有高权力需要的个人喜欢承担责任,喜欢具有竞争性的工作环境,喜欢对他人"发号施令",这类人往往头脑冷静、能言善辩、爱好演讲。但他们这样做并不像卓越的成就需要的人那样是为了个人的成就感,而是为了体现自己的地位和权力。

(3) 亲和需要:渴望被他人喜爱和接纳的一种需要。具有亲和需要的人喜欢建立友好亲密的人际关系,这种关系会给他带来愉快,喜欢合作而不是竞争的工作环境,对环境中的人际关系非常敏感。有时,亲和需要也表现为对失去某些亲密关系的恐惧和对人际冲突的回避。

在大量研究的基础上,麦克利兰对成就需要与工作绩效的关系

第三章 行为科学理论的形成与发展

作出了颇有说服力的推断：

第一，由于卓越的成就需要者喜欢的是能使他承担责任、风险适度、反馈迅速的工作环境，在这种工作环境下，他们可以被高度激励。所以卓越的成就需要者更适合经营自己的企业，或在大公司中管理独立的部门。

第二，卓越的成就需要者并不一定是一个优秀的管理者；反之，优秀的管理者并不一定是一个卓越的成就需要者，尤其是对于规模较大的组织而言。

第三，权力需要和亲和需要与管理的成功密切相关。最优秀的管理者拥有巨大的权力需要和低亲和需要。

第四，卓越的成就需要者是人类社会的精英。组织和社会的发展，与它们拥有卓越的成就需要者的多少密切相关。

第五，成就需要可以通过教育和培训获得。如果某项工作要求完成者具有较高的成就需要，管理层既可以直接选拔卓越的成就需要者，也可以对已有人员进行教育和培训。

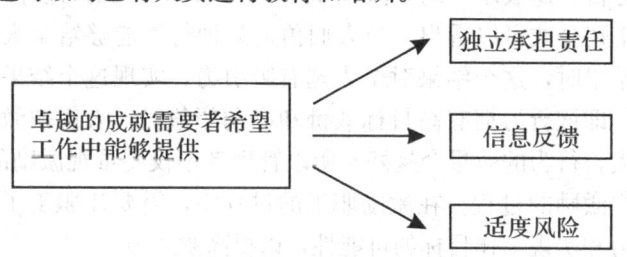

图 3-3　卓越的成就需要者与工作的关系

在麦克利兰之前，已经有众多行为科学家对需要动机理论进行了研究，但麦克利兰的特别之处在于：

(1) 麦克利兰所列的三种需要，是在生理需要得到满足的基础上同时存在并同时发生作用的，他克服了马斯洛理论中各层次仅为单一类型需要的缺陷；

(2) 麦克利兰否定了马斯洛的"未满足的需要——产生激励，已满足的需要——失去激励"模式，认为不论这种需要是否得到满足，它都具有激励作用，从需要的不同揭示其对人的不同激励方向；

(3)麦克利兰指出人的需要并非像马斯洛等学者认为的那样是先天的本能欲求,而是通过后天的学习获得的,揭示了教育对于需要培养的重要性与可行性。但可惜的是,麦克里兰理论并没有考虑到低层次水平的需要,他建立的模式,不适用于所有的劳动者,只适用于卓越的成就者。

(四)弗鲁姆的期望理论

维克托·弗鲁姆(Victor H. Vroom),著名心理学家和行为科学家,美国密执安大学博士,耶鲁大学教授。弗鲁姆在1964年《工作与激励》一书中首先提出了期望理论。

弗鲁姆认为,个人在工作中的积极性或努力程度是效价和期望值的乘积。使用公式表示如下:

$$M = V \times E$$

式中:M表示"激励力",即调动一个人的积极性,激发出人的内部潜力的强度;V表示"目标效价",即目标达成后给个人带来的满足程度的评价;E表示"期望值",即个人对目标达成的可能性评估。

从上述公式可以看出,当人们预期某种行为能够给个人带来某个既定结果时,这个结果对个人越有吸引力,实现这个结果的可能性越大,即该行为拥有高目标效价和高期望值时,人们被激励的程度会越大,行为的效果会越好。所以管理者不仅要重视激励的内容,也要重视激励的过程。在激励职工的过程中,需要让职工了解工作的吸引力和实现工作目标的可能性,以提高激励力。

弗鲁姆之前的学者,如马斯洛、赫茨伯格、麦克利兰等人,都是从人们内在需要的角度研究个体行为的改变,即找出人们所感觉到的某种缺乏的需要,并以满足这些需求为动力,来激励他们从事组织所要求的行为。弗鲁姆另辟蹊径,第一个把视野从人们的"内在缺乏"拓展到了"外在目标",推进了对组织中个人行为和动机作更深刻、更全面的理解。此后很多管理学者都沿着弗鲁姆的思路继续深入研究。此外,弗鲁姆克服了马斯洛等人只强调个人需要,而忽视组织目标的弊病,注重将个人的目标和组织的目标结合起来,探讨两者在激励中共同发挥作用的方式。虽然它也因过于理想化而招致了一些批评,但到目前为止,期望理论仍在管理实践中受到了欢迎。

(五) 波特和劳勒的综合激励理论

综合激励理论是莱曼·波特(L. M. Porter)和爱德华·劳勒(E. E. Lawler)在弗鲁姆期望理论的基础上发展出的一个更全面的激励模型,较好地说明了激励过程。

莱曼·波特,美国著名行为科学家,耶鲁大学博士,加州大学教授。爱德华·劳勒,美国行为科学家,加利福尼亚大学博士,密歇根大学教授。两人在1968年出版的《管理态度和成绩》一书中提出了综合激励理论。

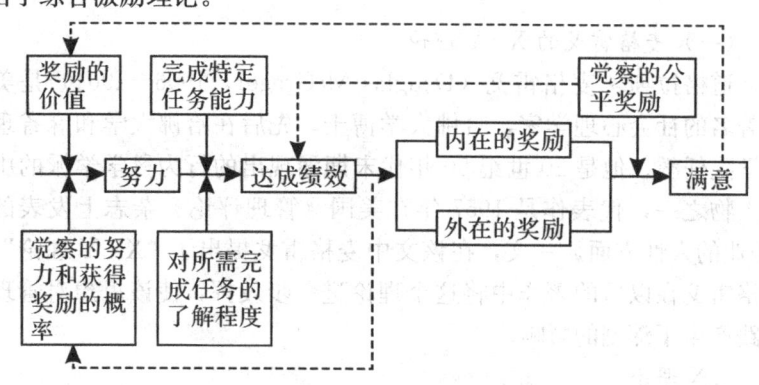

图3-4 波特和劳勒的综合激励理论

该理论的主要内容包括:

(1) 努力=f(效价×期望值),即人们的努力及努力的程度取决于对事物的效价和期望值的评价。

(2) 人们的工作绩效取决于他的能力大小、努力程度以及对所需完成任务理解的深度。

(3) 奖励必须以工作绩效为前提,因为它会影响人们衡量下次完成同样事情的期望值。如果人们看到他们的奖励与绩效关系不大,奖励将不能成为提高绩效的刺激物。

(4) 奖励不一定能带来员工的满意。员工会将自己的奖励与他人对比,如果认为奖励是公平的,他就会满意;反之,会不满意。

(5) 满意感会影响员工的效价评价。如果员工感到满意,将会提高同样任务的效价评价,导致进一步的努力;反之则会降低效价评价,导致员工不努力。

波特和劳勒的综合激励理论,以弗鲁姆的期望理论为基础,又吸收了亚当斯的公平理论的合理因素,使该理论更加全面。它动态地描述了激励员工的一个完整过程,更加合理和符合实际。但是,由于该理论涉及的变量较多,比较难于应用于实践。

二、"人性"理论

(一) 麦格雷戈的 X-Y 理论

道格拉斯·麦格雷戈(Douglas McGregor,1906-1964)是美国著名的社会心理学家,哈佛大学博士,先后在哈佛大学和麻省理工学院任教。他是20世纪50年代末期涌现出的行为科学学派的中心人物之一,代表作是1957年在美国《管理评论》杂志上发表的《企业的人性方面》一文,在该文中麦格雷戈提出了"X-Y理论"。麦格雷戈在以后的著作中将这个理论进一步发挥,使该思想对管理实践产生了深刻的影响。

1. X 理论

这一理论对人性的假设包括:

(1) 人生性好逸恶劳,尽量逃避工作;

(2) 人生性不愿负责,为了逃避承担责任,宁愿被人领导;

(3) 人生性以自我为中心,只关注自身需要而漠视组织需要;

(4) 人生性保守,反对变革;

(5) 人生性愚蠢,易于受骗,随时被煽动者当作挑拨是非的对象,作出不适宜的举动。

基于以上假设,以 X 理论为指导思想的管理工作要点包括:

(1) 管理者要以利润为出发点把各项生产要素(金钱、物资、设备、人员)组织起来;

(2) 管理过程就是指挥、控制并矫正员工不适当的行为,使之适合于组织需要的过程;

(3) 管理方法就是胡萝卜加大棒,即以金钱为激励手段,以严格的制度为控制手段。

2. Y理论

这一理论对人性的假设包括：

（1）人并非生性好逸恶劳，要求工作是人的本能，如同要求游戏和休息一样自然；

（2）人并非生性不愿负责，在适当条件下，人们不但能接受，而且会追求责任，逃避责任是经验的产物而非人的天性。

（3）人并非生性以自我为中心，只要管理适当，人们会把个人目标与组织目标统一起来。因为不需要外来控制和惩罚，只要人们对组织目标作出了承诺，人们就能够实现自我指挥和控制。

（4）多数人都具有相当高的想象力、灵敏度和创造力以作出决策，只是人们智力的潜能往往只得到了部分发挥，其余的没有充分利用而已。

基于以上假设，以Y理论为指导思想的管理工作要点包括：

（1）管理者要通过有效地综合运用各项生产要素（金钱、物资、设备、人员）来实现经营目标。

（2）管理过程是创造良好的工作环境，引导、辅助、教育员工实现组织目标和自身需要的过程。

遗憾的是，到目前为止，没有证据证明哪一种假设更有效，无论是X理论还是Y理论的假设都是在某一特定环境下才是有效的，而并非普遍适用。

（二）埃德加·沙因的复杂人假设

埃德加·沙因（Edgar H. Schein，1928－　）是美国著名行为科学家，哈佛大学博士，美国麻省理工学院教授。沙因在组织心理和组织文化领域颇有建树，在1965年出版的《组织心理学》中，他对人性进行了归类，并提出了四种人性假设。

1. 理性"经济人"假设

理性"经济人"假设起源于享乐主义哲学和亚当·斯密关于劳动交换的经济理论，相当于麦格雷戈的X理论。沙因认为，这一假设包括以下几点：

（1）人类工作的动机是为了满足金钱的需要，是为了获得最大

的经济利益;

(2) 经济利益受组织的控制,所以人类总是被动地在组织的左右、驱使和控制下工作;

(3) 人以一种合乎理性、精打细算的方式行事;

(4) 人的感情是非理性的,因此组织按照控制人们感情的方式设计,以免感情干扰了人们对经济利益的不合理追求。

2. 社会人假设

社会人假设由人际关系学派的梅奥首先提出。沙因认为,这一假设包括以下几点:

(1) 人类工作的主要动机是为了满足社交需要,而人际关系是形成人们认同感的基本要素;

(2) 工业革命和工作合理化使工作变得单调而无意义,工作的意义必须从工作中的社会关系里寻找回来;

(3) 非正式组织的社会影响比正式组织的经济刺激对人的影响更大;

(4) 人们最期望管理者能承认并满足他们的社会需要。

3. 自我实现人假设

自我实现人假设由马斯洛首先提出,相当于麦格雷戈的Y理论。沙因认为,这一假设包括以下几点:

(1) 人类工作的动机是由多种需要组成的一个层次系统,有低级和高级的区别,但最终目的都是为了达到自我实现的需要;

(2) 人们力求在工作中有所成就,实现自主独立,培养自己的专长和能力,并以较大的灵活性去适应环境;

(3) 人们能够自我激励和自我控制,外来的刺激物和控制很可能对人变成一种威胁,造成不良后果;

(4) 个人的自我实现和组织目标并不冲突,如果能给予适当的机会,人们愿意调整个人目标使之与组织的目标一致。

4. 复杂人假设

复杂人假设是由沙因自己提出的。沙因认为,这一假设包括以下几点:

(1) 人的需要是多样的,工作动机是复杂的。这些需要与动机对每个人有不同的重要程度，形成不同的等级层次，这种层次因人而异，因情景而异，因时间而异。

（2）人们在组织中可以学到新的需求动机，因此一个人在组织中表现的动机模式是他的原有动机模式与他的组织经历交互作用的结果。

（3）人们在不同的组织或是同一组织中不同的部门，可能会表现出不同的需要和动机。一个在正式组织中受到冷遇的人，可能在非正式组织中满足社交的需要和自我实现的需要。

（4）人们是否感到心满意足，是否肯为组织尽力，决定于他本身的需要、动机和他同组织之间的关系。工作性质、工作能力、动机强弱、与同事相处状况都可能对其产生影响。

（5）人们依据自己的动机、能力、工作性质，对不同的管理方式作出不同的反应。

沙因认为，前三种人性假设，在一定程度上是正确的，但都"过于简单化和过于一般化了"。"复杂人"假设，就是为了弥补它们的缺失，在充分考虑到人性、工作性质、组织情境等管理过程本身固有的复杂性后，提出的一种权变观点。

由于沙因的划分是在深入理解人性假设内涵的基础上，抓住了各类人性假设的根本特点及其相互区别之后作出的，因而给管理者提供了一个很好的坐标，也是对管理思想的重要发展。事实上没有一种适合于任何时代、任何人的万能管理方式，因此以复杂人的假设为依据产生了权变理论。

第四节　群体行为理论

一、勒温的群体动力学理论

库尔特·勒温（Kurt Lewin，1890—1947），德裔美国心理学家，当代实验社会心理学之父，以研究人类动机和团体动力学而著名。他试图用团体动力学的理论来解决社会实际问题，这一理论对以后的社会心理学发展有很大的影响。主要著作有：《人格的动力理论》（1935 年）、《拓扑心理学原理》（1936 年）、《解决社会冲突》（1948 年）等。

1938 年，勒温指出个人的一切行为（包括心理活动）是随其本身与所处环境条件的变化而改变的，即：

$$B = f(P \times E)$$

B，Behavior，行为；P，Person，个人；E，Environment，环境；f，function，函数。

1944 年，勒温首先用"群体动力学"这一术语表示群体中人与人互相接触、相互影响形成的社会秩序。他的群体动力学主要内容如下：

（1）群体是非正式组织，它同正式组织一样，包含了三要素：活动、相互影响和情绪。

（2）群体是处于均衡状态的各种力的一种力场，叫作"生活场所"或"自由运动场所"。

（3）群体拥有自己的目标，以维持群体的存在，使群体能够持续发挥作用。领导者不能过度追求正式组织的目标，而忽视群体的目标，否则将损害群体的内聚力和效率。

（4）群体的结构中包括正常成员、非正常成员、领导者和孤立者。由于群体是非正式组织，所以其结构也是非正式、难辨认的。

（5）群体有三种不同的领导方式：专制式、民主式和自由放任式。

（6）群体参与者的数量和参与程度受多种因素影响，如群体规模、群体领导方式等。参与者对群体的作用可以是建设性的，也可以是破坏性的，他们所起的作用与群体领导者的领导效果有关。

（7）任务不同，群体的规模也不同，但一般来说，效率高的非正式组织往往是规模较小的群体。

勒温创造性地借用了物理学、数学等学科的概念研究群体问题，并尝试用严格求证的实验方法进行研究，在管理思想的发展史上有积极的意义，此后的很多学者借鉴了他的研究方法。

二、群体成员相互关系的理论

群体成员相互之间的关系（包括友好相处和竞争与冲突），是行为科学中关于群体行为的状态研究的内容之一。[1] 这方面的重要理论包括以下几种。

（一）社会关系计量学

社会关系计量学，又名为社会关系测量法，是一种分析和计量团体中人际关系的学说和方法，由美国心理学家 J. L. 莫雷诺（J. L. Moreno）首创。他在 1934 年出版的著作——《谁将生存》中提出了社会计量学的概念，1937 年创办的《社会计量学刊》使该理论得到进一步推广。

莫雷诺指出，成员在群体中的相互作用，取决于人们彼此喜欢或厌恶的感情。所以该理论的做法包括：首先，通过调查表的方式，确认群体成员彼此的感情，发现群体中的亚群结构，把握该群体人际关系整体结构的性质、类型和层次。其次，根据调查结果，把关系成员编在一起，以提高劳动生产率。

莫雷诺认为，从理论上讲，整个社会是由许多小群体组成的，而小群体同整个社会有着相同的动态和结构。因此，只要对小群体

---

[1] 孙耀君：《管理思想发展史》，太原：山西经济出版社，1999 年版，第 262 页。

进行分析,就可以推知整个社会的动态和结构。

莫雷诺的观点受到了一些学者的批评,认为群体关系受到情绪和心理因素影响较大,而社会关系受到社会和经济因素影响较大,不能把对群体的分析用来推导社会情况。但是,社会关系计量学作为研究群体成员相互关系的工具,被证明是非常有效的,在许多国家得到了推广和应用。

(二) 团体成员相互影响分析法

该方法由贝尔斯(R. F. Bales)于1950年首次提出。

贝尔斯在对一个群体决策过程的实验性研究中发现:在一个没有正式领导者的群体活动中,群体成员相互作用的行为共有12类。其中,6类是群体成员对工作任务的行为;6类是群体成员间相互关系的行为。这些行为,有些起积极作用,有些起消极作用。

经过调查分析,贝尔斯发现在群体中有两种人发言最多,一种人的发言内容属于提出建议、意见、情报等,多与工作任务有关;另一种人的发言内容多是关心成员的需要、协调成员的关系,与人际关系有关。他把前者叫作"工作任务型领袖",后者叫作"人际关系型领袖"。贝尔斯认为,尽管某一个人可能同时具备上述两方面的才能,但由两个人分别承担这两个任务效果更佳。

第五节 领导行为理论

一、领导品质理论

最初对领导行为的研究是围绕着领导者的个人品质展开的。当时的研究者们认为,成功的领导者总是有一些异于常人的独特品质,领导效率的高低主要取决于领导者的这些特质。管理学家收集了成功领导者的详细资料,试图发现领导者所特有而被领导者所缺乏的品质,并把这些品质作为领导者的标准和选拔领导者的依据,在此基础上形成了各种各样的领导品质理论。

(一) 亨利的领导品质理论

在早期的领导品质理论中,亨利的品质理论比较著名。美国行为科学家亨利于 1949 年提出成功领导者应具有以下 12 点特质:[①]

(1) 成就欲强烈,把工作当成乐趣和兴奋点,对其关注和追求超过对报酬和职位晋升的关注和追求;

(2) 敢于承担责任,干劲大,希望迎接工作的挑战;

(3) 尊重上级,认为上级水平高、经验多,能够帮助自己上进和提高,与上级关系好;

(4) 组织能力强,把混乱的事组织得很有条理;

(5) 决断力强,能在较短的时间内对各种备选方案加以权衡并迅速作出决断;

(6) 思维敏捷,有较强的预测能力,能从有限的材料中预测出事物的发展动向;

(7) 自信心强,对自己的能力有充分的自信,目标坚定,不受外界干扰;

(8) 极力避免失败,不断接受新任务、树立新目标,驱使自己前进;

(9) 讲求实际,重视现在,而不大关心不肯定的未来;

(10) 眼睛向上,对上级亲近而对下级较疏远;

(11) 对父母没有感情上的牵挂,而且一般不同父母住在一起;

(12) 忠于组织,忠于职守。

早期的领导品质论开辟了对领导主体及其内在构成和原因进行研究的新领域,但它有很多局限性。它认为领导者是天生的,但几乎没有证据能表明这一点;忽视下属需要和环境条件的变化;有些特质有助于领导活动的开展,但没有一种特质能保证领导活动的成功,所以不能用于区分领导者与被领导者。

(二) 库塞基和波斯纳的领导品质理论

早期领导品质论的失败,使领导品质论迅速被领导方式论和权

[①] 朱立言主编:《行政领导学》,北京:中国人民大学出版社,2002 年版,第 5 页。

变论所替代。但20世纪70年代以来,社会环境发生了巨大的变化,知识经济对领导者提出了新的挑战,人们对领导品质理论的研究又迅速升温。美国学者詹姆斯·库塞基和贝瑞·波斯纳的领导品质论是此时涌现的众多理论中较有影响的一种。

詹姆斯·库塞基和贝瑞·波斯纳从1980年开始对近千家企业及政府行政部门进行调查,而后又在1987年和1995年进行了两次调查。他们发现排在前四位的领导品质是:诚实、有远见、鼓舞人心、能力卓越。

(1)诚实。调查结果显示,绝大多数人希望领导诚实,领导者能够言出必行,那么下属就会心悦诚服地追随。诚实是领导者和被领导者关系中最重要的因素。

(2)有远见。如果领导者期望别人愿意追随自己,那么他们必须知道目标何在,前景如何,也就是要有远见。

(3)鼓舞人心。人们期望领导者拥有满腔热情,充满活力。尤其是在困难时期,如果领导者能始终保持乐观、热忱和兴奋,就更能鼓舞人心。

(4)能力卓越。虽然不同职业对领导者要求不同,但领导者都需要具备为他的职业带来某些附加价值的能力。

现代的领导品质理论否定了早期的领导天赋论,指出领导品质仅仅是领导者应当具备的必要条件,但仅有这些天赋和才能是不够的,个人的经验、正确的抉择以及对环境的正确判断也是使这些因素得以充分发挥的关键因素。现代的领导品质理论肯定了学习和实践锻炼的重要性,也考虑到了下属的需要和环境条件的变化。虽然它不能对所有领导行为进行成功解释,不能构建出领导理论的完整体系,但无论如何,领导品质理论毕竟为培养、培训和选拔领导者提供了一定的标准和依据。

二、领导方式理论

由于早期的领导品质理论研究没有取得预期的结论,研究者们在20世纪40年代转向了对领导行为方式的研究,通过考察领导者实际做了什么和怎么做的,来寻找提高领导效果的方法。其中影响较大的研究包括以下几种。

（一）斯托格迪尔的领导四分图理论

20世纪40年代,美国俄亥俄州立大学的工作人员在斯托格迪尔（Stogdill）教授的指导下展开研究,希望确定领导行为在实现群体和组织目标过程中的重要性。他们采用问卷调查的方法,让下属来描述领导者的行为。研究者们收集了大量的有关对领导行为描述的数据资料,开始时列出了描述领导行为的1 800个因素,通过逐步筛选,最后归纳为两个独立的维度：结构维度和关怀维度。

结构维度：领导者以工作为中心,注重组织需要,强调自己与下属的角色差异。

关怀维度：领导者以人际关系为中心,注重职工需要,同下属建立相互信任、相互体谅的关系。

这两个维度中,领导者可能这一方面比重大,而另一方面比重小；也可能这一方面比重小,而另一方面比重大,所以他常常是两方面兼而有之的一个综合体。(见图3-5)

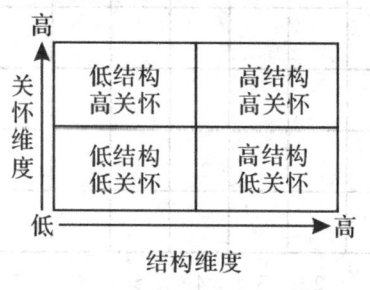

图3-5 领导行为四分图

结构4的领导者最关心工作,结构2的领导者最关心与部属的关系,结构3的领导者两者都不关心,结构1的领导者两者都关心。哪一种领导方式最好要视具体情况而定。

领导行为四分图研究具有重要的意义,它提出的领导行为的两个最基本的考察维度为以后的许多类似研究奠定了基础,后来许多领导理论如利克特（Likert）的领导支持关系理论、坦南鲍姆

(Tannenbaum)等的领导连续统一体理论、布莱克和莫顿的管理方格论等，都是以此为基础而发展起来的。

(二)布莱克和莫顿的管理方格论

美国得克萨斯州立大学心理学教授罗伯特·布莱克(Robert R. Blake)和简·莫顿(Jane S. Mouton)在1964年出版的《管理方格》一书中指出，在领导行为两维度的基础上，可将每一维度再细分为9等，用坐标线划分出81种方格组合，所有领导者的行为方式都可以投射到该坐标图上：

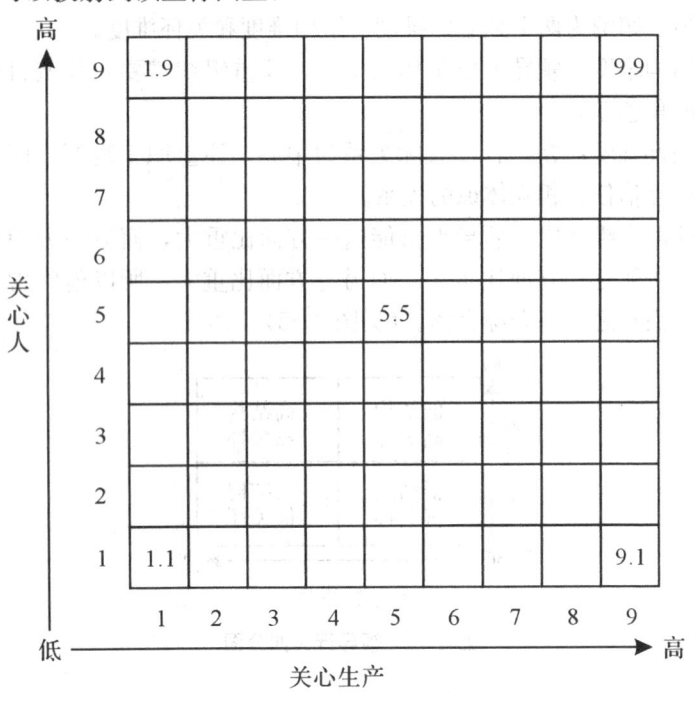

图3-6 管理方格图

在管理方格图中，共有五种典型的领导方式：

"1.1型领导"——贫乏型领导。领导者对员工和工作都漠不关心，放任自流。

"1.9型领导"——俱乐部型领导。领导者对员工关怀备至，不关心工作，认为只要职工精神愉快，生产成效自然好。

"9.1 型领导"——任务型领导。领导者只注重工作的完成，不关心员工需要，把员工看成是机器。

"5.5 型领导"——中庸型领导。领导者对员工的关心与对生产的关心程度基本保持平衡，他们喜欢显示民主作风，但又不鼓励创新，希望维持现状，只能维持一般的工作效率。

"9.9 型领导"——团队型领导。领导者对员工的关心与对工作的关心都达到了最高点，把个人的需要与组织的目标有效地结合，使员工了解组织目标，关心工作成果，形成团结高效的工作团队。这是一种最理想的领导方式。

布莱克和莫顿认为，管理方格图可以帮助领导者认识自己的领导方式，并且通过一系列的学习，领导者可以转变自己的领导方式，成为理想的"9.9 型领导"，以取得成功。

管理方格理论在理论方面和实践方面都取得了相当的成功。在管理理论界，管理方格理论占有重要的地位，它蕴含的情势因素启发了费德勒等人的权变领导模式；在管理实践界，许多组织都采用这种管理方格理论来培训自己的领导者。但管理方格理论终究还是属于静态层面上的研究，只注重行为而对环境因素考虑不够，仅能为高度复杂的领导过程提供简单的视野，其指导意义也是有限的。

三、领导权变理论

由于领导品质理论和方式理论都没有从根本上解决领导的有效性问题，人们开始关注情境因素对领导行为的影响，在 20 世纪六七十年代逐渐形成了领导权变理论。领导权变理论所关注的是环境与领导行为的相互影响。该理论以沙因的"复杂人"假设为出发点，认为在领导行为中并不存在一种普遍适用的"最好的"或"不好的"领导方式，领导行为是一个动态过程，应随着下属的特点和情境的变化而变化。总之，领导行为的效果取决于领导者、被领导者、环境三因素之间的相互作用。

(一) 菲德勒的领导权变模型

弗雷德·菲德勒（F. E. Fidler），美国著名管理学家和心理学家，芝加哥大学博士，华盛顿大学心理学与管理学教授。他首先提出"权变领导理论"，使以往盛行的研究领导方式转向了研究领导情境，开创了领导行为研究的新阶段。他的主要著作和论文包括《一种领导效能理论》（1967年）、《让工作适应管理者》（1965年）、《权变模型——领导效用的新方向》（1974年），以及《领导游戏：人与环境的匹配》等。

1951年，菲德勒在十多年的调查研究的基础上，提出了领导权变模型，认为领导的有效性取决于领导风格和领导情景的匹配程度。

首先，确认领导风格。在对LPC调查问卷①回答的基础上，菲德勒将领导风格分为"关系导向型"和"任务导向型"两种。

其次，分析情境因素。菲德勒认为决定领导绩效高低的情境因素有3个：领导者与被领导者的关系，任务结构，领导者的职位权力。这3项权变因素可以组合成8种不同的情境，每个领导者可以从中找到自己的位置。

最后，进行领导与情境的匹配。菲德勒把不同的情境与领导风格逐一对比，如表3-1所示：

表3-1　菲德勒的领导权变模型

情况类型	1	2	3	4	5	6	7	8
领导者与被领导者关系	好	好	好	好	差	差	差	差
任务结构	明确	明确	不明确	不明确	明确	明确	不明确	不明确
职位权力	强	弱	强	弱	强	弱	强	弱
有效领导方式	任务导向	任务导向	任务导向	关系导向	关系导向	关系导向	关系导向	任务导向

---

①　"LPC调查问卷"又被称为"关于您最不喜欢的同事的调查问卷"。菲德勒认为，可根据被调查者对问卷中的16组互相对应的问题的回答，推断出被调查者不相同的领导风格。

菲德勒最后得出结论：在非常有利和非常不利的情景下，"任务导向型"的领导更有效；在中等有利的情景下，"关系导向型"的领导更有效。由于个体的领导风格是稳定不变的，因此，要提高领导有效性的途径只有两种办法：一是替换领导者以适应情境；二是改变情境以适应领导者的风格。

菲德勒将权变理论引入领导行为的研究，开辟了领导理论研究的新方向，激发了大量关于新的理论构想和方法的讨论。菲德勒模型的效用已经得到大量研究的证明。虽然在模型的应用方面仍存在一些问题，比如LPC量表的分数不稳定，权变变量的确定比较困难等，但是，菲德勒模型在实践中还是具有重要的指导意义。

（二）赫塞和布兰查德的情境领导理论

情境领导理论又名"领导生命周期理论"，由美国学者卡曼（Karman）首先提出，后经保罗·赫塞（Paul Hersey）和肯·布兰查德（Ken Blanchard）进一步完善。赫塞和布兰查德都是当代著名的行为科学家，赫塞的《组织行为学》《情境领导者》，布兰查德的《一分钟经理人》《情境领导Ⅱ》都是管理学的经典著作，被翻译成多种语言，至今仍在全球畅销。

该理论认为，领导方式应由任务行为、关系行为、下属成熟度这三个因素来决定。

首先，根据任务行为、关系行为两个维度，可以组合出四种领导风格：

（1）指示型（高工作-低关系）。领导者给予下属具体、清晰的指令，告诉他做什么、怎么做。

（2）推销型（高工作-高关系）。领导者给予下属指导的同时也鼓励下属双向交流，其领导行为既是工作性的又是关系性的。

（3）参与型（低工作-高关系）。领导者主要给予下属支持，与下属进行交流，共同决策。

（4）授权型（低工作-低关系）。领导者给予下属的指导和支持都较少。

其次，"下属成熟度"的四个阶段特点如下：

第一阶段：低成熟度的员工，适合指示式领导。该情景中，员工既不愿意,也无能力完成工作,领导者需要给予他们明确的指令。

第二阶段:中低成熟度的员工,适合推销式领导。该情景中,员工愿意工作,却缺乏工作能力。领导者应采取双向交流的方式使员工尽快掌握工作技能,同时多关心员工的需要,总之,多宣传、多指导、多关心,以使员工投入工作。

第三阶段:中高成熟度的员工,适合参与型领导。该情景中,员工有能力完成工作,但却不满领导者对他们的约束或缺乏完成工作的自信。领导者应多与员工交流,多支持他们的观点,少在工作方面横加干涉,以调动员工的工作热情。

第四阶段:高成熟度的员工,适合授权型领导。该情景中,员工既有完成工作的能力,又有完成工作的意愿。领导者最好授权让下属自己决定、处理事务,自己只需稍加监督,而不必干涉具体问题。

情景领导理论认为,随着下属成熟度的由低到高,领导方式按以下序列推移:"高工作-低关系"→"高工作-高关系"→"低工作-高关系"→"低工作-低关系"。

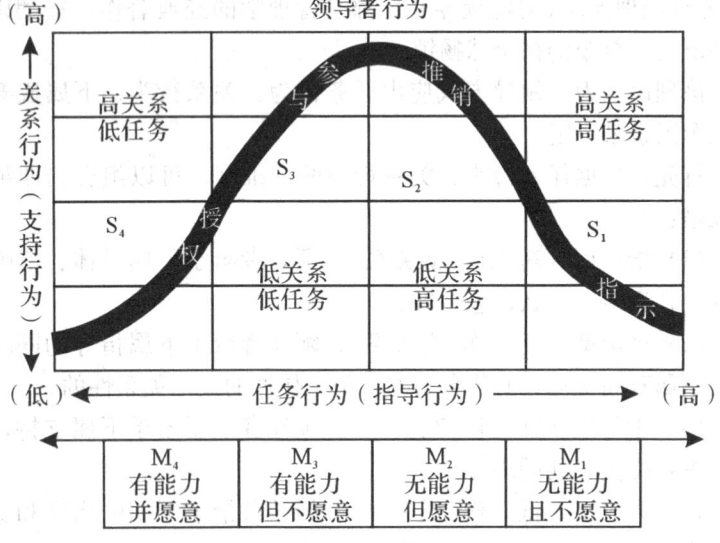

图3-7 赫塞和布兰查德的情境领导理论

情境领导理论与其他权变理论的不同之处在于，它强调了被领导者，重视下属对于领导行为的作用，而且该理论容易理解、易于操作，所以一经问世就受到了广大领导者的推崇，常常被作为企业领导培训的主要理论。《财富》400强企业中超过400家在它们的领导培训方案中引入了这种理论，每年来自各类组织中超过1000万的管理者都在学习这一理论。该理论的局限性在于过于强调被领导者这一情境因素，而忽视了时间、工作压力等其他情境因素，缺乏足够的研究证据的支持等。

第六节 对行为科学理论的评价

一、行为科学理论对管理思想的历史贡献

行为科学理论至少在以下几方面对管理思想的发展做出了历史贡献。

（一）行为科学理论使管理对象的重心由"物"转移到了"人"

以泰勒为代表的科学管理理论学者认为人是"经济人"，把人看成是会说话的机器。基于这种人性假设，他们把管理对象的重心放在了"物"上，重"物"轻"人"，强调的是材料标准化、工具标准化、操作标准化，而个人的需要和个人的目标却视而不见。科学管理理论是适应历史发展的需要而产生的，但同时也受到历史条件和倡导者个人经历的限制。行为科学理论产生后，管理中的人性假设从"X理论"到"Y理论"到"超Y理论"，从"经济人"到"社会人"、"自我实现人"再到"复杂人"。行为科学理论把管理的重点放在人及其行为的管理上。这样，管理者就可以通过对人的行为的预测、激励和引导，来激发人的潜能，从而实现管理的预期目标。

（二）行为科学理论使管理的范围由"正式组织"扩大到了"非正式组织"

以法约尔为代表的古典组织理论学者对管理职能、管理原则、

管理方法和组织结构进行了一系列经典论述,他们的研究成果直到今天还在发挥着巨大的作用。但由于时代的限制,古典组织理论学者的视野只关注到正式组织,只讨论了如何在正式组织内建立合理的组织结构、有效的组织系统和明确的职责分工等,却忽视了非正式组织的存在和它蕴藏的巨大能量。与此相反,行为科学家不仅通过实验发现了非正式组织的存在,而且他们重视非正式组织的作用,研究如何引导非正式组织为正式组织的活动和目标服务,在群体规范、士气与凝聚力、群体压力等方面都有一系列重大发现,对于今天的管理学来说,仍是一笔宝贵的财富。

(三)行为科学理论使管理的方法由"监督管理"转变为"人性化管理"

传统的古典管理理论强调严格的规章制度和自上而下的权力运用,它们创立了一套严密而科学的操作程序让工人执行,管理方法的主要目的是严格监督工人的工作。这不仅容易加大工人的心理压力,进而产生对立情绪,还会因此而忽视人的社会、感情需求,阻碍工人主动性和创造性的发挥。与此相反,行为科学则尊重人的需要和人的个性,管理方法主要是通过激励和诱导的方式来调动人的主动性和创造性,使人的潜力能够得到充分发挥。行为科学理论在实践中甚至提出了"以职工为中心的""弹性的"管理方法,出现了"参与管理""目标管理""工作内容丰富化"等各种新的管理方式。

(四)借鉴和吸收相关学科的知识和方法,形成了完善的学科体系

从哲学、历史、政治、宗教等角度对人的行为进行思考和研究已经有很长的历史了,但只有行为科学才是对人的行为系统的、科学的研究。行为科学吸收了心理学、社会学、人类学等学科的科学知识,借鉴了实验技术、统计方法等科学方法对人的行为,特别是人在工作中的行为进行研究,提出了一些学说和方法,并在实践中得到充分应用,收到了相当的效果。

以泰勒为代表的科学管理理论学者和以法约尔为代表的古典组织理论学者冲破了沿袭多年的落后的经验管理办法,将科学方法引入管理领域,创立了一套行之有效的科学管理方法、操作程序和组

织架构，使生产效率显著提高，极大地推动了生产的发展。但随着政治、经济、人文环境的变化，传统的古典管理理论开始显得不合时宜，行为科学理论应运而生。可以说，行为科学理论是生产力和社会矛盾发展到一定阶段的必然结果，也是管理思想发展的必然结果。行为科学理论的出现与繁荣，为现代管理实践提供了理论支撑，弥补了古典管理理论的不足，使古典管理理论避免了实践的尴尬和指责，从而继续发挥着巨大的作用。

二、行为科学理论的局限性

行为科学理论虽然对管理思想的发展做出了巨大贡献，但它也有自己的局限性。

（一）行为科学理论的研究对象存在片面性

行为科学理论的研究对象是人，但管理的对象却不仅仅是人。管理除了人的因素，还有经济、技术等方面的因素，仅仅对人进行研究是不够的，一个行为科学家不一定就能成为一个好的管理者。正如孔茨所说："人际行为领域并不包括管理学的全部内容。很可能一个公司的经理懂得心理学，但在管理上却并不有效。事实上，有一个相当大的公司，对各级管理者进行广泛的心理学教育，结果发现这些训练并未解决有效管理的需要。"

（二）行为科学理论的研究方法过于简单化

行为科学理论研究人的行为，而人类行为的原因是一个复杂的系统，行为科学理论将这个复杂系统视为结构间相互依赖、且具功能性关系的网络，行为科学于是通过"孤立"这些结构来查找行为原因。由于方法上的简单化倾向，使行为科学在探讨复杂人类行为的特定层面时，无法得出普适性结论。

但无论如何，行为科学理论在管理思想的发展上做出了历史贡献，时至今日，它仍然发挥着重要作用。因为行为科学研究的是组织中的人以及人与人的关系，当管理涉及组织中人的心理和行为时，自然会运用到行为科学的理论。现代人具有更强的独立性和自主精神，组织也更为开放，在这种时代背景下，对人的重视和关注是管理的首要问题。所以,时至今日,行为科学仍是管理学最主要、最活跃的流派之一。

第四章　管理科学理论的形成与发展

　　管理科学理论是指以现代自然科学和技术科学的最新成果（如先进的数学方法、电子计算机技术以及系统论、信息论、控制论等）为手段，运用数学模型，对管理领域中的人力、物力、财力进行系统的定量分析，并作出最优规划和决策的理论。这一理论是在第二次世界大战后，与行为科学平行发展起来的。从历史的渊源来看，"管理科学理论"是泰勒科学管理理论的继续和发展，因为它的主要目标也是探求最有效的工作方法或最优方案，以最短的时间，最少的支出，取得最大的效果。但它的研究范围已远远不是泰勒时代的"操作方法"和"作业研究"，而是面向整个组织的所有活动，并且它所采用的现代科技手段也是泰勒时代所无法比拟的。

　　管理科学理论是数学等自然科学领域的专家学者在研究国防等实际问题时产生的，可以说是真正的管理技术。数学、系统思想、计算机运用是管理科学的三大基础。管理科学具有极强的自然科学背景，因此管理科学的理论和实践具有自己的独特性。

第一节　管理科学理论的产生和特点

一、管理科学理论的产生

　　管理科学理论主要包括管理科学学派和系统学派的理论。管理科学学派的主要代表人物是美国的伯法等人。他们认为"管理"就是用数学模型及其符号来表示计划、组织、控制、决策等合乎逻辑的程序，求出最优解，以达到企业目标。因此，他们认为管理科学就是制定用于管理决策的数学和统计模型，并将这些模型通过电子计算机用于管理实践中。系统学派是用系统观点来考察工商企业及其管理，把企业看成一个系统，以系统的整体最优为目标，对系统的各个主要方面进行定性和定量的分析，给决策者提供判断和决定最优方案所需的信息和资料。

（一）管理科学学派理论的产生

运筹学在管理科学中有着重要地位。管理咨询和工业工程的先驱者们早在19世纪80年代后期就着手证明科学方法在生产计划领域中的应用价值，运筹学正是在军事和工业实践中对这种科学方法的进一步完善和扩展中逐步成长起来的。

从军事方面来讲，在第一次世界大战期间，运筹学在大西洋两岸都还处于形成过程之中。在英国，兰彻斯特在1914年和1915年试图从数量上处理军事作业。但是，必须指出，兰彻期特的工作对第一次世界大战中的军事作业并没有产生值得注意的影响。有效的军事运筹学研究是在第二次世界大战期间才开始的。由于英国早于美国两年参战，有效的军事运筹学研究几乎不可避免地是在英国首先进行的。有一个历史学家曾这样说过，1939年，"在英国已存在着一个英国运筹学组织的核心"。运筹学研究的贡献很快在各个重要方面被显现和扩大，如改进预警雷达系统、防空射击、反潜艇战、民防、护航舰队规模的决定，以及对德国的轰炸等。

曼彻斯特大学布莱克特教授领导的小组是当时英国最有名的运筹学小组之一。这个小组当时被叫作"布莱克特小组……包括三位生物学家、两位数学物理学家、一位天文物理学家、一位军官、一位土地测量学家、一位普通物理学家，以及两位数学家"。

在美国，这一时期对运筹学的发展起过重要作用的有两个美国人：当时国防研究委员会主席詹姆斯·科南特博士和参谋长联席会议新武器装备委员会主席万尼瓦尔·布什博士。他们两人分别于1940年和1942年在英国参观了运筹学小组后，也从1942年10月开始，在美国第八轰炸机大队、海军军令局和第十舰队等组织中建立了运筹学小组。这些小组主要从事海军布雷和反潜艇战的研究。

第四章 管理科学理论的形成与发展

到第二次世界大战结束时,大西洋两岸的工业环境已成熟到可以把运筹学应用于工商业计划中去了。由于某些表明运筹学价值的"绝密"资料已公布出来,运筹学可以应用于工商业这一点就更为明显了。工业急需改进其生产和组织,以便迅速为和平时期的需要服务。在英国,竞争成为一个主要的问题。在美国,紧急的经济情况要求迅速提高生产效率和开发新市场。

工业运筹学在英国和美国的发展遵循着不同的路线。在英国,由于某些工业是国有的,这就为在整个工业中应用运筹学的试验提供了肥沃的土壤。目前,在英国的钢铁工业、煤炭工业、公路和铁路运输、纺织、农业、制砖、制鞋等部门中还存在着运筹学小组。它们之中的绝大多数是由行政机构支持的。在美国,运筹学在工商业中的应用较慢。因为有些经理人员已习惯于管理咨询和工业工程,认为运筹学只不过是一种老技术的新应用。当时(现在也还常常如此),有些经理人员就是不知道如何在他们的公司中应用运筹学技术。竞争的激烈化也阻碍了运筹学的推广应用。因为公司一般都不愿把自己的研究成果公布出去,以免帮了竞争者的忙。美国的运筹学小组主要研究医院、百货公司、超级市场、铁路、报纸、收费桥、电力设备、石油提炼等方面的问题。

尽管在工业中需要运用运筹学解决的问题,有许多过去已被管理咨询师、质量控制专家、工时和动作研究专家、市场推销分析员、设计工程师、工业工程师等人进行过大量研究,但是,运筹学的新方法为工业问题的研究提供了更广阔、更精确和数量化的方法,而且常常更接近于全面运筹的目标。麻省理工学院于 1948 年首先开设了运筹学的非军事应用的课程。与此密切相关的是关于这一问题的出版物迅速增多。布莱克特教授也许是最早写出这一方面的文献的人。他于 1941 年发表了《运筹级的科学家》一文,于 1943 年发表了《关于运筹学方法论某些方面的笔记》,开辟了这方面的研究道路。人们对运筹学兴趣增长的另一个标志是在 20 世纪 50 年代初期成立了两个积极活动的协会。1952 年成立了美国运筹学协会(其刊物为《运筹学》),1953 年成立了美国管理科学学会(其刊物为《管理科学》)。在英国,同样的兴趣表现在 1948 年成立了运筹学俱乐部

（目前叫作英国运筹学学会），并于1950年出版了这一学科的第一份期刊：《运筹学季刊》。由英国运筹学学会和美国运筹学协会及管理科学学会联合主持，1957年在英国牛津举行了第一届国际运筹学会议。1960年9月，由新成立的国际运筹学联合会组织，在法国的马赛大学举行了第二届国际运筹学会议。这次会议有22个国家的350名代表参加。

除运筹学科，统计推断和概率论的应用由于道奇和罗米格的工作而得到了加强。他们制定了与质量控制有关的抽样检查技术，并发表了统计抽样表。这种统计抽样表在开始时虽然没有很快为人所接受，目前却得到了广泛的应用。贝尔电话公司的另一位工程师弗赖进一步对排队论的统计基础理论做出了重大贡献。弗赖于1928年所作的一系列有关概率论的工程应用的报告，成为他有关这一问题的重要著作的基础。此外，罗纳德·费希尔爵士在X^2检验、贝叶斯统计、抽样理论、试验设计等各种现代统计方法研究上做了大量工作并取得了丰硕的成果费希尔的工作尽管在20世纪20年代中期对管理思想的直接影响很小，但却是目前使用广泛的应用统计理论的基础。

在投资决策分析方面，1890年欧根·冯·庞巴维克提出了"资本货物模型"，1925年哈罗德·霍特林将其付诸实践。在这一领域中另一个被广泛应用的早期模型是沃尔特·劳滕施特劳赫于20世纪30年代制定的盈亏平衡图。

（二）系统学派理论的产生

系统观念源远流长，但作为科学的系统思想则形成于20世纪中叶。系统思想就其最基本的涵义来说，是关于事物的整体性观念、相互联系的观念、演化发展的观念。科学的、定量的系统思想，是在现代科学技术和文化发展的基础上形成的。现在科学技术对于系统思想方法的第一个贡献在于使系统思想定量化，成为一套具有数学理论、能够定量处理系统内各组成部分相互联系的科学方法；第二个贡献在于为定量化系统思想的实际应用提供了强有力的计算工具——电子计算机。这两大贡献都是在20世纪中期实现的。

科学的、定量的系统思想来源于社会实践的需要。社会实践活动的大型化和复杂化，要求系统思想方法不仅能定性，而且能定量。解决现代社会种种复杂的系统问题，对定量研究的要求越来越强烈，这尤其表现在军事活动中，因为战争中决策的成败关系到国家和民族的生死存亡。第二次世界大战是定量化系统方法发展的催生婆。这次战争在方法和手段上的复杂程度较之以往的战争有很大增长，交战双方都需要从全局出发合理使用局部、最终求得全局效果最佳的目标，需要对所拟采取的措施和反措施进行精确的定量分析，才有希望在对策中取胜。这样一种强烈的需要，以极大的力量把一大批有才干的科学工作者吸引到拟订评价计划、改进作战技术与军事装备使用方法的研究工作中来，其结果就是定量化系统方法及强有力的计算工具电子计算机的出现，并成功地应用于作战分析。战后，定量化系统方法开始广泛地用来分析工程、经济管理、社会管理领域的大型系统问题。一旦取得了数学表达形式和计算工具，系统思想方法就从一种哲学思维发展成为专门的科学。

而科学家明确地把系统作为研究对象，一般公认以贝塔朗菲（Von Bertalanffy）提出"一般系统论"（general system theory）概念为标志。20世纪40年代后期，几乎在同时，相继出现了系统论、信息论和控制论等系统理论。它们是适应时代的产物。"三论"本身是相互联系、相互渗透的，同时又共同构成了当代横向联系的综合性学科。它们的出现，使许许多多原来分隔的学科发生了横向联系，从而出现了一大批边缘学科，生物数学、物理化学、地质力学等等，使自然科学向综合化、整体化方向发展，大大地推动了科学家对人体、思维、社会等过去用单一学科无法解决的复杂领域展开深入研究。

管理科学是一门横跨各大学科的综合性科学。"三论"对管理科学这种学科多、涉及面广的综合学科，更有特别重要的意义。管理科学的特点是运用多方面的知识指导各种系统（包括人、机械和人机系统）的活动。事实上，系统、信息、控制贯穿整个管理过程的始终。管理的对象就是一个有机的动态系统。系统运动的状态，用信息来表达。管理就是通过控制信息来控制人流和物流。所以"三论"自然地成为管理系统理论的重要理论基础。

管理科学理论从战时的婴儿状态迅速地变为成人了，有着全国性和国际性的协会和出版物,得到学术界的承认并被列入大学课程,被工商界和政府所应用。它使学者有机会贡献才智来解决现实问题,同时向大众指出在象牙塔的墙后存在着资源。管理科学理论的地位目前已很稳固。它的信奉者坚信,管理组织、决策或计划的任何一个方面都可用数量来表示,以便作更精确的分析。

  管理科学学派对数量技术的应用内容众多,不可能全部列举出来。表4-1虽然是不完备的,但可以看出所应用的数量工具、某些对其发展和应用做出重要贡献的人,以及应用的管理领域。

表 4-1 数量技术简表

技术	做出贡献的人	应用领域
决策论(包括组织理论、学习理论、控制论和次优论)	思罗尔	决定公司目标、评价集团的冲突和相互影响、作业成绩估计、组织分析
	爱德华兹	
	巴纳德	
	希契	
	阿罗	
	丘厅曼	
	西蒙	
	维纳	
试验设计	里舍	试验设计技术的应用对于任何一种预测模型的建立都是基本的
	科克斯	
	考克斯	
	肯德尔	
对策论	冯·纽曼	在竞争性市场、军事战略中决定时机和价格
	摩根斯顿	
	舒毕克	
信息论	申农	数据处理系统设计、组织分析、市场中广告效果的研究
	韦德曼	
	韦弗	

续表 4-1

技术	做出贡献的人	应用领域
库存控制	哈里斯	经济批量和控制
	惠廷	
	马吉	
	阿罗	
	马沙克	
线性规划	康托罗维奇	设备和人员的安排、编制日程、投入产出分析、运输路线安排、产品品种搭配、分配程序
	库普曼	
	里昂惕夫	
	丹齐克	
	多尔夫曼	
	萨缪尔森	
概率论	费希尔	概率论几乎应用于所有的领域
	弗赖	
	费勒	
	克拉默	
排队论	厄兰	库存控制、运输控制、电话中继系统、门诊病人日程安排、无线电通信等
	伊迪	
	莫尔斯	
	肯德尔	
置换论	特尔波尔	由于事故或磨损而置换装备
	迪安	
抽样论	戴明	质量控制、简化会计和审计、市场研究中的消费者调查和产品爱好
	道奇	
	罗米格	

续表 4-1

技术	做出贡献的人	应用领域
仿真论（包括蒙特卡罗法）	托马斯	系统可靠性评价、利润计划、后勤系统研究、库存控制、人力要求
	迪默	
	齐莫尔曼	
	詹宁斯	
统计决策论	沃尔德	在概率模型中对模型参数的估计
	莫利纳	
	戴维斯	
	休哈特	
	施赖弗	
符号逻辑	布尔	电路设计、法律推断（如核查合同的怀特海一贯性）
	怀特海	
	拉赛尔	
	斯特劳森	
	库申	

二、管理科学理论的主要特点

（一）将数学应用到组织管理中

管理科学所采取的主要方式是模拟模式，即通过建立一种数学模型来评价可供选择的行动方案的优劣，借助于数学模型找出最优的实施方案和描述事物的现状及发展规律，摒弃单凭经验和直觉确定经营目标与方针的做法，使衡量各项活动效果的标准定量化。用数学模型分析管理问题是管理科学学派的主要特点。

（二）在管理中应用电子计算机技术

管理科学将数学应用到组织管理中去，是以计算机技术作为其实现手段的。管理问题纷繁复杂，如果只凭借手工或机械运算来求解数学模型，不仅不能及时准确地算出结果，给出决策的定量依据，而且根本不可能研究有些问题。管理科学学派运用电子计算机来存储和处理定量分析及描述管理问题所需的数据,加快了运算的速度。电子计算机的出现和应用是管理科学形成的物质基础之一。

(三)将系统观念引进到管理方法中

运用系统观念来分析管理问题,并用系统观念指导应用科学与数学方法,解决管理问题,这是管理科学理论的又一大特征。

(四)生产和经营管理各个领域的各项活动都以经济效果好坏作为评价标准

这就要求行动方案能以总体的最少消耗获得总体的最大经济效益。

第二节 运筹学

一、运筹学的定义

运筹学在英国称为 Operational Research,在美国叫作 Operations Research(缩写为 O. R.),可直译为"运用研究"或"作业研究"。从诞生以来,它的定义就有很多种。运筹学在《大英百科全书》中的定义为:"运筹学是一门应用于管理有组织系统的学科","运筹学为掌管这类系统的人提供决策目标和数量分析的工具"。其在《现代科学综述大辞典》中的定义如下:"运筹学是一门诞生于 20 世纪 30 年代的新兴的学科,运筹学是用数学方法研究各种系统最优化问题的学科,应用运筹学解决问题的动机是为决策者提供科学决策的依据,目的是求解系统最优化问题,即制定合理地运用人力、物力、财力的最优方案。"在我国《辞海》(1979 年版)中有关运筹学条目的释义为:运筹学"主要研究经济活动与军事活动中能用数量来表达的有关应用、筹划与管理方面的问题,它根据问题的要求,通过数学的分析与运算,作出综合性的合理安排,以达到较经济较有效地使用人力和物力"。它在 JIS(日本规范)中的定义是:"采用科学的方法及手段对系统的经营方案作出选择,以便为决策者提供解答的一门技术。"在第二次世界大战中期及后期,不仅在军事方面,而且政府和公司也开始使用这种方法。该方法的特色在于:它是由不同领域的专家学者协力完成并从不同领域的角度出发而得出的定量解决问题的方法。

对运筹学的最为全面的定义由 S. Beer 给出,他认为运筹学是"一种近代科学的研究,研究人、机器、材料与资金在其周围环境中所发生的有关管理与控制的概率性地承担意外风险问题。其独特的技术是根据情况利用科学模式,经由测量、比较以及对可能行为的预测而提出一个管制策略"[①]。

根据以上定义可以归纳出运筹学的基本内涵包括:

(1) 研究对象是有组织的系统,解决的是其中的管理问题。

(2) 应用的工具是科学的方法、技术与工具。其中以模型方法与数学定量方法运用最多。"其应用范围仅限于科学方法可以完满应用的范围。"服务的对象是为决策者与执行者提供一个有效、实用的决策方案,作为其决策判断的依据。

(3) 最终目的是使有组织系统中的人、财、物和信息得到最有效的利用,使系统的产出最大化。

运筹学范畴的基本内涵决定了它区别于其他科学学科的主要特征:第一,系统导向性。重视改善系统部分与整体间的关系。其次,多学科性。其中包括所涉及的问题领域的多学科性、应用方法的多学科性、团队的多学科性。第三,重视效益与费用的比较,在降低成本费用的基础上追求系统效益和产出的最优化。

该学科研究的程序为:第一,明确问题(可采用观察、类比、运作分析、运作实验、虚拟事实等方法);第二,构造模型(通常分为确定性、随机性、决策性三种模型,有直接分析、类比、数据分析、试验分析、构想五种构造方法);第三,提出解决方案;第四,检验模型与方案;第五,应用与控制方案。

---

① 《幼狮数学大词典》[M],幼狮文化事业公司,1983 年版,第 2620 页。

二、运筹学研究的目的

在企业的经营管理中,许多活动具有不确定性。这尤其表现在以下一些活动上:

(1) 库存管理。要使"存储"的资源(人力、资金、材料、原料等)能满足需求,而费用又不超过一定的限度。

(2) 资源分配。满足各个不同的消费者(各下属工厂、车间、部门)对资源的需要,而费用又不超过一定的限度。

(3) 服务问题,如机器检修等。如何安排其确切的顺序,要制定出一种最优的程序,并寻找到一种确定先后次序的规则。

(4) 运输和订货问题。

(5) 预防性控制和替换问题。

(6) 通过合理地(而不是穷尽地)寻找各种可供选择的可能方案作出决策。

(7) 竞争性问题或博弈问题。这类问题是在对立双方的目标互相冲突的情况下,如何制定正确的战略等等。

显然,对于以上具有不确定性的管理活动,是难以凭借经验来加以解决的,而这里正是运筹学的用武之地。运筹学理论认为,运筹学的目的是通过将科学的原理、方法和工具应用于各种管理活动,制定出管理决策的数学和统计模型,并通过电子计算机求解这些模型,为管理活动提供行动方案,降低不确定性,以便投入的资源发挥最大的效用,得到最大的经济效果。

三、运筹学研究的主要问题

不同的运筹学问题,形成不同的运筹学分支。这在一定程度上类似理论自然科学把对象分为若干普适类,分别建立各自的理论体系。发现具有运筹意义的问题,是这一学科发展的关键。现已得到充分研究的主要运筹问题有以下几种。

（一）规划问题

大量事理过程由资源（资金、物资、设备、人力、时间、任务等统称为资源）和活动两方面组成，资源是有限的，活动有多项，每项活动都需要多种资源，于是产生了资源分配问题，不同的分配方案有不同的总效益。要同时把资源和活动联系起来，形成一个整体，为获取最好的总效益，必须对所有的资源和活动作统筹安排。对这种有限资源的最优安排，就是规划问题。

（二）排队问题

一类广泛存在的事理运动是由要求服务的一方（称为顾客）和提供服务的一方（称为服务台）的相互依存和制约关系构成的。顾客一般是随机到达的，服务台的服务能力有一定限度，于是形成有时顾客为等待服务而排队，有时服务台因没有顾客而空闲。顾客来到服务台（称为输入）有自身的统计特性，排队等待服务须遵守排队规则，服务台提供服务也有一定的服务规则，三者相互关联和制约形成一种特殊的系统。根据每种具体情况下输入、排队和服务的特性，在服务台收益、服务强度和顾客需要（尽量减少排队损失）之间作出合理的安排，就是排队问题。

（三）对策问题

凡两方或多方为获取某种利益、达到某种目的而进行较量，从而导致优胜劣汰的现象，叫作竞争。参与竞争的各方都是理智的主体，拥有各自的策略集（使用对自己最有利的策略），通过策略较量而分出胜负、输赢的，属于策略性竞争。如何在竞争中通过正确运用策略以赢得竞争，就是对策问题。对策活动可以看成由局中人（拥有策略的参与竞争者）、策略集和得失函数三个要素组成的系统。

（四）决策问题

在行动前从所有可能的行动方案中选择最佳方案的理性活动，称为决策。决策可以看作是特殊的对策，一方是"大自然"即环境，虽无理智但拥有多种作为随机事件出现的可能情形（自然状态），一方是拥有多种策略可供选择的决策人。决策人如何根据自然状态发生的统计规律来选择自己的最优策略就是决策问题。

(五) 库存问题

无论工厂、企业或公司、商店，为了避免因缺少原料、货物而中断业务，造成缺货损失，必须有储存。储存必须支付储存费用，过多的储存会造成存储损失。这是经营管理中一对常见的矛盾。库存是由需求（存储物的输出）、供应（存储物的输入）、费用和存储策略构成的系统。如何合理解决缺货损失和存储损失的矛盾，寻找最优存储策略，是研究存储问题的中心内容。

(六) 搜索问题

寻找某种位置不明对象的活动，称为搜索。搜索活动是由搜索主体和搜索对象构成的系统。实现搜索目的将获得效益，进行搜索需付出搜索代价，这就形成了一种特殊的矛盾。完成同一搜索任务可以有不同搜索方案（分配搜索手段、组织搜索活动的方式），不同方案在效益和代价上常常不同。根据搜索目标、手段、方案之间的系统关联，综合考虑效益与代价，从总体优化出发制定最佳搜索方案，是研究搜索问题的中心任务。

四、运筹学的主要特点

(一) 从系统观点出发研究各种功能关系

运筹学对管理组织中的任何一个部分和功能的关系，都是从系统观点出发来研究的。它认为，组织中的任何部分或任何功能的活动必然会影响其他部分或其他功能。所以，评价组织中的任何决策或活动，都必须考虑到它对整个组织的影响。

例如，库存问题就涉及生产部门、销售部门、财务部门、人事部门等多方面的关系。生产部门希望能稳定地连续生产，以便减少安装和拆除机器设备的费用。至于产品是否能销售出去或是否造成积压，不属于它的考虑范围。销售部门则希望随时有品种齐全的产品供应市场，所以最好仓库中有足够数量的各种产品，并希望生产部门能灵活地、及时地生产出顾客的订货。财务部门则既希望减少安装和拆除机器设备的费用、劳动力流动和解雇的费用，又希望能减少库存积压的资金。人事部门也希望生产能平稳地进行，以便减少劳动力的流动和解雇。

可见,正确的决策必须从整个系统的考虑出发,照顾到各个部门和因素,对整个组织最有利,才是最优化。如果只是对其中一个部门最有利,而对其他部门和整个组织并不是最有利,那就不是最优化,而是局部优化。局部优化有时对整个组织来讲,反而会造成损失,是不符合最优化原则的。

另一种情况是"过度优化"。这指的是建立模型的精确程度超过了必需的程度,以致所花的费用超过了这种过度精确带来的收益。这些都是不符合从系统观点出发,以整体利益为目标这一原则的。

(二)应用多学科交叉配合的方法

运筹学及其前驱——科学管理在创建初期都是由各个方面的专家互相配合来进行研究和分析问题的,因而收到了较好的效果。这使得运筹学家们认识到,同样数量的人员,如果分属于不同的学科而互相配合地来进行研究,比属于同一学科的人共同研究和分析,效果更好。这是由于,学科的划分固然是科学进展的必然趋势,但各门学科描述的事实上是同一客观事物的不同方面。如果把这些不同方面分割开来,就难于掌握到事物的真相。相反,如果把这些方面综合起来看,会对问题有更深入的理解,有助于问题的解决。个人限于时间和精力,不可能对各门学科都精通。所以由各门学科的专家交叉配合地进行研究,才是较好的办法。

在运筹学的研究和应用中,经常可以发现,除了应用数学和电子计算机方面的知识和技术以外,还随着具体研究对象的不同而用到经济学、管理学、心理学、会计学、物理学、化学和各种工程技术方面的知识。

(三)应用模型化和定量化来解决问题

运筹学的一个重要特点就是利用模型。它把一个研究范围已确定的现实问题,按提出的预期目标和约束条件,将其主要因素的因果关系转变为由各种符号表示的模型来求解。同时,运筹学也很重视定量化,尽可能用数字来说明各种因素及其相互关系。即使无法用精确数字来表述,也要尽可能使之定量化或用定量技术来表示它们。

（四）随情况的变化而修改模型，求出新的最优解

运筹学根据当时的情况建立模型求解。但在解决问题的过程中，由于外界环境的变化或对问题的了解和分析的深入，可能使原来简单和孤立的问题转化成为包含多个子问题的复杂问题。这样，就要修改原来的模型，输入新的数据，求出新的最优解。

第三节　系统管理理论

系统管理理论是指应用系统理论的范畴、原理，全面分析、研究企业和其他组织的管理活动和管理过程的理论。它重视对组织结构和模式的分析，并建立起系统模型以便分析。系统管理学派盛行于20世纪60年代，由于当时系统科学的兴起，因此对管理学派影响很大，所有系统管理学派的管理思想基础是一般系统理论。系统管理学派把一般系统理论应用于工商企业管理，系统阐述了系统观点、系统分析、系统管理三者的关系，侧重以系统概念分析和考察企业的组织结构模式以及各项管理职能。该学派和社会系统学派及决策理论学派有密切的联系，但是它们又各具特点。目前这个学派已不大流行。西方有人认为，系统管理学派不能满足各方面对它的期望。对那些希望获得具体行动指南的企业经理们来说，它太抽象，不够成熟，不易付诸实施；对那些希望从事分析和研究的学者来说，它又太复杂，可变的因素太多，不便研究。尽管如此，系统管理理论中的许多内容有助于自动化、控制论、管理信息系统、权变理论等理论的发展，尤其是系统动态理论的建立、发展及应用对研究社会和全球问题有特殊的意义。

该学派的理论基础是系统科学，而系统科学在进入20世纪90年代后有长足的发展，尤其是在"老三论"的基础上发展起来的"新三论"，即耗散结构理论、协同学和突变论，以及超循环理论和混沌理论，这些系统理论的新进展对系统管理理论的发展有着新的促进作用。

系统科学的主要代表人物是：一般系统论的创始人贝塔朗菲、

控制论的创始人维纳、信息论的创始人申农、耗散结构论的建立者普利高津、协同学的理论创始人哈肯及突变论的创始人托姆等，系统管理理论的主要代表人物是美国的约翰逊、卡斯特、罗森茨韦克、米勒、梅萨罗维奇。系统科学的经典著作有：萨多夫斯基的《一般系统理论原理》，贝塔朗菲的《一般系统理论》，普利津高的《从混沌到有序》，哈肯的《协同论》，艾根的《超循环论》，约翰逊、卡斯特、罗森茨韦克三人合著的《系统理论与管理》，卡斯特、罗森茨韦克合著的《组织与管理》等。

一、系统理论基础

（一）一般系统理论

研究系统理论的学者认为，一般系统理论为研究和发展各种专门知识提供了基础，也为研究和发展管理理论提供了基础。要了解系统管理理论，首先要了解一般系统理论。

1. 路德维希·贝塔朗菲的观点

对"一般系统理论"做出最大贡献的是美国生物学家和哲学家路德维希·贝塔朗菲（Ludwig von Bertallanffy），他被认为是现代系统论的创始人。他在20世纪20年代末研究生物学时提出了"有机体系统理论"的概念，这是一般系统理论的萌芽。后来他把"有机体"这个术语改为"有组织的实体"，用于解释社会现象和工程设施等。1937年他在美国芝加哥大学的一次讨论会上首次提出"一般系统理论"的概念，但直到1947年才公开发表其著作。1954年，美国成立了"一般系统学会"，并出版《一般系统年鉴》。1968年，贝塔朗菲在《一般系统理论的基础、发展和应用》一书中把"系统"作为科学研究的对象，系统而全面地阐述了动态的开放系统的理论。此书被西方学者认为是一般系统理论的经典著作。

贝塔朗菲力求从各门学科中寻找它们之间的共同属性，并概括为一种理论结构，从而为各个专门学科的研究提供一个共同的基础。他提出的一般系统论的主要观点包括：

（1）整体观点，即一切有机体都是一个整体——系统；

(2) 动态观点,即一切生命现象都处于一种积极的活动状态,并趋于某种稳定;

(3) 层次观点,即各种有机体都是按照严格的等级层次组织起来的。按照贝塔朗菲的观点,一切有机体都可视为一个系统,系统是处于相互联系中各个部分的总体。所有的这些系统都具有"开放性",它既受环境的影响,又影响着环境。他还指出,生物系统是分层次的,从活的分子到细胞个体,再到超个体的聚合体,层次分明,等级森严。整个自然界犹如一座巨大的建筑物,其中各层系统逐级组合起来,成为越来越高级、越来越庞大的系统。系统作为一个整体,同其组成部分在性质上是不一样的,不能简单地看成它所包含的各个要素的总和。

2. 维纳和控制论

在贝塔朗菲系统理论的基础上,美国麻省理工学院的数学家诺伯特·维纳(Norbert Wiener,1894-1964)在1948年发表了《控制论:关于在动物和机器中控制和通讯的科学》一书,首次提出了"控制论"这一术语,文章指出,生物和机器中关于控制和通信有着共同的规律:所有的系统都可以通过设计使其能够控制自己,即通过信息路线的反馈,使系统能够自动调节来适应其环境。维纳首先是在医药中得到了成果,以后又扩大到了生理科学、计算机科学等。威纳在第二次世界大战时,还参加了英国第一个自动控制的防空系统的建立。

控制论的产生,首先是强大的社会需要,包括战争、工业生产自动化、生物和医药的需要;同时,当时又有了相应的数学、技术和实验基础,具备了一定的物质条件。至今,控制论已在许多科学领域,如生物控制、工程控制、社会控制等领域有着广泛的运用。控制论,作为三论的一个组成部分,在管理科学中,具有重要的作用。

3. 申农和信息论

1949年,申农(C. E. Shannon)和韦弗(W. Weaver)发表了《信息联系的数学理论》一书,对一般信息理论的发展起到了促进作用。早期的信息论主要是研究电信的问题。由于通信技术的发展,引起了没有料到的信道相互干扰问题。很多不同电波在空中混合在一起造成了串扰，造成通信线路无法使用。所以早期研究信息的主要内容是：传输效率特性和准确性、噪声和频率特性等问题。此时的信息论叫作狭义信息论。

由于控制论指出生物和机器中的通信和控制有着共同的规律，所以狭义信息论很快发展为广义信息论。信息论成了一门探索生物世界和物理世界中共同规律的综合性学科。它除了通信外，还包括了心理学、语言学、遗传学等方面的内容。当代无论是技术领域还是经济领域，都十分重视对信息的研究，把它作为和材料、能源并列的现代工业的三大支柱之一。从技术上讲，人类正走向信息化社会。

信息论是一门运用数理统计方法研究信息处理和信息传递的学科。具体地说，是在信息控制管理系统中，研究信息的计量、传递、交换、存贮和使用规律的科学。由信息论进一步发展，出现了一门研究机器、生物和人类如何收集、识别、转换、贮存、传递、再生和控制各种信息，并掌握其一般规律的综合性学科，这门学科称为信息科学。

4. 肯尼思·博尔丁的观点

美国经济学家肯尼思·博尔丁（K. Boulding）发展了贝塔朗菲早期的观点，并试图把控制论和信息论结合起来。他在1956年发表的《一般系统理论：一种科学的框架》一文中系统地阐述了一般系统理论的主要概念。他首先挑选出那些具有一般性质并被许多学科所研究的现象，然后他把这些现象按其复杂程度，通过一个系统的"等级"来予以分类。这些被分类的对象，不论是属于动物、社会阶级、商品或者分子，都作为不同学科的共同课题。这些具有一般意义的因素还包括：①个体。电子、原子、分子、细胞、植物、动物、人、家庭、部落、国家、教会、公司等。所有这些都同包括其他"个体"在内的环境发生相互作用，其结果是产生一定的行为，即活动、变化等。②每个个体由其自己的结构决定行为。它可以解释为一种维持或恢复现状的趋势。③增长。这是行为的一种特殊而重要的方面，所以应该列为一种特殊的范畴。④情报和信息联系。由于

第四章 管理科学理论的形成与发展

它们的特殊重要性而从整个复杂的相互关系中单独列为一种独立的范畴。

博尔丁在确定了每一种系统的要素和范畴以后,列出了由简到繁的8个等级系统:

(1) 静态系统。这种系统几乎在现实世界的任何领域都能发现,并应以之作为任何系统知识的框架(或组织框架)。

(2) 简单的动态系统。这是动作已事先确定的类似时钟这样的系统,这一级可能包括蒸汽机和发电机这样一些相当复杂的机器,以及物理学、化学和经济学中相当一部分的知识。

(3) 简单控制论系统。它是能自动调节并维持均衡的信息传递和解释系统,如恒温器。

(4) 开式或自我维持系统。这可以叫作细胞一级系统,在这一级,生物开始同非生物有区别,开式系统还包括火焰和河流。

(5) 植物生命。在这一级,细胞之间有了明确的分工,形成了有根、叶、种子等的"细胞社会"。

(6) 动物。同信息接收器很不发达的植物不同,在这一级有了特殊的信息接收器(眼、耳等)。由神经系统联系起来的脑子成为调节动物行为的情报的组织者。

(7) 人作为一个系统,这种系统具有自我意识,不仅知道,而且能意识到自己知道。人具有高度发展的记忆、语言、制造、吸收、解释符号和过去经验的知识的能力等,所有这些都使得人不同于动物。

(8) 社会组织。这里所研究的对象不是个人,而是他在系统中所担任的角色。一个社会组织就是一群由信息联系渠道连在一起的各种角色。

后来还有一些学者对一般系统理论的发展做出了贡献,并进而对系统的概念形成了相对一致的看法,认为系统是由相互联系、相互作用的若干要素组合而成的、具有特定功能的有机整体。它不断地同外界进行物质和能量交换而维持一种相对稳定的状态。

二、系统分析思想及其理论

系统分析这一概念最初由美国兰德公司于 1949 年提出。运用科学和数学的方法对系统中的事件进行研究和分析,就是系统分析。其特点是解决管理问题时,要从全局出发进行分析与研究,以作出正确的决策。

(一)系统分析的含义

系统分析就是对一个系统内的基本问题,用逻辑推理和科学分析计算的方法,在确定条件或不确定条件下,找出各种可行的备选方案,加以分析比较,进而选出一种最优方案。或者换一种说法,系统分析就是以系统的整体最优为目标,有步骤地探索和分析,给决策者提供判定最优方案所需的信息和资料的方法。

一个系统存在许多方面及其问题,这些方面和问题都程度不同地影响着系统的整体,但人们不可能对系统中所有的方面或问题都进行分析,只能对其中起重要作用的主要方面或基本问题进行分析,以便找到关键所在,予以解决。

系统分析要求有严格的逻辑性。这就是说,在拟订方案以前,先要确定方案的目的、实现的场所、地点、人员和方法等;在进行分析时,要遵守一定的程序,并应用一定的工具(如算盘、计算尺、电子计算机等)。

(二)系统分析的目的

系统分析的首要目的是根据特定系统的特定目的进行研制。研制的含义是指对系统的改进或建立一个新系统。它不仅涉及工程学、自然科学,还涉及社会、经济和政治等领域的内容。为了解决不同领域的问题,除了要使用某些纵向技术外,还要有一种横向技术,以便把它们有机地组织起来。也就是还要研究研制系统所需要的思想、方法、技术和理论体系。系统分析与其他工程学不同之处在于它是跨越许多学科的科学。

系统分析从研究范围和研制系统的复杂程度来看,涉及系统的规划、设计、制造、试验和运行的全过程,有人把它称为系统工程。

由于系统的复杂性，系统分析有时还包含着决策者的个人价值观及其对不确定的未来的主观臆断和理性的判断。从这种意义上来说，系统分析方法是一种具有创造性艺术的系统科学。

（三）系统分析的准则

在进行系统分析时要遵循以下准则：

（1）在对各种备选方案进行分析和选择时，应紧密围绕建立系统的目的来进行。系统分析人员必须深入理解和牢牢掌握系统的最优方案。

（2）要从系统的整体利益出发，使局部利益服从整体利益。在进行系统分析时，要努力揭示出系统中各部分（子系统）之间的相互关系，以及各子系统的决策结果对整个系统产生的影响。必要时，可以牺牲某些子系统的最优方案来保证整个系统的最优方案；同时，还必须把外部条件同内部条件结合起来加以考虑。

（3）在进行系统分析时，既要考虑到当前利益，又要考虑到长远利益。有些方案从当前情况来看是最优的，但从长远来看却会造成不良影响，甚至造成很大危害，那就不是最优方案。所以必须高瞻远瞩，统筹全局，作出最优选择。

（4）要做到定量分析和定性分析相结合，既要采用科学的分析技术和工具来进行定量分析，又要利用分析者的直观判断和丰富经验来进行定性分析和综合判断，以达到选优的目的。

（5）在进行系统分析时，必须抓住关键，不要陷于细枝末节而忽略了问题的关键部分。

（四）系统分析的步骤

（1）确定目标是系统分析的重要一步。因为，如果目标不明确或不确定，就会使整个系统分析方向不明或确定错误的方向。由系统概念形成问题，针对问题拟定目标，依据目标制订方案求得问题的解决，是系统分析最重要的逻辑顺序。所以，确定目标是整个系统分析的起点。在确定目标时，要有长远眼光，选择对将来有重大影响的事项为目标，并要注意目标能获得最大成果和有利于总体利益。

目标务求具体明确，最好能定量化。同时，要充分考虑到实现目标的限制因素，使目标更具有现实性。如果是多重目标，要分清主次，建立目标的优先次序。同时，目标还必须是可以衡量和评价的。

(2) 收集资料，拟定对比方案。资料是一种实际数据与估计数字，是分析的基础。资料是否正确，直接影响到分析的质量。因此，首先必须尽可能全面地收集各种正确的相关资料，然后拟订出若干可行方案作为对比的对象。

(3) 建立各种分析模型。所谓模型就是把目标变量和限制因素、输入输出等各种关系表示出来的结构体系。模型可分为实物模型、图像模型、逻辑模型、数学模型等。

(4) 分析对比各种方案的数量指标和质量指标，然后进行综合分析或试验，以便确定方案。如果发现所选的方案令人满意，就可予以实施；如果不能令人满意，则反馈回去，从头开始进行系统分析。

(5) 实施、总结、反馈。实施选定的最优方案。在实施最优方案的过程中和实施以后，要及时总结，把经验教训反馈给系统分析的负责者，以便改进。

三、系统管理理论的主要内容

系统观点和系统分析可以运用于对各种资源的管理。把企业或机构作为系统来安排和经营，就叫系统管理。整体中的每一个部分或子系统都被看成是一个不同的实体，系统按计划安排各个实体之间的关系并衡量其贡献，所有安排都是从整个系统考虑出发的。

(一) 系统管理的特点

(1) 它是以目标为中心的，始终强调系统的客观成就和客观效果。

(2) 它是以整个系统为中心的，决策时强调整个系统的最优化而不是强调子系统的最优化。

(3) 它是以责任为中心的，每个管理人员都被分配给一定的任务，能衡量其投入和产出。

(4) 它是以人为中心的,每个工作人员都被安排进行有挑战性的工作,并根据其工作成绩来付出报酬。在系统管理制度下,工作的安排可能较为专业化,但系统能适应需要的变化而作出调整,以便鼓励职工在智力上发展和成长。

(二) 系统管理的过程

1. 创建一个系统的决策

例如一个或一群企业家作出开办一个物流企业的决策。

2. 系统设计

系统设计是指把系统中的各个组成部分安排成一定的结构形式,以便达到预期的目标。例如,一个设计来邮寄发货单的系统就可能包括开发货单的机器和机器操作人员。这些组成部分(机器和操作人员)可能以一种有计划的方式予以安排,以便发挥最大效率。为了确定以最恰当的方式把这些组成部分组织起来,以便最有效地利用人力和物力来达到目标,就要有必需的信息。

3. 系统的运转和控制

为了使系统运转,就必须投入信息(如顾客的资料、销售量、价格、折扣、发货日期等方面的信息)、材料(发货单表格和开发货单机器的色带)和能源(机器所用的电力和操作人员所用的劳力)。运转所需的各种投入是按照一个计划来安排分配的。例如,可能由一个监工来决定用什么样的发货单,什么时候给各种顾客开发货单,什么时候机器操作人员要加班,什么时候要维修机器,等等。也有这样一种可能,在设计一个系统时就事先安排好各种投入,使系统按一种特定的方式和预定的成果来运转,这样就可以减少运转过程中的计划安排。系统的运转愈是事先予以计划好,系统的运转就愈是自动化。计划始终可以在两个阶段进行,第一是在系统的设计阶段,第二是在系统的运转阶段。

较为先进的系统可能包括某种控制手段,即衡量产出或有关特点的一种感受器,并把衡量结果同标准进行比较,然后由启动器调节投入,以便纠正偏差。其目的在于控制所有的变量,以便使系统接近其理想状态而趋于稳定。只有在标准可以确定而运转情况可以衡量时,才能达到这种情况。

4. 检查和评价系统运转的结果,看看系统是否有效果和有效率

如果一个系统达到了其目标,那它就是有效果的,而效率则指投入资源同产出的关系。一个系统可能有效果而没有效率(浪费了资源),也可能有效率而无效果(如产品不符合顾客要求)。当效率和效果相互矛盾时,就要设法在两者之间找到一个平衡点。如果达到这个平衡点,我们就认为这个系统是最优化的。例如,产品的质量和生产成本之间就始终存在着矛盾。但我们可以设法使产品保持高质量(效果好)而使成本保持在有竞争力的限度内(效率也不差)。

对系统的检查和评价是在系统的生命周期中定期进行的。检查和评价的结果可能导致目前系统的设计改变,或建议在未来系统的设计中作出改变。检查和评价过程中的信息常被用来作为控制运转的资料,而反馈回来的运转中的信息又能表明系统的性能,确定是否修改系统的设计。

以上四个阶段都必须有信息、能源和材料的投入。例如,在系统的设计阶段必须有信息的投入,以便确定如何才能实现预定目标(确定加工过程);人们要投入能源来设计出一个系统,而材料(设备和机器)则成为系统的组成部分。在系统的运转和控制阶段,也都需要这些投入,如有关顾客资料、销售量、价格、折扣、发货日期等方面的信息,工人的劳力和机器所用的电力等方面的能源,以及原料、发货单表格和开发货票机器的色带等材料。

以上四个阶段还必须有计划或决策,但每个阶段所作的计划或决策的种类和范围则随系统的性质而不同。例如,自动化的炼油厂是一种刚性系统,必须仔细地予以事先计划,绝大多数运转决策是在系统中编好程序的。一家百货公司则是一种弹性系统,可以确定较为一般的目标和计划,在运转中由人的决策来调节组织,使之适应环境中的各种变化。

(三)组织的系统模型

根据系统理论,我们可以把企业视为一个具有系统模型特征的组织,这样的系统模型是一个由若干子系统组成的开发式社会技术系统。这个系统由环境系统接受能源、信息和材料的投入,予以加

工,然后又向环境输送产出。

这个组织可以看成是由几个主要的子系统所组成的。目标和价值子系统是重要的子系统之一。组织的许多价值观是从外界的社会文化环境中取得的。一个基本前提是,组织本身是社会这个大系统的一个子系统,所以必须实现某些由社会这个系统所决定的目标。组织如果要成功地从社会取得各种投入就必须为社会履行某种职能。

技术子系统指的是完成任务所需要的技术和知识(包括把投入加工成为产出所用的技术)。技术子系统是由组织任务的要求所决定的,并且将随活动的特点而改变。技术子系统经常会影响组织结构子系统和社会心理子系统。社会心理子系统由组织成员的行为和动机、地位和角色的关系、团队动力、影响力等组成。社会心理子系统显然受外界环境力量和任务、技术及内部组织结构的影响。

结构子系统是同技术子系统和社会心理子系统都密切联系的一个子系统。结构同组织任务的划分方式(分化)及这些活动的协调方式(结合)有关。正式的组织结构是由组织图职位说明和作业说明、规则和程序等规定的。它还涉及权力模式、信息联系和工作流程等。组织结构子系统为技术子系统和社会心理子系统提供了正式联系的渠道。但是,要强调指出的是,技术子系统和社会心理子系统之间的联系决不只限于此,它们之间的联系有时往往绕过结构子系统而进行非正式的联系。

管理子系统涉及整个组织。它使组织同外界环境联系起来,制定目标,进行计划、组织、控制等活动。正如前面所提到的,在复杂组织的管理等级制度中有三种重要的子系统:作业子系统、协调子系统、战略子系统,其管理任务是各不相同的。

(四)系统管理中的管理职能

系统管理学派认为,从系统观点来考察和管理企业有助于提高企业的效果与效率。因为这使得企业管理人员不至于因为只注意一些专门领域的特殊职能而忽略了企业的总目标,也不至于忽略自己这个企业在更大的系统中的地位和作用。企业的系统管理就是把信息、能源、材料和人员等没有联系的资源结合成为一个达到一定目标的整体系统。

第四节 管理科学理论的发展

一、20世纪70年代到80年代的发展

系统论、信息论和控制论统称"老三论"。在20世纪70年代以后,在"老三论"基础上,又出现了协同学、突变论和耗散结构论,一般称之为"新三论"。

比利时物理化学家普利高津(I. Prigogine,1917—)提出耗散结构理论。他认为热力学第二定律以及统计力学所揭示的是孤立系统(和环境没有物质和能量的交换)在平衡态和近平衡态条件下的规律,但在开放并且远离平衡的情况下,系统通过和环境进行物质和能量交换,一旦某个参量变化达到某一阈值,系统就有可能从原来的无序状态自发转变到时间、空间和功能上的有序状态。普利高津把这种在远离平衡情况下所形成的新有序结构称为"耗散结构"(Dissipative Structure)。

德国物理学家哈肯(H. Haken,1927—)于1969年提出了协同学(Synergetics)。哈肯发现激光是一种典型的远离平衡态时由无序转化为有序的,但他发现即使在平衡态时也有类似现象,如超导和铁磁现象。这就表明,一个系统从无序转变为有序的关键并不在于系统是平衡或非平衡,也不在于离平衡态有多远,而是在一定条件下,能自发产生在时间、空间和功能上稳定的有序结构,这就是自组织(Self-organization)。哈肯还指出,系统在临界点附近的行为仅由少数慢变量决定,系统的快变量由慢变量(序参量)支配,就是所谓的役使原理。

耗散结构理论和协同学从宏观、微观以及两者的联系上回答了系统自己走向有序结构的基本问题,两者都被称为自组织理论。耗散结构理论和协同学都源于具体学科,耗散结构理论是物理化学学科的研究成果,协同学是研究激光的成果。但普利高津和哈肯都敏

锐地认识到它们的普适意义,经他们本人及其学派,再加上整个系统科学界的努力,早先的自组织理论已发展为"系统自组织理论"了。

20 世纪 70 年代还有一些理论对系统科学的发展有重要的意义。艾根(M. Eigen)吸收了进化论思想和自组织理论,于 1979 年发表了"超循环理论"(Hypercycle Theory),把生命起源解释为自组织现象,提出了一个自然界演化的自组织原理——超循环。托姆(R. Thom)于 1972 年发表了《结构稳定性与形态发生学》,对突变现象及其理论作出了系统深刻的阐述。

二、20 世纪 80 年代以来的发展

20 世纪 80 年代以来,非线性科学(Nonlinear Science)和复杂性研究(Complexity Study)的兴起对管理科学的发展起了积极的推动作用。

国际学术界在 20 世纪 80 年代形成了研究非线性科学的热潮,因为人们意识到非线性科学取得的成就昭示了对世界本质的认识又跃进了一大步。客观世界的一切事物,从根本上说都是相互作用体和相互作用过程;非线性是数学概念,是相互作用的数学表达。一个系统不仅是其部分的总和,这意味着叠加原理失效,在数学上说就是非线性。非线性科学研究各门科学中有关非线性的共性问题。一切事物作为系统,无论是系统内部结构和外显的系统功能,以及系统演化过程都是相互作用的显示,因而也都是非线性的。特殊地说,系统科学(尤其是基础理论层次)特别关心一个系统的性能怎样随着时间变化,有没有稳定的终态(相应于贝塔朗菲的用语:Finality);这在非线性动力学中就是有没有稳定的定常状态(stable steady state,稳定定态,稳态)和分岔(Bifurcation)问题。任何系统都是一种稳态,非线性动力学中讨论的稳态大体有平衡(不动点)、振荡(极限环)和混沌(拟周期解可认为是振荡的组合),比过去只讨论平衡有了根本性的拓展,这就为研究系统的复杂形态提供了科学依据和方法。因此,非线性科学的成果极大地丰富和深化

了系统科学和系统工程定量化的发展。可以说，耗散结构理论和协同学正是在20世纪80年代吸收了非线性科学的成果，在理论上提高到了一个新的高度。

非线性科学的进展推动了20世纪80年代后期复杂性研究的兴起。20世纪80年代中期，国际科学界兴起了对复杂性的研究，一个突出的标志是1984年在美国新墨西哥州成立了以研究复杂性为宗旨的圣菲研究所（Santa Fe Institue，简称SFI）。这是由几位诺贝尔奖获得者盖尔曼（M. Gell-Mann）、阿罗（K. J. Arrow）、安德森（P. W. Anderson）为首的一批不同学科领域的著名科学家组织和建立的。其宗旨是开展跨学科、跨领域的研究，他们称作复杂性研究。他们认为事物的复杂性是从简单性发展来的，是在适应环境的过程中产生的。他们把经济、生态、免疫系统、胚胎、神经系统及计算机网络等称为复杂适应系统（Complex adaptive system），认为某些一般性的规律控制着这些复杂适应系统的行为。他们的这种认识体现了现代科学技术发展的综合趋势，反映了不同科学领域的共识。尽管对复杂性的看法还众说纷纭，但从方法论来看，对许多复杂事物的深入研究，长期来卓有成效的还原论是处理不了的，这点已基本趋于一致。当前，物理领域、生物领域、社会经济领域差不多发出了共同的呼声：突破还原论。美国《科学》（Science）杂志于1999年4月2日发表了一个题为"复杂系统"的专辑，邀请物理、化学、生物、经济、生态环境、神经科学等方面的科学家，撰写了他们所从事的领域中关于复杂系统的研究进展，但两位编者在前言中却以"超越还原论"为标题，就说明了这个形势。当今，复杂性研究和管理科学虽然在研究的范围、侧重面以及总体框架上有所不同，但无论就具体内容或大的方向来说，相当程度上是一致的，会形成相辅相成的新局面。

第五章　现代管理理论的主要学派

现代管理理论产生与发展的时期为 20 世纪 40 年代末到 70 年代。这是管理思想最活跃、发展最快的时期，也是管理理论步入成熟的时期。这一时期管理思想成果辈出，形成了所谓管理学理论丛林。其中社会系统学派、决策管理学派、经验主义学派、权变理论学派和经理角色学派就是其中的典型代表。直到今天这些思想还在管理实践和管理学研究中发挥着核心作用。

第一节　巴纳德与社会系统学派

一、巴纳德生平与著述

社会系统学派的代表人物是美国著名的管理学家巴纳德。他认为组织是一个复杂的社会系统，应从社会学的观点来分析和研究管理的问题。由于他把各类组织都作为协作的社会系统来研究，后人把由他开创的管理理论体系称作社会系统学派。

（一）巴纳德的生平

切斯特·巴纳德（Chester Barnard，1886－1961），现代管理理论中系统学派的创始人，也是一个成功的商业人士。1886 年 11 月，巴纳德生于美国马萨诸塞州凡尔登地区的一个贫穷的平民家庭。巴纳德早年就学于蒙特赫蒙学院，1906 至 1909 年在哈佛大学修完全部经济学课程，因缺少实验学科的学分而未获得学位。后来，由于他在研究企业组织的性质和理论方面做出了杰出的贡献，得到了 7 个荣誉博士学位。1909 年巴纳德进入美国电话电报公司（AT&T）统计部工作，1915年被晋升为AT&T商业工程师，1922年担任AT&T所属宾夕法尼亚贝尔电话公司副总裁助理，1926年担任宾夕法尼亚贝尔电话公司总裁，1927年担任新泽西贝尔电话公司总裁，这时他41岁。巴纳德担任这个职位长达20年，直到退休。

1952年退休后，他还帮助制定过美国原子能委员会的政策，在新泽西紧急救济队、新泽西感化院、联合劳务组织担任过领导职务。1948年至1952年巴纳德担任洛克菲勒基金会董事长。

（二）巴纳德的著作

巴纳德一生著作很多，其中最有代表性的著作是1938年出版的《经理人员的职能》，它被管理学界誉为经典。其他著作有：1925年出版的《发展经理人员的能力》，1929年出版的《组织实践中的业务原则》《社会进步的企业利益》，1930年出版的《为企业服务的大学教育》，1936年出版的《雇主和职业指导》，1938年出版的《关于经济行为中的非理性》，1939年出版的《工业关系中的高层管理人员的职责》，1940年出版的《集体协作》，1945年出版的《经理人员的教育》，1945年出版的《伦理和现代组织》，1947年出版的《工业研究组织的若干方面》，1951年出版的《科学和组织》等。

二、巴纳德的主要思想

研究管理必须从研究组织开始，巴纳德以前的组织理论，受古典经济学影响，偏重于专业分工和结构效率，对组织中的人员没有足够的重视。这种组织理论的缺陷，直到巴纳德时才有了根本性的改观。巴纳德认为，协作是整个社会得以正常运转基本而又重要的前提条件。社会的各种组织，不管是政治的、军事的、宗教的，还是企业的、学术的，都是一个协作系统。而且，协作系统是一个动态的过程，它的运营环境以及组成要素都在不断地变化。因此，协作系统也处于不断的发展变化中。巴纳德认为，协作系统的稳定性和持续性，决定于协作系统的有效性和高能率。

他认为，社会的各级组织包括军事的、宗教的、学术的、企业的等多种类型的组织都是一个协作的系统，这些协作组织是正式组织，都包含三个要素：①协作的意愿；②共同的目标；③信息联系。

所有的正式组织中都存在非正式组织，两者是协作中相互作用、相互依存的两个方面。一个协作系统是由相互协作的许多人组成的。对于个人目标和组织目标的不一致，巴纳德提出了"有效性"和"能率"两条原则。当一个组织系统协作得很成功，能够实现组织目标时，这个系统就是"有效性"的，它是系统存在的必要条件。系统的"能率"是指系统成员个人目标的满足程度，协作能率是个人能率综合作用的结果。这样就把正式组织的要求同个人的需要结合起来了，这在管理思想上是一个重大突破。他的这些思想，构成了社会系统学派的主要观点。

在巴纳德看来，个人若欲同他人建立协作关系，就必须处理好相关的社会因素，它们是协作系统得以成立的最基本的条件。具体说来，这些社会因素包括五个方面：

（1）协作体系中个人之间的相互作用。当个人参加了一个协作体系以后，他就处于一种同其他参加者互相接触的环境之中，就必然产生个人之间的相互作用，这些因素作用于有关的个人，并同其他因素一起影响到他们的精神和感情，进而对个人行为产生影响，可能迫使个人的动机发生原来不会有的变化。这些变化如果朝着有利于协作体系的方向发展，它们就成为协作体系的资源；反之，就成为协作体系的障碍或限制。

（2）个人和集体之间的相互作用。集体作为一个单位（也叫作"社会的单位"），代表社会行为的一个体系，作为一个整体同集体中的每一个人相互作用。这种意义上的集体关系所包含的各种因素同其他因素联合起来，对个人心理发生作用。这样，集体就影响个人改变他原本不会改变的某种心理和动机。当这些改变的方向有利于协作体系时，集体就成为一种资源；反之，就会成为一种限制。

（3）作为协作体系影响对象的个人。这主要表现在两个方面：一是集体采取特殊的行动把个人引导入协作体系之中；二是集体对体系中的个人的行动加以控制。

（4）社会目的和协作的有效性。这类目的本身就是协作行为的产物，是协作体系的一个基本因素。一旦个人参与协作，其目的在性质和种类上通常都会发生很大的变化。如果协作目的实现了，我们就说协作是有效的。至于有效的具体程度，则是由协作的观点而不是由个人的观点来进行判断。

（5）个人动机和协作的能率。个人动机的总和构成了整个协作体系的动机。协作体系的能率就是由个人动机的满足程度决定的。如果一个人认为他对协作体系做出的贡献是无能率的，他就会停止做出贡献。如果他的贡献是协作体系不可缺少的，那么对他个人的无能率就会成为协作体系的无能率，就会导致协作体系不能存续下去，因而对全体成员也都是无能率的。因此，在这种情况下，协作体系的能率就取决于边际贡献的能率，或者说取决于边际贡献者。

三、简评

巴纳德以社会科学家高瞻远瞩的眼光来看待组织，又以物理学家的细致态度来分析组织。他把社会学概念应用于分析经理人员的职能和工作过程，并把研究重点放在组织结构的逻辑分析上，提出了一套协作和组织的理论体系。

巴纳德的理论贡献在于他从最简单的人类协作入手，条分缕析，揭示了组织的本质及其最一般的规律。在某种意义上，他的研究路数，有点像马克思从商品入手分析资本主义本质的方法。在这一基础上，巴纳德将组织定义为"把两个以上的人的各种活动和力量有意识地加以协调的体系"。这个定义后来成为关于组织最有名也最有影响的定义。

行为主义学派创始人梅奥把巴纳德作为一个有着强烈的社会责任心的管理者的范例。日本学者占部都美认为：巴纳德是"现代管理理论之父"。但关于现代组织理论，"巴纳德只是开了个头，并不是到此结束，他的理论已由西蒙加以修正和发展"。

巴纳德在组织管理理论方面的开创性研究，奠定了现代组织理论的基础。后来的许多学者如德鲁克、孔茨、明茨伯格、西蒙等人都极大地受益于巴纳德，并在不同方向上有所发展。

第二节 决策管理学派

一、赫伯特·西蒙的生平简介

决策理论学派是在以巴纳德为代表的社会系统学派的基础上发展而来的。其代表人物是赫伯特·西蒙（CH. A. Simon）。

西蒙。(1916—2001)，西方管理决策学派的创始人之一，美国管理学家和社会科学家，在管理学、经济学、组织行为学、心理学、政治学、社会学、计算机科学等方面都有较深厚的造诣，堪称社会科学的通才，曾经来中国访问和讲学。1916年，赫伯特·西蒙出生于美国的威斯康星州密尔沃基市。西蒙的父亲是位电子工程师，母亲是位很有成就的钢琴家。优越的家庭环境，使西蒙很小就培养起对书籍、各类知识、音乐和外界的浓厚兴趣。他早年就读于具有浓厚学术氛围的芝加哥大学，大学毕业后西蒙以研究主力的身份在国际城市管理协会从事决策科学方面的调查研究。西蒙于1943年获得博士学位。先后执教于芝加哥大学、伯克里大学、伊利诺伊工艺学院。自1949年起，西蒙担任美国卡内基梅隆大学计算机与心理学教授，1961年至1965年间任美国科学院研究委员会主席。西蒙于20世纪50年代开始对经营管理科学产生兴趣，其对公司行为理论的研究起了重要的作用。后来他又研究大型组织的信息管理问题，为大公司决策人员提供了一套决策的辅助系统。由于"对经济组织内的决策程序所进行的开创性研究"，西蒙获得1978年诺贝尔经济学奖，他是管理方面唯一获得诺贝尔经济学奖的人。他在管理方面的最大贡献在于提出了理性人——具有"有限理性"的人，即基于"令人满意"而不是"最优"方案的决策模型和完善了社会系统论。1988年西蒙从卡内基梅隆大学退休，2001年2月9日逝世。

西蒙一生得的奖很多，1958年西蒙获得美国心理学会颁发的心理学领域的最高奖——心理学杰出贡献奖；1975年获得计算机领域的最高奖——图灵奖；1978年获得诺贝尔经济学奖；1986年获得美国总统科学奖——科学管理的特别奖。

二、西蒙的主要思想与经典著作

西蒙在管理学上的贡献是提出了管理的决策职能，建立了系统的决策理论，并提出了人类"有限度理性行为"的命题和"令人满意的决策"的准则。西蒙认为：管理就是决策，决策是管理的核心；决策者在组织中起着核心和动力作用，对组织的影响很大。

西蒙是决策理论学派的创始人之一，他倡导的决策理论，是以社会理论为基础，吸收古典管理理论、行为科学和计算机科学等内容而发展起来的。他因"对经济组织内的决策程序所进行的开创性研究"而被称为"决策理论的奠基人"。由于现代企业和现代技术的发展，组织的特征已经发生了根本性的变革，决策的重心正在由高层向低层转移，尽管如此，西蒙的决策理论仍然是我们理解人类行为的钥匙。

西蒙一生出版了很多经典著作，以下是其部分著作的汇总：1947年出版的《管理行为》，1950年出版的《公共管理》（与斯密斯伯格合作），1952年出版的《组织理论的比较》，1955年出版的《理性抉择的行为模型》，1956年出版的《理性抉择与环境结构》，1958年出版的《组织》（与马奇合著），1959年出版的《经济学与行为科学中的决策模型》，1960年出版的《管理决策新科学》，1962年出版的《求解难题过程中的事物搜索》，1978年出版的《论如何决定做什么》，1979年出版的《思维模型》，1982年出版的《有限理性模型》，1991年出版的《我的生活模型》，1996年出版的《人工智能科学》（第3版）。

三、决策理论的主要内容

（一）管理就是决策

决策理论学派非常强调决策在组织中的重要作用，认为管理就是决策。

传统的管理将组织活动分为高层决策、中层管理和基层作业，认为决策只是组织中高层管理的事，与下面的其他人员无关。但是西蒙却认为，决策不仅仅是高层管理的事，组织内的各个层级都要作出决策，组织就是由作为决策者的个人所组成的系统。首先组织的成员是否留在组织中，就要将组织提供给他的好处和他的付出进行对比。当决定了留在组织中后，无论成员处于哪一个管理阶层，都是要作出决策的。而且随着科技的发展、员工素质的提高和组织结构日趋扁平化，决策权会逐渐下放，即使是处于作业层次的员工，也要对采用什么样的工具、运用什么样的方法作出选择。西蒙认为，组织是指人类群体当中的信息沟通与相互关系的复杂模式。它向每个成员提供决策所需要的大量信息和决策前提、目标及态度，它还向每个成员提供一些稳定的可以理解的预见，使他们能预料到其他成员将会做哪些事，其他人对自己的言行将会作出什么反应。成员的决策其实也就是组织的决策，这种决策的制约因素很多，涉及组织的各个层次和各个方面，被称为"复合决策"。管理活动的中心就是决策。计划、组织、指挥、协调和控制等管理职能都是作出决策的过程。因此，管理就是决策的过程，管理就是决策。

西蒙也强调管理不能只追求效率，也要注意效果。效率是在一定目标和方向上的效率，效果则是决定方向目标这一类的根本问题。西蒙等人认为，在"信息爆炸"的当代，重要的不是获得信息而在于对信息进行加工和分析，并使之对决策有用；认为今天的稀有资源不是信息，而是处理信息的能力。西蒙决策理论的核心概念和根本前提是人类认知能力的局限性。决策学派据此提出了信息处理模式。西蒙将人的思考过程看作一种信息处理过程，所以，可以利用程序使计算机也能像人一样思考和创造。但是它们只是决策者的决策工具，并不能取代决策过程。管理人员还必须对可供决策的方案评价以后进行抉择，作出最后判断。一旦选定方案，经理人员就要对其承担责任和负担一定的风险。

（二）决策是一个复杂的过程

在传统的思维中，人们一般把决策认为是从几个被选方案中选出一个最优的行动方案。但是西蒙等人认为，决策包括从一开始的调查、分析、选择方案等整个一系列的活动。它是一个分阶段，涉及很多方面的复杂的活动。西蒙的决策划分包括4个阶段。

1. 搜集情况阶段

搜集情况即搜集组织所处环境中有关经济、技术、社会各方面的信息以及组织内部的有关情况。通过收集情况，发现问题，并对问题的性质、发展趋势作出正确的评估，找出问题的关键。情报的搜集应该尽可能全面，而且要真实，否则的话对以后的决策会有误导作用，极有可能作出错误的决策。

2. 拟订计划阶段

拟订计划即在确定目标的基础上，依据所搜集到的信息，编制可能采取的行动方案。这时可能会有几个候选方案，决策的根本在于选择，被选方案的数量和质量对于决策的合理有很大的影响，因此要尽可能提出多种方案，避免漏掉好的方案。

3. 选定计划和实施阶段

选定计划即从可供选用的方案中选定一个行动方案。这时要根据当时的情况和对未来的预测，从中选择最合适的一种方案。在选择方案时，首先要确定选择的标准，而且对各种方案应该保持清醒的估计，使决策保持一定的伸缩性和灵活性。计划选好了以后就要制订实施方案，方案的实施也是很重要的一个环节，也要制订一个合理的实施计划，这个计划要清晰且具体，对时间有一个合理的分配，对人、财、物也要做一个清晰的分配。在执行决策中，还要做好决策的宣传工作，使组织成员能够正确理解决策，同时制造出一种有利于实现决策的气氛。

4. 评价计划阶段

评价计划即在决策执行过程中，对过去所做的抉择进行评价。通过评估和审查，可以把决策具体的实行情况反馈给决策者。如果出现了偏差，就及时地纠正，保证决策能够顺利实施，或者有的时候就修改决策本身，以使决策更加科学合理。这四个阶段中的每一个阶段本身都是一个复杂的决策过程。问题的确认需要决策，而拟定各种备选方案就使决策的性质更加明显。所以，不能觉得只有决策活动才是最重要的。事实上，没有前两个阶段的正确决策，就不可能作出正确的决策，而没有决策的执行，再好的决策也只是一纸空文。西蒙认为决策的过程中，最重要的是信息联系，决策的各个阶段均是由信息来联系的。上面说了决策的几个程序，一般来说，决策是要遵守这样的程序的，但是也不能完全机械地用上面的过程来一步步地做。比如，在拟订方案阶段，出现了新的问题，这就需要重新返回第一个阶段来搜集情报，结果又回到了第一个阶段。按说决策应该是充分的收集信息，然后做一个最好的决策，但有时候却没有足够的时间来收集信息，例如在经营中出现了突发事件，需要立刻解决，这时的决策就在很大程度上要依据管理者的经验和直觉来决定。

（三）合理性的决策标准

"有限理性"原理是赫伯特·西蒙的现代决策理论的重要基石之一，也是他对经济学的一项重大贡献。新古典经济理论假定决策者是"完全理性"的，认为决策者趋向于采取最优策略，以最小代价取得最大收益。西蒙对此进行了批评，他认为事实上这是做不到的，应该用"管理人"假设代替"理性人"假设。在西蒙的研究中有一个著名的有关"蚂蚁"的比喻。一只蚂蚁在沙滩上爬行，蚂蚁爬行所留下的曲折的轨迹不表示蚂蚁认知能力的复杂性，只是说明海岸的复杂。它们知道蚁巢的大概方向，但具体的走路的路线却是无法预料的，而且他们的视野也是有限的。其实人和蚂蚁是一样的，对外界的认识能力是有限的，对于外界的很多事情无法全面地了解。人的行为的复杂性只是反映了所处环境的复杂性。西蒙以蚂蚁喻人，认为人的认知能力也是单纯的，人的行为的复杂性也不过是反映了其所处环境的复杂性，在这样的环境中，人不可能作出最优的决策。由于现实生活中很少具备完全理性的假定前提，人们常需要一定程度的主观判断以便作出决策。也就是说，个人或企业的决策都是在有限度的理性条件下进行的。完全的理性导致决策者寻求最佳措施，而有限度的理性导致他寻求符合要求的或令人满意的措施。西蒙认为，由于组织处于不断变动的外界环境影响之下，在决策时很难求得最佳方案。其原因有以下几点。

1. 信息的不完全性

信息可以帮助我们对备选方案进行选择，所以在选择方案时要做到绝对合理，就需要对各种备选方案可能的结果具备完整的知识。但实际上我们在此方面的知识经常只能是部分和片面的，人们很难得到关于某一件事情的全面的知识，而且有时候得到的知识还是虚假的或者错误的。

2. 预测的困难性

因为结果是未来的，还没发生的，所以在对它们进行评价的时候不能说正确与否，对方案的判断只能够是想象力和经验的结果。价值判断更是不完整和不可预测的。这使我们的预测只不过是一种对未来的期待，实际情况到底怎样，我们还没法预料。

3. 穷尽可行性的困难性

只有人们把所有的方案都找出来，才能提出科学合理的"最优的方案"，绝对的合理性要求在可能发生的所有替代方案中选择，但是没有人能够把所有的候选方案都找出来，尤其是对企业中一些较为复杂的事务的决策，涉及的面很广，信息很多，还远达不到将所有可能的结果和途径都考虑到的地步。有时候决策者自己也存在知识和计算能力方面的局限性，各种环境都在不断地变化，他们还要在缺乏完全信息的情况下进行决策。因此，在西蒙看来，"最优化"的概念只有在纯数学和抽象的概念中存在，在现实生活中是不存在的。按照满意的标准进行决策显然比按照最优化原则更为合理，因为它在满足要求的情况下，极大地减少了搜寻成本、计算成本，简化了决策程序。因此，满意标准是绝大多数的决策者所遵循的基本原则。而且，基于人和组织不可能全知全能的这个前提，西蒙提出了"管理人"假设，这种假设不同于以往管理科学和行为科学理论中的"经济人"假设。他认为"管理人"是在有限合理性的基础上，不考虑一切可能的复杂情况，只考虑与问题有关的情况，采用"令人满意"的决策准则，从而可以作出令人满意的决策。可以说，管理人拥有"知识"的程度决定着其决策和行动合理性和满意化的程度。这些观点为我们今天走进管理知识的大门提供了一个坚实的台阶。"令人满意"的理论准则应用到企业决策中，就是追求适当的市场份额而不是最大的市场份额，取得适度的利润而不是最大的利润，制定适当的市场价格而不是最高的价格等，这种满意的决策结果才是可行的。人们在作决策时，不能坚持要求最理想的解答，常常满足于"足够好的"或者"令人满意的"决策，从某种意义上来说，一切的决策都是某种折衷，最终的方案都不是尽善尽美的，只是在一定的条件下最好的。

西蒙将组织划分为三个层次：最下层是基本工作过程，在生产性组织中，指取得原材料、生产产品、储存和运输的过程；中间一层是程序化决策制定过程，指控制日常生产操作和分配系统；最上一层是非程序化决策制定过程，指对整个系统进行设计和再设计，并监控其活动。自动化和信息技术的应用，将使各层次之间的关系更为清楚明确。大型组织不仅分有层次，而且其结构几乎普遍都是等级结构。同时决策者也要提高处理信息的能力和行动的合理性，这种改变可以采用各种决策技术（包括传统技术和现代技术）。换个概念说，我们需要提升自己的知识和能力，因为知识可以看作是处理信息的手段。西蒙承认技术就是知识，是如何制造东西的知识，是如何去做工作的知识。

（四）程序化决策和非程序化决策

一个组织的决策根据其活动是否反复出现可分为程序化决策和非程序化决策。程序化决策是结构良好的决策，非程序化决策即结构不良的决策。一般来说，那种例行的反复出现的决策，比如，企业中的订货、材料的出入、产品的生产等，属于程序化决策；而那些对不经常出现的、非常规的事情作出的决策一般都是非程序化决策，例如，制定一个新的战略，对竞争对手的举动作出反应等，这些没有一定的章法可循，因此也就没办法程序化。另一种区分它们的主要依据是这两种决策所采用的技术是不同的。

现在制定常规性程序化决策主要是应用运筹学和电子数据处理等新的数字技术，而制定非程序化决策的传统方式包括大量的人工判断、洞察和直觉观察，还未经历过任何较大的革命。一般来说，程序化决策呈现出重复和例行的状态，每当出现这种情况时，决策者就可以利用以前曾用过的方法和规则来处理问题，按照以前的办法和程序，组织一般都有这方面的规定，有一定的规章和制度。典型的非程序化决策表现为，问题是新颖的，决策者不能够简单地使用以前的准则和程序来解决这样的问题，他们要根据他们的经验和知识对环境作出判断，提出创造性的解决方案，并在困难、结构不良的环境中进行决策。非程序化决策的现代技术也正经历着一场革命，主要是探索解决技术方面的应用，包括决策者的培训和探索式计算机程序的编制，而且已经达到了模拟人的判断和直觉的现实程序。日常的活动不管如何复杂都可以分解为最简单的行动步骤，加以程序化。当企业中产生新的需要决策的问题或者修正旧的程序的创新过程时，需要进行非程序化决策，就要依次地经过全部决策过程。西蒙将全部决策过程大致概括为：判定问题，确定目标，然后寻求为达到目标可供选择的各种方案，比较并评价这些方案的得失。在这些方案中进行选择，并作出决定，在执行决定中进行核查和控制，以保证实现预定的目标。但是，程序化决策和非程序化决策并没有截然的不同，在实际管理工作中，这两者很多时候都是混合在一起的，像是一个光谱的连续体，一端是非常高度的程序化决策，另一端是非常高度的非程序化决策，这中间是过渡阶段。此外，根据决策条件，决策还可以分为肯定型决策、风险型决策和非肯定型决策。肯定型决策是指决策执行后只有一种结果的决策，它又分为单目标决策和多目标决策。一般来说，这种决策是很少的，大多数都是风险型决策，这种决策存在着不确定的因素，一个方案可能会出现几种结果，但每种结果出现的概率大概是知道的。非肯定型决策也有几种不同的结果，但每种结果的概率并不知道。这几种决策所采用的方法和技术都是不同的。

四、简评

1978年，瑞典皇家科学院授予西蒙诺贝尔经济学奖时，对他的学术贡献作出这样的评价："组织决策理论已经被成功地用于解释和预测各方面的活动，如公司内部取得信息能力的分布和决策的制定，市场调整与有限竞争，选择证券投资和选择一个国家进行国外投资。

现代企业经济学和管理研究大部分基于西蒙的思想。"

彼得斯说:"西蒙所说的'最满意'的决策原则是符合实际的。因为在决策中,如果不顾条件地盲目追求最好,最后可能连好都找不到。"如果企业非要想找到最优的决策方案,那会花费很大的成本,是得不偿失的。为了在满意的基础上保证尽可能大的合理性,就应该通过组织结构的设计,使组织内信息处理单纯化,以尽量克服个人认知能力的局限性。

西蒙说过管理就是决策,因此,他的决策理论不但适用于企业组织,而且也适用于一切正式组织机构的决策。他对于决策过程的理论研究工作是开创性的,而且也是管理方面唯一获得诺贝尔经济学奖的人。目前这种理论已经渗透到管理学的不同分支,成为现代管理理论的基石之一。

第三节 经验主义学派

一、彼得·德鲁克生平简介

经验主义学派认为管理学就是研究管理经验,认为通过对管理人员在个别情况下成功的和失败的经验教训的研究,会使人们懂得在将来相应的情况下如何运用有效的方法解决管理问题。因此,这个学派的学者把对管理理论的研究放在对实际管理工作者的管理经验教训的研究上,强调从企业管理的实际经验而不是从一般原理出发来进行研究,强调用比较的方法来研究和概括管理经验。经验主义学派的代表人物是美国的德鲁克、戴尔、纽曼、斯隆等人。

彼得·德鲁克(Peter F. Drucker)对世人有卓越贡献及深远影响,被尊为"大师中的大师"。德鲁克以他建立在广泛实践基础之上的三十余部著作,奠定了其现代管理学开创者的地位,被誉为"现代管理学之父"。

1909年11月19日,彼得·德鲁克出生于奥匈帝国统治下的维也纳,祖籍荷兰。其家族在17世纪时就从事书籍出版工作。他的父亲是奥国负责文化事务的官员,曾创办萨尔斯堡音乐节;母亲是奥国率先学习医科的妇女之一。德鲁克从小生长在富于文化的环境之中。德鲁克先后在奥地利和德国受教育,1929年后在伦敦任新闻记者和国际银行的经济学家。他于1931年获法兰克福大学法学博士学位。

德鲁克1937年移民美国,曾在一些银行、保险公司和跨国公司任经济学家与管理顾问。1942年,德鲁克受聘为当时世界最大的企业——通用汽车公司的顾问,对公司的内部管理结构进行研究,1943年加入美国国籍。德鲁克曾在贝宁顿学院任哲学教授和政治学教授,并在纽约大学研究生院担任了二十多年的管理学教授。尽管被称为"现代管理学之父",但德鲁克一直认为自己首先是一名作家和老师。在美国,他开始是作为由若干家美国银行和保险公司组成的集团的经济学家,后又担任美国通用汽车公司、克莱斯勒汽车公司、国际商用机器公司等大企业及一些外国公司的顾问,并于1945年创办了德鲁克管理咨询公司,自任董事长。

在欧洲他经历了第二次世界大战的残酷,并目睹了美国在两次世界大战中的作用,深感那些优秀的领导者才是那个世纪的英雄。德鲁克在他那本发人深省的自传《旁观者的冒险》中写道:"我和其他维也纳的小孩一样,都是胡佛总统救活的。他推动成立的救济组织,提供学校每天一顿午餐。这顿午餐的菜式,清一色是麦片粥与可可粉冲泡的饮料,直到今天我仍然对这两样东西倒胃口。不过整个欧洲大陆,当然也包括我在内的数百万饥饿孩童的性命,都是这个组织救活的。"一个"组织"居然能发挥这么大的功用!从德鲁克活生生的经历中,我们不难发现,德鲁克强调"透过组织这种工具,尽量发挥人类创造力"观念的根源。

此外,德鲁克在预测商业和经济的变化趋势方面显示出了惊人的天赋。例如,早在1969年德鲁克就预言将有一种新类型的劳动者出现——知识员工,他们的职业将由自己所学的知识来决定,不再依靠出卖体力来养家糊口。1987年10月,美国股市大崩盘。仅10月19日一天,美国全国损失股票市值5 000亿美元。对此,德鲁克说，他早就预料到了，"不是因为经济上的原因，而是基于审美和道德"。德鲁克将当时的华尔街股票经纪人称为"完全不具有生产力，但又能很轻易地大把捞钱的一群人"。

作为第一个提出"管理学"概念的人，当今世界，很难找到一个比德鲁克更能引领时代的思考者：20 世纪 50 年代初，他指出计算机终将彻底改变商业；1961 年，他提醒美国应关注日本工业的崛起；20 年后，又是他首先警告这个东亚国家可能陷入经济滞胀；20 世纪 90 年代，他率先对"知识经济"进行了阐释。

自 1971 年起，德鲁克著书和授课未曾间断。1971 年，一直任教于克莱蒙特大学的彼德·德鲁克开始管理研究生院。为纪念其在管理领域的杰出贡献，克莱蒙特大学的管理研究院以他的名字命名。1990 年，为提高非营利组织的绩效，由弗朗西斯·赫塞尔本等人发起，以德鲁克的声望，在美国成立了"德鲁克非营利基金会"。该基金会 10 余年来选拔优秀的非营利组织，举办研讨会，出版教材、书籍及刊物多种，对社会造成巨大影响。

德鲁克至今已出版超过 30 本书籍，被翻译成 30 多种文字，传播及 130 多个国家，甚至在苏联、波兰、南斯拉夫、捷克等国也极为畅销。至 2004 年，德鲁克还有新书问世。2002 年 6 月 20 日，美国总统乔治·W·布什宣布彼得·德鲁克成为当年的"总统自由勋章"的获得者，这是美国公民所能获得的最高荣誉。

无论是英特尔公司创始人安迪·格鲁夫，微软董事长比尔·盖茨，还是通用电气公司前 CEO 杰克·韦尔奇，他们在管理思想和管理实践方面都受到了德鲁克的启发和影响。"假如世界上果真有所谓大师中的大师，那个人的名字，必定是彼得·德鲁克。"这是著名财经杂志《经济学人》对彼得·德鲁克的评价。

2005 年 11 月 11 日，德鲁克在美国加州克莱蒙特家中逝世，享年 95 岁。

二、主要代表著作及思想贡献

1946 年，德鲁克将心得写成《公司概念》，"讲述拥有不同技能和知识的人在一个大型组织里怎样分工合作"。该书的重要贡献还在于，首次提出"组织"的概念，并且奠定了组织学的基础。

1954年，德鲁克出版《管理实践》，提出了一个具有划时代意义的概念——目标管理。从此将管理学开创成为一门学科，从而奠定管理大师的地位。

1966年，德鲁克出版《卓有成效的管理者》，告知读者：不是只有管理别人的人才称得上是管理者，在当今知识社会中，知识工作者即为管理者，管理者的工作必须卓有成效。本书成为高级管理者必读的经典之作。

1973年，德鲁克出版巨著《管理：任务，责任，实践》。这是一本给企业经营者的系统化管理手册，为学习管理学的学生提供的系统化教科书，告诉管理人员付诸实践的是管理学而不是经济学，不是计量方法，不是行为科学。该书被誉为"管理学"的"圣经"。

1982年，德鲁克出版《巨变时代的管理》，探讨了有关管理者的一些问题，管理者角色内涵的变化，他们的任务和使命，面临的问题和机遇，以及他们的发展趋势。

1985年，德鲁克出版《创新与企业家精神》，被誉为《管理实践》推出后德鲁克最重要的著作之一，全书强调目前的经济已由"管理的经济"转变为"创新的经济"。

1999年，德鲁克出版《21世纪的管理挑战》，德鲁克将"新经济"的挑战清楚地定义为：提高知识工作的生产力。

三、经验学派的主要观点

经验学派主张通过分析管理者的实际管理经验或案例来研究管理问题。通过分析、比较，研究各种各样的成功的和失败的管理经验，就可以抽象出某些一般性的管理结论或管理原理，以有助于学生或从事实际工作的管理人员来学习和理解管理学理论，使他们更有效地从事管理工作。

经验学派在管理的组织结构设计、领导方法等方面都有较深入的研究。该学派主张从实际出发，研究管理经验，并在一定情况下将经验上升为理论。但在更多情况下，它只是为了将这些经验传授给实际工作者，向他们提出有益的建议。

经验主义学派认为管理学就是研究管理经验，认为通过对管理人员在个别情况下成功的和失败的经验教训的研究，会使人们懂得在将来相应的情况下如何运用有效的方法解决管理问题。因此，这个学派的学者把对管理理论的研究放在对实际管理工作者的管理经验教训的研究上，强调从企业管理的实际经验而不是从一般原理出发来进行研究，强调用比较的方法来研究和概括管理经验。

经验主义学派理论在研究内容上主要涉及以下几方面的管理问题：

（1）管理应侧重于实际应用，而不是纯粹理论的研究。管理学如同医学、法律学和工程学一样，是一种应用学科，而不是纯知识的学科。但管理又不是单纯的常识、领导能力或财务技巧的应用，管理的实际应用是以知识和责任为依据的。

（2）管理者的任务是了解本机构的特殊目的和使命，使工作富有活力并使职工有成就，了解本机构对社会的影响和对社会的责任。

德鲁克认为，作为企业主要管理者的经理，有两项别人无法替代的职责。第一项职责是创造出一个大于其各组成部分的总和的真正的整体，创造出一个富有活力的整体，把投入其中的各项资源转化为较各项资源的总和更多的东西；第二项特殊职责是在其每一项决定和行动中协调当前的和长期的要求。为此，每一个经理都必须制定目标和措施并传达给有关的人员，进行组织工作，进行鼓励和联系工作，对工作和成果进行评价，使员工得到成长和发展。

（3）实行目标管理的管理方法。德鲁克理论给管理学的最大贡献是他提出任务（或目标）决定管理，并据此提出目标管理法。德鲁克认为传统管理学派偏向于以工作为中心，忽视人的一面，而行为科学又偏向于以人为中心，忽视了同工作相结合。目标管理则结合以工作为中心和以人为中心的管理方法，使职工发现工作的兴趣和价值，从工作中满足其自我实现的需要。同时，企业的目标也因职工的自我实现而实现，这样就把工作和人性二者统一起来了。目标管理在当今仍是运用最多的管理方法。

传统管理理论是以管理技巧为中心、以原则为中心或者以职能为中心的,它带来的结果仿佛是先天存在一整套管理职能能够运用到各种组织中。德鲁克首先意识到任务对管理行为的影响,首先有任务才有管理,任务决定管理。他在书中说:工商企业——以及公共服务机构都是社会的器官。它们并不是为着自身的目的,而是为着实现某种特别的社会目的并满足社会、社区或个人的某种特别需要而存在的。它们本身并不是目的,而是手段。对它们提出的正确的问题不应该是"它们是什么",而应该是"它们应该做些什么以及它们的任务是什么"。管理转而又是机构的器官。就管理本身而言,无所谓什么职能而且也无所谓什么存在。管理如果脱离了它所服务的机构就不是管理了。人们所理解并正确地加以谴责的官僚主义就是那种误认为自己是目的,而机构是手段的管理。这是管理当局,特别是那些不受市场考验约束的管理当局容易犯的一种退化性毛病。预防、制止,并在可能的情况下治疗这种毛病,应该是任何一个有效的管理者以及任何一本有效的管理书的首要目标。"管理是什么"这个问题应该是第二位的,我们首先必须通过管理的任务来阐明管理。

四、对经验主义学派的评价

经验主义学派的方法可以说在管理理论中较具特色,但他们还是受到了许多管理学家的批评。

经验主义学派由于强调经验而无法形成有效的原理和原则,无法形成统一完整的管理理论,管理者可以依靠自己的经验,而无经验的初学者则无所适从。而且,过去所依赖的经验未必能运用到将来的管理中。孔茨在他的书中指出:"没有人能否认对过去的管理经验或过去的管理工作'是怎样做的'进行分析的重要性。未来情况与过去完全相同是不可能的。确实,过多地依赖于过去的经验,依赖历史上已经解决的那些问题的原始素材,肯定是危险的。其理由很简单,一种在过去认为是'正确'的方法,可能远不适合于未来情况。"这段话说明,由于组织环境一直处于变化之中,过分地依赖未经提炼的实践经验和历史素材来解决管理问题是无法满足需要的。

第四节 权变理论学派

一、权变理论学派的主要代表人物

权变理论学派同经验主义学派有密切的关系,但又有所不同。经验主义学派的研究重点是各个企业的实际管理经验,是个别事例的具体解决办法,然后才在比较研究的基础上做些概括;而权变理论学派的重点则在通过大量事例的研究和概括,把各种各样的情况归纳为几个基本类型,并给每一类型找出一种模型。所以它强调权变关系是两个或更多可变因数之间的函数关系,权变管理是一种依据环境自变数和管理思想及管理技术因变数之间的函数关系来确定的对当时当地最有效的管理方法。

权变理论认为,在企业管理中要根据企业所处的内外条件随机应变,没有什么一成不变、普遍适用的"最好的"管理理论和方法。该学派是从系统观点来考察问题的,它的理论核心就是通过组织的各子系统内部和各子系统之间的相互联系,以及组织和它所处的环境之间的联系,来确定各种变数的关系类型和结构类型。它强调在管理中要根据组织所处的内外部条件随机应变,针对不同的具体条件寻求不同的最合适的管理模式、方案或方法。其代表人物有卢桑斯、菲德勒、豪斯等人。

(一)卢桑斯

卢桑斯是权变学派的主要代表人物。他是美国尼勒拉斯加大学的教授。他在1973年发表了《权变管理理论:走出丛林的道路》的文章,1976年他又出版了《管理导论:一种权变学说》,系统地介绍了权变管理理论,提出了用权变理论可以统一各种管理理论的观点。卢桑斯的主要观点有:

(1)过去的管理理论可分为四种,即过程学说、计量学说、行为学说和系统学说。这些学说由于没有把管理和环境妥善联系起来，其管理观念和技术在理论与实践的联系上是脱节的，所以都不能使管理有效地进行。而权变理论就是要把环境对管理的作用具体化，并使管理理论与管理实践紧密地结合起来。

（2）权变管理理论考虑到有关环境的变数同相应的管理观念和技术之间的关系，使采用的管理观念和技术能有效地达到目标。

（3）环境变量与管理变量之间的函数关系即是权变关系，这是权变管理的核心内容。环境可以分为外部环境和内部环境。外部环境又可以分为两种：一种是由社会、技术、经济和法律政治等组成的（STELP 分析），另一种是由供应者、顾客、竞争者、雇员和股东等组成的。内部环境基本上是正式组织系统，它的各个变量与外部环境变量之间是相互关联的。

（二）弗雷德·菲德勒

1. 弗雷德·菲德勒的生平简介

弗雷德·菲德勒（F. E. Fidler，1912－），美国当代著名的心理学家和行为学家，出生于 1912 年，在芝加哥大学获得博士学位，毕业后留校任教。1951 年他任伊利诺伊大学心理学教授和群体效能研究实验室主任，从管理心理学和实证环境分析两方面研究领导学，20 世纪 70 年代提出了"权变领导理论"。菲德勒现任美国华盛顿大学心理学与管理学教授，并兼任荷兰阿姆斯特丹大学和比利时卢万大学客座教授。

2. 经典著作及其思想贡献

菲德勒的理论研究成果主要反映在他的 100 多篇论文和 4 部学术著作中。其中 1965 年发表的《让工作适应管理者》最为著名。

在许多研究者仍然争论究竟哪一种领导风格更为有效时，菲德勒在基于大量研究的基础提出了有效领导的权变模型。他认为任何领导形态均可能有效，其有效性完全取决于所处的环境是否适合。在《让工作适合管理者》这一著作中，菲德勒剥离出影响领导形态有效的三个环境因素：领导者与成员的关系、职位权力、任务结构。菲德勒认为，根据这三种因素的情况，领导者与成员关系或好或差，任务结构或高或低，职位权力或强或弱，使得领导者所处的环境从最有利到最不利可划分为八种不同情境或类型，每个领导者都可以从中找到自己的位置。菲德勒认为领导风格是与生俱来的，因此，提高领导者的有效性实际上只有两条途径：替换领导者以适应环境或者改变情境以适合领导者。

菲德勒模型表明，并不存在着一种绝对的最好的领导方式，企业领导者必须具有适应力，自行适应变化的情境。同时，该模型也提示管理层必须根据实际情况选用合适的领导者。这一模型为领导理论的研究开辟了新方向，菲德勒也被称为"权变管理的创始人"。

在企业管理中，权变可以从三个方面的意义来解释：

（1）时间上的含义。在时间上，权变指的是随着时间的推移而导致企业环境条件的变化，从而引起管理方式和手段的变化。

（2）空间的含义。在空间上，权变指企业所处的环境不同，或者管理者所处的环境不同——来到了一个新的企业，或者在原有的职位上进行了提升等导致管理方式和手段发生变化。

（3）对象上的含义。对象指的是管理对象，管理者因下属的多样性和变化性而要相应地在管理方式和手段上进行改变。

该模型还存在着一些欠缺，可能还需要增加一些变量加以改进和弥补。但是，从菲德勒提出的领导理论对组织行为学的影响、新理论与原有模型之间的关系以及新理论把领导者认知能力的引入作为领导有效性的重要影响因素这三个方面来看，菲德勒的理念将不会被人们所忽视。

二、权变理论的主要观点

进入20世纪70年代以来，权变理论在美国兴起，受到广泛的重视。权变理论的兴起有其深刻的历史背景。20世纪70年代的美国，社会不安，经济动荡，政治骚动，石油危机对西方社会产生了深远的影响，企业所处的环境很不确定。但以往的管理理论，如科学管理理论、行为科学理论等，主要侧重于研究加强企业内部组织的管理，而且以往的管理理论大多都在追求普遍适用的、最合理的模式与原则，而这些管理理论在解决企业面临瞬息万变的外部环境时又显得无能为力。正是在这种情况下，人们不再相信管理会有一种最好的行事方式，而是必须随机应变地处理管理问题，于是形成一种管理取决于所处环境状况的理论，即权变理论，"权变"的意思就是权宜应变。

该学派认为，管理实务取决于环境，在管理中要根据内外条件随机应变。其主要观点为：

（1）突破了传统理论把组织看成是静止的、相对封闭的系统的局限，认为环境是不断变化的，不存在一成不变的、普遍适用的、理想的组织管理模式。要把环境对组织的作用具体化，把管理理论与管理实践紧密联系起来。

（2）提出环境变量和管理变量之间存在着函数关系，这种函数关系就是权变关系。这是权变管理理论的核心内容。环境可分为外部环境和内部环境。外部环境又可分为两种：一种由社会、技术、经济、政治和法律等组成；另一种由供应者、顾客、竞争者、雇员和股东等组成。内部环境基本上是正式组织系统，包括组织结构、决策程序、交流与控制以及技术状况等。内部环境的各个变量与外部环境的各个变量之间是相互联系的。管理变量指的就是各种管理观念和技术。组织应根据不同的关系采取适当的管理方法。

（3）为了使问题得到很好的解决，要进行大量的调查研究，然后把组织的情况进行分类，建立模型，据此选择和调整有效的组织方式。建立模型时应考虑如下因素：组织的规模、工艺技术的复杂性、管理者地位的高低、管理者的权力、下级个人之间的差别、环境的不确定性等等。

权变理论学派试图通过"权宜应变"融各学派学说于一体。权变理论学派并不排斥哪一个学派，而是认为每个学派的理论和方法都是可取的，管理过程学派、行为科学学派、管理科学学派、系统管理学派等的理论和方法都是权变关系中的管理变量，对权变理论都能做出贡献。

权变管理理论强调随机应变，主张灵活运用各派学说的观点，为管理学的发展做出了一定的贡献。这个学派在美国等地风行一时。20世纪70年代以来，世界科技、经济、政治发展变化很快，企业、组织也有了很大变化，使得权变理论具有很高的实用价值。

三、对权变理论的评价

（一）权变理论学派同经验主义学派有密切的关系，但又有所不同

经验主义学派的研究重点是各个企业的实际管理经验，是个别事例的具体解决办法，然后才在比较研究的基础上做些概括；而权变理论学派的重点则通过大量事例的研究和概括，把各种各样的情况归纳为几个基本类型，并给每一类型找出一种模型。所以它强调权变关系是两个或更多可变因子之间的函数关系，权变管理是一种依据环境自变量和管理思想及管理技术因变量之间的函数关系来确定的对当时当地最有效的管理方法。

（二）权变理论为人们分析和处理各种管理问题提供了一种十分有用的方法

它要求管理者根据组织的具体条件，以及面临的外部环境，采取相应的组织结构、领导方式和管理方法，灵活地处理各项具体管理业务。这样，就使管理者把精力转移到对现实情况的研究上来，并根据对具体情况的具体分析，提出相应的管理对策，从而有可能使管理活动更加符合实际情况，更加有效。所以，管理理论中的权变的或随机应变的观点无疑是应当肯定的。同时，权变学派首先提出管理的动态性，人们开始意识到管理的职能并不是一成不变的。以往人们对管理行为的认识大多是从静态的角度来认识的，权变学派使人们对管理的动态性有了新的认识。

（三）权变学派存在一个根本性的缺陷，即没有统一的概念和标准

虽然权变学派的管理学者采取案例研究的方法，通过对大量案例的分析，从中概括出若干基本类型，试图为各种类型确认一种理想的管理模式，但却始终提不出统一的概念和标准。权变理论强调变化，却既否定管理的一般原理、原则对管理实践的指导作用，又始终无法提出统一的概念和标准，每个管理学者都根据自己的标准

来确定自己的理想模式,未能形成普遍的管理职能。权变理论使实际从事管理的人员感到缺乏解决管理问题的可行办法,初学者也无所适从。

(四)权变理论试图改变一种局面,变各派理论互相"诋毁"为相互"承认"。

因此有管理学家说权变理论犹如一只装满管理理论的大口袋。在权变理论产生之初,不少管理学者给予它高度的评价,认为它比其他一些管理理论有更光明的前景,是解决企业环境动荡不定的一种好方法,能使管理理论走出理论丛林之路。然而,没过多久,他们就不得不承认,这个期望又一次落空了。

第五节 经理角色学派

一、亨利·明茨伯格的生平与著作

经理角色学派是20世纪70年代才出现的一个管理学派,代表人物是亨利·明茨伯格。该学派之所以被人们叫作经理角色学派,是由于它以对经理所担任角色的分析为中心来考虑经理的职务和工作,以求提高管理效率。该学派所指的"经理"是指一个正式组织或组织单位的主要负责人,拥有正式的权力和职位,而"角色"这一概念是从舞台的术语中借用的,是指具有一定职责或地位的一套有条理的行为。

该学派对经理工作的特点、所担任的角色、工作目标及经理职务类型的划分,影响经理工作的因素以及提高经理工作效率等重点问题进行了考察与研究。他们采用日记的方法对经理的工作活动进行系统的观察和记载,在观察的过程之中及观察结束以后对经理的工作内容进行分类。明茨伯格的研究内容包括对企业里高级和中级经理工作日记的研究,对街头团伙头目、医院行政人员和生产管理人员的持续观察,对美国总统工作记录的分析,对车间主任的活动进行的典型调查,对高级经理的工作结构所进行的调查。通过对搜集的材料进行总结,然后得出规律性的东西。

(一)明茨伯格的生平

亨利·明茨伯格（Henry Mintzberg, 1939－）,加拿大著名管理学家,1939年9月出生于蒙特利尔,曾就读于麦吉尔大学机械工程系,1961年获得麦吉尔大学机械工程学学士学位后,1962年获得乔治威廉姆斯大学文学学士学位,1968年获得美国麻省理工学院斯隆商学院管理学博士学位。同年受聘于麦吉尔大学,讲授管理学导论,并且此后一直在加拿大麦吉尔大学任教,担任克莱格洪讲座教授,同时担任欧洲工商管理学院（INSEAD）、伦敦商学院、卡耐基梅隆大学访问教授。

1988至1989年明茨伯格曾任战略管理协会主席。就在他的领导地位得到肯定之后,他却宣布了战略管理衰落的概念。明茨伯格的身上充满了悖论,他因此获得了"管理领域伟大的离经叛道者"的头衔。

在2000年管理科学年会上,明茨伯格因对管理学的贡献而获"杰出学者"奖。当他跳上台领奖时,掌声响彻了整个大厅。他调皮地说道:"我在2000年而不是1990年得奖是有原因的。"言下之意,那些层出不穷的公司丑闻和管理失败证明了预言者的成功。的确,他的很多理论曾被认为"激进",甚至是"异端邪说",但如今越来越多的企业正意识到其中的价值。此外,他还获得过许多荣誉:1980年,明茨伯格成为加拿大皇家协会的会员,是该协会第一位管理学教授出身的会员;1995年,他的著作《战略规划的兴衰》获得管理学会的乔治·泰瑞奖;1998年,明茨伯格被授予加拿大国家勋章（加拿大最高荣誉）与魁北克勋章;明茨伯格四次在哈佛商业评论上发表文章,其中两次获得了麦肯锡奖的殊荣。

可以说,明茨伯格是当今世界上最杰出的管理思想家。自20世纪70年代以来,先后创立了在管理界影响深远的管理角色学派、战略过程学派和实践管理教育范式,他同时是美国战略管理协会（SMS）的创始人和前任主席,国际实践管理教育联盟（IMPM）创始人和前任主任。

(二)明茨伯格的著述

迄今为止,明茨伯格一共出版了16本书和140多篇文章,其中许多著作和论文都在管理学领域极具影响力:1965年发表论文《商业政策学的未来》;1967年发表论文《战略制定的科学》;1967年出版《工作中的经理》(博士学位论文);1973年出版《经理工作的性质》;1975年发表论文《管理者的工作:传说与事实》;1979年出版《组织的结构》;1981年发表《组织设计:要时尚还是要匹配》;1982年发表《效率的坏名声》;1983年出版《组织内外的权力斗争》《五种组织结构:有效组织的设计》;1987年发表论文《手艺式战略》《战略的五种定义》;1989年出版《明茨伯格论管理:洞悉我们奇特的组织世界》;1991年出版《战略过程》,发表《一些真正的硬数据》;1993年发表《战略规划反陷阱和谬误》《二十五年之后——虚幻的战略》;1994年出版《战略规划的兴衰》;1995年发表《加拿大条款:有关"纯棉"的反思》;1996年发表《管理的冥想》《政府管理》《边界管理》;1998年出版《战略历程》;1999年撰写《沉静管理》,发表《战略进程的反思》;2000年出版《行政管理》;2001年发表《不同思想学派的战略构成》;2004年出版《要经理,不要MBA》,发表《分析:架构与打破架构》。

二、经理角色学派的主要观点

该学派认为,其他一些管理学派未能全面地把理论与实际相结合,不能反映经理工作的真正面貌和实质,因而对提高经理的工作效率帮助有限。他们采取的方法是,一方面采用日记的方法对经理的工作活动进行系统的观察记载,另一方面又在观察的过程之中及观察结束以后对经理的工作内容进行分类。这样,既得到了有关经理工作特点的资料,又得到了有关经理工作内容的描述,从而可以更深入地了解经理工作的实质。

经过调查,他们发现,在各种经理类型的经理职务之间存在着一些区别,也存在着一些基本的共同点,找出这些共同点就可以找到探讨提高经理效率的共同规律性的东西。

(一) 经理工作的 6 个特点

1. 工作量大，步调紧张

经理由于全面负责一个组织或组织中的一个单位（如车间）的工作，并要同外界联系，所以总有大量的工作要做。因而必须毫不松懈，保持紧张的步调，很少有休息的时间。高级经理尤其是这样。经理的工作正如我们调侃的那样："两眼一睁，忙到熄灯。"他们几乎没有一点空闲，不得不面对频繁的干扰，而且脑子里还会同时考虑差别极大的不同事务，连吃饭的时候也会突然想到某件事情而出神。对车间主任的调查表明，他们每天要应对 237~1 073 件事。明茨伯格自己对 CEO 的调查数据是：处理邮件平均每天 36 封，电话平均每天 5 次，会晤平均每天 8 次，从进入办公室到离开没有休息，咖啡和午餐与会晤交叉进行。即使下班后，还不能摆脱工作的思考状态。造成这种状况的关键在于经理不能说"我的职责已经完成"——其他工作都有完成标志，如工程师完成设计，律师的案件宣判，而经理必须全神贯注永远前进。

2. 工作的简短、多样和琐碎

有的调查发现，某个车间主任每天平均得应付 583 件事。他的活动特点是中断性、多样性、不连续性。这与一般工人的工作不同。一般工人的工作重复而不常中断，并从属于传送带稳定而无变化的节奏。

经理往往不愿采取措施改变工作中的这种短暂、多样而琐碎的情况。这是由于，他的工作量太大，而他又意识到自己对组织的价值，因而对自己的时间的机会成本（由于做某件事而不做另一件事所造成的损失）特别敏感。于是就用这种短暂、多样而琐碎的方式来工作。这样，必然造成经理工作中的肤浅性。这是必须努力加以克服的。

3. 把现实的活动放在优先的地位

经理趋向于把注意力和精力放在现场的、具体的、非常规的活动中。他对现实的、涉及具体问题和当前大家关心的问题作出积极的反应，而对例行报表及定期报告则不那么关心。他们强烈地希望获得最新信息。因此，他们经常通过闲谈、传闻、推测等来收集非正式的、及时的信息。从总经理们对时间的安排也可以看出这点。有项调查表明，在总经理的14次口头联系中，只有一次是事先计划的，其余13次都是有关现实问题的非常规活动。

4. 爱用口头交谈方式

经理使用的工作联系方式主要有5种：邮件（书面通讯）、电话、未经安排的会晤（非正式的面谈）和经过安排的会晤（正式的面谈），以及视察（直观的）。这几种联系方式有很大的差别。书面通讯要使用一套正式的语言，并要过很长时间才能得到答复。口头交谈（包括电话交谈）则除了话语中所包含的信息以外，还能通过音调的变化和反应的快慢来传递信息。当面交谈则还可借助于表情传递信息。调查材料表明，经理们都爱用口头交谈方式。他们用在口头交谈上的时间占很大比重。车间主任与人面谈的时间约占57%，一家制造公司的中层经理花在口头交谈上的时间约占89%。本书作者对总经理的调查表明，其口头交谈的时间占了8%，按活动次数计算则为67%。

5. 重视同外部和下属的信息联系

经理同三个方面维持信息联系。这三个方面是：①上级（总经理的上级是董事会）；②外界（指经理所管理单位以外的人们）；③下属。经理实际上处于其下属和其他人之间，用各种方式把他们联系起来。调查材料表明，经理与下属进行联系所花费的时间占相当大的比重，通常占他们全部口头联系时间的1/3到1/2，而他们与上级联系的时间一般只占1/10。他们与外界联系的时间通常比同下属联系所占的时间还要多，约占全部联系时间的1/3到1/2。

6. 权力和责任相结合

经理的责任很重大，经常有紧急事务要处理，似乎很难控制环境和他自己的时间，但他也有很大的权力。他可以采取一些措施，在解决问题的过程中想出一些新的主意，把问题变成机会，为企业的发展服务。经理具有两个重要的自主权，一是他可以作出许多初步决定，二是他可以通过控制或信息联系贯彻自己的意志。如果说经理是傀儡，那么，好的经理能够决定谁是幕后牵线人以及怎样牵线。

（二）经理所承担的角色

经理的十种角色可分为三类：组织的正式权威和地位，产生了经理人的人际关系角色；人际关系角色又会使经理成为信息中枢，同外部的交往带来外界信息，内部信息在他那里集中，产生了经理人的信息角色；掌握信息的独特地位和组织赋予的权力地位，使经理在决策尤其是战略中处于中心位置，产生了经理人的决策角色。三类十种角色都是可观察到的，构成一个整体，每种角色都不孤立存在。"人们不能随意地取消一种角色而希望其余的角色完整无损。例如，一个不担任联络者角色的经理就得不到外部信息，因而就不能传播良好的信息或作出有效的战略决策。"

1. 作为挂名首脑的经理

由于组织的正式权威，经理必须履行一些形式上的职责，如礼仪活动、例行公事、签署文件、参加鼓舞人心的仪式等。所有这种角色，都不涉及重要信息和重大决策，却是组织中不可少的，因为这种角色往往代表着组织的合法性、社会地位、外界影响等等。

2. 作为领导者的经理

领导者角色是管理文献中谈得最多的，其内涵是引导和激励，决定着组织的工作气氛。领导者角色首先是人事工作，包括雇佣、训练、评价、报酬、提升、解雇等等；其次是诱导和激励；再次是对下属的探究和干预。领导者角色的本质，是把个人需要和组织目标结合起来，最能体现经理的权力。

3. 作为联络者的经理

联络者角色不包括组织的垂直联系，而是指组织的横向联系，具体内容就是建立经理与组织之外的个人和团体维持关系的网络。经理在接受外部信息方面处于独一无二的地位，并由此而确定组织的信息来源和社会地位。

4. 作为监听者的经理

所谓监听者，就是信息的接收加工者。经理人员所能接收的信息，包括内部业务、外部事件、分析报告、各种意见和倾向、压力五大类。从信息来源渠道看，主要信息不是来自书面，而是来自于口头；从重要性上看，正式渠道的信息，远远比不上非正式渠道的信息。能帮助经理的,不是摘要,不是调查,而是具体零碎的信息片段。经理在很大程度上是靠玩信息拼图游戏来掌握相关事件底蕴的。

5. 作为传播者的经理

经理所处的位置,使他能够把外部信息传递给组织内部,把内部信息由一个部下传播给另一个部下。这种信息既包括关于事实的信息,也包括关于价值的信息。组织中的授权,同信息传播直接关联。

6. 作为发言人的经理

传播者角色是面对组织内部,发言人角色是面对组织外部。经理必须把信息传递给两个集团,一是对组织有重要影响的人群(如董事会或中层经理的上级),二是组织外部的公众(如顾客、同行、政府、媒体等等)。作为发言人,经理必须是专家,如医院院长的医疗见解,企业经理的产品知识等等。

7. 作为企业家的经理

企业家角色要求经理成为他的组织中大多数可控变化的发起者和设计者。这一角色的本质是利用一切机会,解决各种非急迫的问题。企业家开始于对组织的视察,发现问题并寻找机会,进行决策设计,采用改进性方案。

8. 作为故障排除者的经理

故障排除者同企业家恰恰相反,他要处理的是非自愿或非预期的变化。企业家是努力去实现自己的愿望,而故障排除者是努力去克服自己不愿看到的事情。一般情况下,故障很少在例行的、正规的信息中反映出来,往往突如其来。经理对于排除故障,也往往优于其他活动。在处理故障上,经理更多的不是深思熟虑,而是快刀斩乱麻。排除故障往往会形成相关先例,进而对战略产生影响。

9. 作为资源分配者的经理

组织资源包括人、财、物、时间、信誉等等。经理的主要做法包括安排时间、安排工作、批准组织中其他人作出的决定。时间的安排决定着组织事务的优先顺序,工作的安排决定着组织的运作。批准他人的决定能够消除各个决定之间的明显冲突,使决策互相联系、互相补充，促成决策的连贯性和战略的一致性。

10. 作为谈判者的经理

谈判者要处理的是组织与个人、这个组织与其他组织之间的冲突。谈判离不开经理，因为经理的挂名首脑角色能够增加谈判的可信性，发言人角色能够表达出组织的信息和价值系统，尤其是资源分配者角色可以当场调整资源配置。谈判的实质是现场资源交易。

三、简评

汤姆·彼得斯称赞亨利·明茨伯格为"世界上为数不多的管理思想家"。他没有追随大师们所走的道路，而是独辟蹊径地选择了一条非常智慧的途径稳步前进。加拿大西安大略大学的管理学教授怀特（Rod White）对他这样评价："亨利总是准备直接进入虎穴。尽管有挫折，但通常失败的是那些猛兽。"整体上讲，人们将明茨伯格称为"经理角色理论巨匠"。

经理角色学派理论来源于对传统管理职能的认识。明茨伯格认为传统的管理职能和人们所认识的管理工作大不一样，传统的管理职能研究不能全面地理论结合实际，没有对经理的工作进行深入的研究，缺乏有效的证据，不能反映出经理工作的真正面貌和实质。

但是，经理角色学派对管理职能的归纳仍然是有问题的。

首先，经理角色学派得出的管理十种角色是靠归纳得出的，对管理者的调查由于数量较少而受到怀疑。

其次，明茨伯格所得出的管理行为是否包含了所有的管理行为很值得怀疑。孔茨对此做了如下评说："明兹伯格所归纳的那些作用是不完整的。在他那里，人们找不到重要的管理活动如建立组织、选拔和奖励管理者，以及决定主要的策略等。删去了这些内容会使人怀疑在他的实例中的管理者是否是真正有效的经理。"

第六章 全面质量管理理论的发展

组织对于社会的贡献往往是通过产品或服务的形式体现出来的,因此,对产品和服务的管理是管理者的重要工作内容。在初级的组织中,人们对生产活动结果的关注主要集中在数量方面。随着生产的发展,资源利用效率不断提高,产品和服务供给的数量越来越充足,组织竞争开始转向如何加强质量方面的管理。

由数量竞争到质量竞争的演变是生产管理的一般趋势。最初的管理者努力追求资源开发和利用的效率,节约更多成本,谋求更多产出。不过管理在数量方面的改进空间非常有限,产品和服务的供给在数量方面不断增加直至趋于市场饱和,人们开始从众多产品中挑选质量更具优势的产品,由此,管理者开始在产品质量方面寻求竞争优势。质量管理源远流长,但质量管理作为一门独立的学科却是从 20 世纪中叶开始的。综观质量管理理论的发展史,可以划分为传统质量管理、统计质量管理、全面质量管理三个阶段。

第一节 生产质量管理的实践与理论的演变

一、传统质量管理阶段

20 世纪初,人们对质量管理的理解只限于质量的检验。质量检验所使用的手段是各种的检测设备和仪表,方式是严格把关,进行百分之百的检验。以泰勒为代表的"古典管理理论"主强在管理人员和工人之间进行合理的科学分工,并将计划职能与执行职能分开,中间再加一个检验环节,以便监督、检查对计划、设计、产品标准等项目的贯彻执行。这是历史上第一次把质量检验职能从生产操作中分离出来,把检验人员从工人中分离出来。为了保证产品质量,质量检验成为一道专门工序,并有专门机构负责此项工作。起初,人们非常强调工长在保证质量方面的作用,将质量管理的责任由操作者转移到工长,故被人称为"工长的质量管理"。后来,这一职能又由工长转移到专职检验人员,由专职检验部门实施质量检验,称为"检验员的质量管理"。这种变化本身既说明了当时管理学不断追求专业分工细化的趋势,也反映了质量因素对管理活动越来越重要。

这一阶段的基本特点就是事后检验。这种方法虽然对出厂产品的质量有了保证,却不能预防和控制产品质量。如果对每一件产品都进行质量检验,以保证其品质的话,那么100%的全数检验无疑增加了生产成本。在生产规模进一步扩大,大批量生产的情况下,在经济核算上也不尽合理,尤其是对需要进行破坏性检验和由于某些产品的质量特性不可能被全数检验的情况下,更难以保证产品质量。在这样的背景下,人们开始思考改进质量管理的方法。1924年,美国的休哈特提出了控制和预防缺陷的概念,使质量管理推进到新阶段。在流程设计方面,将质量管理由"事后管理"转变成为"事中管理"。

二、统计质量控制阶段

统计质量控制的基本特征是数理统计方法与质量管理的结合。针对"检验员的质量管理"事后补救式的质量控制,沃特·阿曼德·休哈特(Walter A. Shewhart)认为质量管理不仅要搞事后检验,而且在发现有废品生产的先兆时就应进行分析改进,从而预防废品的产生。而发现这种"先兆"的工具就是借助于数理统计原理获得概率与趋势,从而帮助管理进行事先的预防。

第一次世界大战后期,为了在短时期内解决美国300万参战士兵服装的军需供应问题,休哈特运用正态分布原理,进行了成功的实践。后来他又将数理统计的原理运用到质量管理中来,并发明了控制图。控制图的出现,是质量管理从单纯事后检验转入检验加预防的标志，也是形成一门独立学科的开始。

但由于资本主义工业生产受到了20世纪20年代开始的经济危机的严重影响，先进的质量管理思想和方法没有能够广泛推广。最开始，休哈特等人的创见，除了他们所在的贝尔系统以外，只有少数美国企业开始采用。战争给休哈特的主张带来了意想不到的发展契机，因为战争刺激了科学技术的发展和军工生产的大幅度增加，军工产品数量猛增，同时，又来不及也不可能实施全数检验，所以从美国国防部开始，强制推行抽样检验。战后，许多军工企业转入民品生产，由于已经尝到了统计质量控制的甜头，在民用生产中继续采用。这样，数理统计和其他数学方法所取得的成果便逐渐地运用到质量管理中来。

但是，统计质量管理也存在着缺陷，它过分强调质量控制的统计方法，使人们误认为"质量管理就是统计方法"，"质量管理是统计专家的事"，使多数人感到高不可攀、望而生畏。同时，它对质量的控制和管理只局限于制造和检验部门，忽视了其他部门的工作对质量的影响，也抵消了其他部门员工对不懈追求质量的积极性。

三、全面质量管理阶段

进入20世纪60年代，以火箭、卫星、飞船、电子计算机为代表的现代科学技术日新月异，大大改变了社会供求结构和消费需求。在相对和平建设时期，人们更重视质量，以降低成本、保证质量、缩短周期、提高效益为目标，开始进入全面质量管理阶段。

"全面质量管理"的概念是美国通用电气公司的工程师阿曼德·费根堡姆（Armand V. Feigenbaum）于1956年提出的。费根堡姆给全面质量管理所下的定义是："为了能够在最经济的水平上，并考虑到充分满足顾客要求的条件下进行市场研究、设计、制造和售后服务，把企业内各部门的研制质量、维持质量和提高质量的活动构成为一体的一种有效的体系。"全面质量管理过程的全面性，决定了全面质量管理的内容应当包括设计过程、制造过程、辅助过程、使用过程四个过程的质量。

在他之后,戴明的全面质量管理理论及朱兰的质量管理理念支撑了全面质量管理,使之日渐丰富和完善,成为一个完整的理论体系。但是这种理论最初在美国并没有引起重视,直到日本的全面质量管理取得世界瞩目的成就后,美国企业才领悟到质量管理的重要性。20世纪80年代,美国开始注意产品质量,而这阶段主要靠模仿日本的做法,但收效不大,于是它们决心走自己的路,主要从三个互相联系的方面着手:一是树立有关全面质量管理的哲学和观点;二是制定和实施全面质量管理战略;三是应用一些具体的全面质量管理措施,如授权、绩效基准评估等。这一期间,美国的全面质量管理得到快速成长,在实践领域,韦尔奇及他的"6σ理论"展示了耀眼的光芒。

第二节 戴明的全面质量管理思想

一、戴明其人

戴明(W. Edwards. Deming,1900—1993)是20世纪企业管理领域最具影响力的人物之一。他是一位公认的杰出质量管理专家、统计学家、管理顾问。作为质量管理领域的泰斗,人们将其誉为"质量管理之父"。

戴明出生在美国艾瓦奥州苏城,1907年举家迁往怀俄明州,在最初迁移期间全家处于非常艰难的处境,但其父母受过良好的教育,他们重视孩子的学习,竭力鼓励孩子上学读书,为戴明日后的发展打下了良好的基础。1917年,戴明进入怀俄明大学,四年后获得"电气工程"学士学位。1921年在科罗拉多大学攻读硕士学位,于1924年获得硕士学位。之后,戴明再接再厉,一鼓作气于1928年在耶鲁大学获得博士学位。

戴明的研究领域很广,1925年至1926年,戴明在西方电气公司位于芝加哥的Hawthorne工作后,开始了他在政府部门的职业生涯。他在位于华盛顿的美国农业部固氮研究实验室一直工作到1939年，同期发表了关于物理学方面的论文38篇，同时显示出涉及统计学的倾向，并在其后的工作研究中逐渐形成了自己的统计风格。1939年，戴明邀请哈休特前来美国农业部的研究生院举行讲座，对演讲稿的配合表明戴明正式进入质量科学理论领域。此后在1940年的人口调查的实际应用和1942年战时生产的实际应用中使他的质量科学理论得到了长足发展。

由于戴明出色的工作业绩，1946年，美国战事部的经济、科学处派他前往日本，帮助解决日本在战后的农业问题。1951年，戴明来日本上课，讲授他的新的管理哲学。很快，戴明的变革席卷了整个日本。自此以后，企业的能耗降低了，质量提高了，经济实力更是戏剧般提升。日本为了对戴明表示感激，在1951年设立了戴明奖，如今戴明奖已经成为日本全国性的大奖。1956年，戴明荣获裕仁天皇为其颁发的"二等神圣宝藏勋章"，这是日本有史以来第一位获得此殊荣的美国人。戴明成功地影响了战后新一代的青年商业领袖。戴明觉得，必须有一套可以和统计方法相适应的管理哲学，他通过不断地总结和修订，提出了著名的"戴明十四点"管理思想和七大致命绝症及障碍。到如今，人们一提到戴明，就会一下子想到他的十四点。其后他又于1952、1955、1960、1965年前往日本讲学，对日本经济的发展起到了巨大的推动作用。

戴明毕生从事质量管理专业咨询、授课和写作。1946年离开美国人口调查局后，在家中从事咨询工作，为各种各样的委托人服务，包括医院、制造商、政府、研究组织等。1970年戴明获得美国质量协会授予的"荣誉会员"称号，其一生共获得15所大学的荣誉博士学位。1987年，里根总统授予戴明国家技术奖章。1993年去世后，人们为了纪念他，成立了戴明学会和哥伦比亚戴明中心。

戴明一生著述很多，很多被管理学界评为经典著作，以下是戴明的一些主要论文和著作：

1928年在《物理评论》上发表《数学论文》，1927年至1939年在美国农业部固氮研究实验室期间发表38篇论文，1938年整理哈休特的讲稿出版了《质量控制理念的统计方法》，1950年出版《论质量统计控制》《抽样理论》，1982 年出版《质量、生产力和竞争地位》，1982 年出版《转危为安》，1993 年出版《戴明的新经济观》。

二、全面质量管理十四要点

戴明在 1982 年出版的《转危为安》（*Out of the Crisis*）一书是他最成熟的管理著作。书中的"十四要点"常在质量管理教科书中讲授，但"十四要点"在本书中却是一般的管理原则。戴明强调，"十四要点"并不只限于西方工业发展及企业经营，而且可以广泛应用于教育、政府工作、服务业、医院及交通服务各个领域。戴明强调通过降低在设计和生产方面的不确定性来提高产品的质量。质量提高了，返工、耽搁、失误等就会减少，可以更好地利用原料和时间。这样，生产率就提高了，企业就可以用更好的质量和更低的价格来占领市场，企业就可以持续下去。他还强调组织应该进行剧烈的改进，来改进质量，不要被以前的文化所限制。戴明"十四要点"通俗简洁，是 20 世纪全面质量管理（TQM）的重要理论基础。

（一）持续改进产品和服务

最高管理层不能仅仅看到短期目标，眼光要转回到长远建设的方向上去，也就是把改进产品和服务作为恒久的目的，不断向这个目标努力。

要努力保持竞争性，作长期经营打算，提供就业机会。最高管理层必须从具体的目标中转移注意力到长远的目标制定。必须明确顾客只购买更好的产品和服务。因此，如果公司要长久生存，就必须懂得公司在经营中不仅要利润，更要美化人们的生活。

"我们很容易埋首于解决今日错综复杂的问题中，面对这些挑战，让自己的效率越来越高"，戴明博士说。但是他强调，如果没有长期的发展战略，公司不可能成为这个行业的常胜者。企业必须克服短期行为，以长远利益为重，这需要在所有领域加以改革和创新。他奉劝那些认真考虑未来的公司，一定要制订出一套长久的计划和实施方案，以使自己在业内站稳脚跟。

(二) 采用新的哲学思想

现代社会是一个急剧变化的社会，人们的思想和观念都在发生变化，这势必影响到消费习惯。而消费习惯和生产者的观念往往是相互作用的。

生产者的观念对产品和服务的质量有很大的影响。有什么样的观念，就有什么样的产品和服务。因此，一定要有新的质量观念，时刻对外界的变化作出积极的反应，不能容忍粗劣的原料，有瑕疵的产品和松散的服务，要积极地倾听和了解客户的不满。客户们不会抱怨，只会流失。如果企业能做好这一点，一定会带来很大的经济效益。这对企业来说是生死存亡的关键因素。

(三) 停止依靠大规模检验去保证质量的方法

靠检验去提高质量，成本高而效率低。检验是一个非常有限的工具，质量不是来自检验，质量不能仅依赖于产品的检验。检验不能创造价值，只能将次品挑出来，这是一种事后弥补的办法，浪费已经发生，不能有什么挽回。

那么，为什么不一开始就制造出高品质的产品来代替大量的检验呢？戴明博士指出："质量不是来源于检验，而是来源于改进生产过程。"要采用事前预防的方法，从一开始就将质量融入产品中，以降低次品的发生率。当然，这也不是说就要消除检验。进行一定程度的检验是必要的，他会让我们了解到目前的工作的进展程度，可以及时发现生产中出现的问题，取得控制图表上所需要的数据。但是不能将产品的质量依赖于检验，产品的质量是生产出来的，不是检验出来的。

(四) 废除只以价格为衡量采购标准的习惯

没有质量的低价格是没有意义的，低质量会导致产品品质下降，所以整体成本开支上升是不可避免的结果。采购部门必须采用统计工具来判断供应商及其产品质量。价格本身并无意义，只有相对于质量才有意义。如果质量非常低劣，价格即使便宜点也是不划算的，明智的做法是要立足于总成本的最低。

低价会导致供应商粗制滥造，买主也会因为质量太差而经常更换供应商，这会增加生产中的不确定性，寻找新供应商的费用加上以后的修理费用，总的成本还是很高的。因此，只有管理当局重新界定原则，采购工作才会改变。公司一定要与供应商建立长远的互动关系并减少供应商的数目，双向合作，使双方的供产相接，这对企业和供应商来讲都是有好处的。

（五）坚持不懈地改善计划、生产和服务的每一个环节

改进质量和生产能力，可持续减少成本开支。在这个过程中，统计过程控制学是系统管理和改进的钥匙，而控制图则是可以利用的强大的系统管理和改进工具。

戴明认为，灭火不等于改进，当发现某些地方失控，采取一定的方法将误差消除，这并不是改进，只不过是将秤砣回到原来的状态。

改进不是一劳永逸的事情，要持续不断地进行，否则就会落后，就会在竞争中被淘汰。在企业生产和服务的每一个过程，公司中的每一个部门、每一个成员、每一项活动，都必须降低浪费和提高质量，必须不断地改进，在原有的基础上取得进一步的提高。一个企业应该时刻思考自己是否比前两年有进步了，顾客是否满意，销售的方法是否有成效等。只有这样，才能不断地改进公司的状况。

（六）建立现代的岗位培训方法

我们经常听说，很多员工都是从其他同事身上学习或者是从工作手册上研究工作技能的，这是不对的。

工作人员的技能直接影响着产品的质量，如技能不好，产品的质量就得不到很好的保障。因此，作为管理者，要对员工进行岗位培训。培训必须是有计划的，且必须是建立在可接受的工作标准之上的，必须使用统计方法来衡量培训工作是否奏效。戴明认为，只要成效的表现尚未进入统计控制的范围内，就有进步的空间，就应该继续培训。

（七）改善领导方式是管理阶层的工作

经理的工作不是监督，而是用领导力来领导。管理的目标是帮助人、机器和设备做更好的工作。领导的角色不是教练，而更应该看作是协助者。工人工作做得不好时，很多领导都抱怨说员工的素质低，其实很多时候应该从领导自身上找原因。

很多领导不但不能帮助下属把事情做好,反而还阻碍他们做事。这样不但提高不了质量,还会把事情弄得更糟糕。戴明认为,员工做不好工作,大多都是由于领导安排不好,管理不好的原因。领导人的职责就是帮助员工做好工作,他要为员工未来的成败负责。领导者要把下属的成功看作是自己的成功,积极为下属的工作创造良好的条件。当员工没有做好事情时,不是他们才识不够,而是被放错了位置。

(八)排除恐惧

恐惧所造成的损失是很惊人的。许多员工害怕拿主意或者提问,即使在他们不清楚自己的职责或不明白对错的时候。他们害怕的原因,一方面是因为公司的利益,另一方面是因为自己的前途。员工们不应该害怕设备受损,请求进一步的指示,或者是提醒上司注意各种干扰质量的问题。所有同事必须有胆量去发问,提出问题,或表达意见。当管理层不断改进自己的工作,建立解决问题的机制时,员工对管理层建立了信心,这个问题就解决了。

团队精神可以帮助员工适度排除恐惧,使每一个员工都可以为公司有效地工作。恐惧感越强,员工的工作效果就越差,极度的恐惧感会对公司或国家造成灾难性的后果。

这一点的宗旨是使得每一位员工都能够在有安全感的环境中更有效率地工作。

(九)打破部门之间的障碍

部门间要用合作代替竞争,推倒围墙。研究、设计、销售、生产部门的人员必须像一个团队一样去工作,去预测生产问题,尽早发现解决问题,共同提高产品和服务质量。

不论是研发、销售、生产,各个部门都应该通力合作,共同思考产品在使用中可能发生的问题,并防患于未然。当各个部门都很好时,并不代表整体最优。设计人员常常设计出令工程人员头疼的产品,而工程人员往往被生产线上视为不受欢迎的人。销售部为了提高销售量,不断的签订订单,而这些订单,生产部未必能够很好地生产。很多人都在自己的部门表现得很好,但如果部门目标不合,就会有损整个公司的利益。整体的最优需要各个部门的合作,每一部门都不应只顾独善其身，而需要发挥团队精神，以解决在生产和服务中遇到的问题，跨部门的质量圈活动有助于改善设计、服务、质量及成本。

（十）取消对员工的标语训词和告诫

有的公司口号很有想象力，如"零缺陷""第一次就把工作做对"等，这些口号听起来很好，但是并不一定就能达到。过度的标语告诫会让员工产生压力、挫折感、怨气、恐惧、不信任和谎言，这种运动最终会成为一个恶作剧式的玩笑。

这是因为有些质量问题并不是员工造成的，而是原材料不好、生产设备不合适等原因无法让他们做好。因此不切实际的口号必须废除；反过来，为了提高产品质量，应该为员工提供有效实现目标的方法和手段。

（十一）取消定额管理和目标管理，用领导力来代替

定额把焦点放在数量上，而非质量上，人们为了完成定额指标，可能会不顾质量地进行粗制滥造，这样，定额的目标虽然实现了，但对公司确实没有一点好处。销售定额对于一个充满朝气的集体而言，是有违主动、创新的人性的，因此管理中应注意改变对待人的方式态度，用信任代替控制。同时公司规章制度要针对95%可信任的员工。

按件计酬的工作就很不好，因为定额不可能从根本上改进工作。在有些公司，员工因为生产的产品有瑕疵常会被扣钱。但是这怎能完全责怪员工呢？企业的规章制度也是造成这种现象的一个很大的原因。理想的工作标准应该是什么样的质量可以被接受，什么样的质量不可以被接受。取消定额后员工可以自愿地积极地工作，管理者的能力也要不断地提高，这样才更有利于组织的发展。

（十二）消除打击员工工作情绪的考评

实践表明，原有的目标绩效奖励使员工丧失内在工作动力，管理人员的责任必须从单纯的数字目标转化到质量。这意味着要废除年度个人目标或排名绩效考核和目标管理。

大多数人都希望把工作做好，都为做好工作感到光荣，管理者不应该剥夺他们的这种权力。有的员工抱怨，工作标准经常改变让

他们无法适从,生产工具不方便而没有人对他们理会。在工作中,很多管理人员从来不给基层的员工任何权限,不依据他们的建议行事,这是不对的。这些有碍于员工顺畅工作的障碍都应该消除。管理者要充分地尊重员工的意见,提高他们的积极性。任何导致员工失去工作积极性的因素都必须消除。

(十三)鼓励学习和自我提高

建立严谨的教育及培训计划。把人才招聘到企业里来是第一步,这些人才还要不断地吸收新的知识和技术,不断地进行自我改善。随着社会的发展,质量和生产力的改善,会导致部分工作岗位数目的改变,工作所需要的人数会减少,例如,检验员可能会减少。因此,所有员工都要不断接受再培训以获得新的知识和技能,将来可以承担新的工作。

管理者要让员工明白,没有人会因为生产力的提高而失去工作。一切训练都应包括基本统计技巧的运用。这个同第六点的区别在于,这一点是对员工的综合知识和素质的培训。这样员工的工作才会更加安心。

(十四)采取行动实现转变

让公司的每一个人在工作中去实现转变,转变是每一个人的工作。实现转变不是一件容易的事,最高管理层在实现转变中扮演着决定性的作用,因为他们比任何人更有影响,他们的决定影响每一个人。而最大的阻力往往来自中层管理人员。

动起来,不断地改进公司的所有成员,无论是总经理还是普通员工,都应该参与到质量改进中。管理阶层应该形成一个团队,不断地推进前面的十三点的实施。

三、戴明环

又称"PDCA 循环",它是全面质量管理所应遵循的科学程序。全面质量管理活动的全部过程,就是质量计划的制订和组织实现的过程,这个过程就是按照"PDCA"循环,不停顿地周而复始地运转的。

P是计划，指规划以改善为目标的变革或者实验。

D是执行，指执行计划里面的变革或者实验。

C是检测，检测执行过程中的状况，看有没有出现偏差。

A是行动，采取变革、放弃或者是新一轮的循环。

这是一个不断循环，没有终止的环，上一个循环结束后，下一个循环又开始了。在企业内部的每一个部门内，又要进行这样的循环，整个企业是一个大环，各个不同的部门是小环，就这样大环套着小环，不停地旋转，旋转一次就有些改进，螺旋地上升。戴明十四点的内容，概括起来有以下几个方面：方向、系统和文化。即首先给企业一个明确的前进方向，然后再建立一个系统，用系统驱动行为，最后是建立相应的文化，以这个文化来保证系统更好地运作。

"PDCA循环"就是按照这样的顺序进行质量管理，并且循环不止地进行下去的科学程序。

全面质量管理活动的运转，离不开管理循环的转动，这就是说，改进与解决质量问题，赶超先进水平的各项工作，都要运用PDCA循环的科学程序。不论提高产品质量，还是减少不合格品，都要先提出目标，即质量提高到什么程度，不合格品率降低多少，都要有个计划。这个计划不仅包括目标，而且也包括实现这个目标需要采取的措施；计划制订之后，就要按照计划进行检查，看是否实现了预期效果，有没有达到预期的目标；通过检查找出问题和原因；最后就要进行处理，将经验和教训制定成标准、形成制度。

这一知识系统由内在相关的四部分构成：对系统的认识、有关变差的知识、知识理论、心理学。戴明的管理哲学讲究对人的正面引导和激励。调动一线员工的积极性和责任感，就可以在生产和服务过程中减少差错和浪费。也正是基于这样的理念，戴明才反对以恐吓和追究过失为手段的绩效考核。

第三节 朱兰的全面质量管理思想

一、朱兰其人

朱兰1904年12月24日生于罗马尼亚布莱勒,是罗马尼亚籍的犹太人,8岁的时候,为了躲避侵害,随家人迁到了美国的明尼阿波利斯。家庭的窘境让他不得不同时从事多份工作,在明尼阿波利斯所呆的12年时间里,朱兰共从事了16份不同的工作。朱兰相信正是这段时间磨炼了他的意志。

朱兰是世界著名的质量管理专家,他所倡导的质量管理理念和方法始终影响着世界以及世界质量管理的发展。在他的职业生涯中,他做过工程师、企业主管、政府官员、大学教授、劳工调解人、公司董事、管理顾问等。朱兰对于战后日本的经济复兴和质量革命起了重要作用,并受到高度的评价。他获得的荣誉包括12个国家的专业协会或名誉团体所授予的30余枚勋章、会员资格或名誉会员资格等。作为管理咨询师,他的大部分时间用于演讲、研究、写作和质量管理咨询。

朱兰著作颇丰,其中《朱兰质量手册》被公认为当代质量管理领域最为权威的著作,为奠定全面质量的理论基础和基本方法做出了卓越的贡献。他还成立了"朱兰研究院"和"朱兰基金会",帮助创立了"美国玛尔科姆鲍德里奇国家质量奖"。朱兰博士所倡导的质量管理理念和方法始终影响着世界以及世界质量管理的发展。他的"质量计划、质量控制和质量改进"被称为"朱兰三部曲"。他最早把帕累托原理引入质量管理。《管理突破》(*Management Breakthrough*)及《质量计划》(*Quality Planning*)二书是他的经典之作。

朱兰的质量管理理念和方法为推进质量管理的思想进步做出了卓越的贡献,并为全面质量管理(TQM)奠定了理论基础。

二、朱兰的主要理论

朱兰认为，现代科学技术、环境与质量密切相关。他说："社会工业化引起了一系列环境问题的出现，影响着人们的生活质量。"随着全球社会经济和科学技术的高速发展，质量的概念必然拓展到全社会的各个领域，包括人们赖以生存的环境质量、卫生保健质量以及人们在社会生活中的精神需求和满意程度等。朱兰的生活质量观反映了人类经济活动的共同要求：经济发展的最终目的，是为了不断地满足人们日益增长的物质文化生活的需要。

（一）质量三元论

朱兰认为通过管理过程可以"使质量得以实现"，并提出在质量管理活动中应用"朱兰三部曲"，即质量计划、质量控制、质量改进这三个过程。这是一套简单但需要下苦功的质量管理方案，不过许多公司的实践已证明它非常有效。

1. 质量计划

为建立有能力满足质量标准化的工作程序，质量计划是必要的。质量管理的实施首先是质量计划阶段，确定质量的目标，辨识顾客及其需要，开发应对顾客需要的产品特征及能够生产这种产品特征的过程，将计划转入实施阶段。

2. 质量控制

为了掌握何时采取必要措施纠正质量问题，就必须实施质量控制，将工作情况与目标进行对比和评估，找出两者之间的差距。

3. 质量改进

质量改进有助于发现更好的管理工作方式。对于每个差距，要找出一套能弥合差距的质量改进方法，并付诸实施。

（二）朱兰的突破历程理论

朱兰所提出的突破历程，综合了他的基本学说。从20世纪50年代开始，被日本人称作老师的朱兰，受日本科学家和工程师协会之邀，到日本开展了一系列的讲座和咨询项目，传授质量管理的基本原则和理论，带动了日本的质量革命。在1964年出版的《管理突破》一书中，朱兰对其在日本的工作进行总结，提出了"突破历程"理论，以下是此历程的七个环节。

1. 突破的取得

管理层必须证明突破的紧迫性，然后创造环境使这个突破能实现。要去证明这种迫切性，必须搜集资料说明问题的严重性，而最具说服力的资料莫如质量成本。为了获得充足的资源去推行改革，必须把预期的效果用货币形式表达出来，以投资回报率的方式来展示。

2. 突出关键的少数项目

在纷纭众多的问题中，找出关键性的少数。利用帕累托法分析，突出关键的少数，再集中力量优先处理。

3. 寻求知识上的突破

成立两个不同的组织去领导和推动变革，一个可称之为"指导委员会"，诊断小组的另一个可称为"诊断小组"。指导委员会由来自不同部门的高层管理人员组成，负责制定变革计划、指出问题原因所在、授权作试点改革、协助克服抗拒的阻力，以及贯彻执行解决方法。诊断小组则由质量管理专业人士及部门经理组成，负责寻根问底、分析问题。

4. 进行分析

诊断小组研究问题的表征，提出假设，以及通过试验来找出真正原因。诊断小组的另一个重要任务是判断不良产品的出现是操作人员的责任还是管理人员的责任。如果说是操作人员的责任，必须是同时满足以下三项条件：操作人员清楚知道他们要做的是什么，有足够的资料数据明了他们所做的效果，以及有能力改变他们的工作表现。

5. 决定如何克服变革的阻力

变革中的关键任务是必须使组织成员明了变革的重要性。单靠逻辑性的论据是绝对不够的，必须让他们参与决策及制定变革的内容。

6. 进行变革

所有要变革的部门必须要通力合作，这是需要说服的。每一个部门都要清楚地知道问题的严重性、不同的解决方案、变革的成本、预期的效果,以及估计变革对员工的冲击及影响。必须给予足够时间去酝酿及反省,并提出适当的训练。

7. 建立监督系统

变革推行过程中,必须有适当的监督系统定期反映进度及有关的突发情况。正规的跟进工作异常重要,足以监察整个过程及解决突发问题。

(三) 朱兰的质量螺旋

朱兰的质量螺旋是质量管理基本理论模式,也是开展质量管理的基本原理。朱兰博士通过其中包括市场调查、开发、设计、计划、采购、生产、控制、检验、销售、服务等 13 个环节来说明连续的质量活动,指出经过各个环节的相关质量职能作用,使产品符合适用性要求,保证和提高产品质量。另外,这十三个环节是一个呈螺旋状的无止境的上升过程,表明产品质量水平应该是不断提高的。

(四) 朱兰的"80/20 原则"

朱兰博士尖锐地提出了质量责任的权重比例问题。他依据大量的实际调查和统计分析认为,在所发生的质量问题中,追究其原因,只有 20% 来自基层操作人员,而恰恰有 80% 的质量问题是由于领导责任所引起的。在国际标准 ISO9000 中,与领导责任相关的要素所占的重要地位,在客观上证实了朱兰博士的"80/20 原则"所反映的普遍规律。

三、朱兰对质量管理的贡献

首先,朱兰将质量列入了管理范畴,倡导质量文化。朱兰首次将质量列入了管理范畴,认为目标向成果的转化(使质量得以实现)是通过管理过程来进行的,质量管理是对一个公司要实现其质量目标所需进行的活动的确定和实施过程。

其次,从顾客的使用角度出发,朱兰将质量定义为产品的"适用性"。他认为质量由使用者而非生产者决定,质量不仅要满足明确的需求,也要满足潜在的需求。如果顾客认为一件产品质量不好,就意味着企业失败了。因此对于质量的评估，管理层必须同时注重企业内部和外部的意见。

再次，提出了一些影响深远的质量管理理论与方法。朱兰所提出的质量管理理论与方法，如突破历程、朱兰三部曲、"80/20原则"、质量进展螺旋等对后来的质量管理实践有极大的影响。

最后，他积极推动质量体系的计划与实施。朱兰与戴明、克劳士比都被称为质量管理运动的先驱，戴明和克劳士比更多地从哲学角度来阐述质量问题，并主张公司应将质量作为一种概念来接受；而朱兰一直致力于质量体系的计划与实施。

第四节　韦尔奇的 6σ 管理法

一、韦尔奇其人

杰克·韦尔奇（Jack Welch），1935年11月19日生于马萨诸塞州萨兰姆市，1957年获得马萨诸塞州大学化学工程学士学位，1960年获得伊利诺伊大学化学工程博士学位。1960年加入通用电气（GE）塑胶事业部。1971年底，韦尔奇成为GE化学与冶金事业部总经理，1979年8月成为通用公司副董事长。1981年4月，年仅45岁的韦尔奇成为通用电气公司历史上最年轻的董事长和首席执行官。从1981年以后的20年时间里，韦尔奇把通用电气的股票市值从120亿美元上升到1700亿美元。韦尔奇初掌通用时，通用旗下仅有照明、发动机和电力3个事业部在市场上保持领先地位。而如今已有12个事业部在其各自的市场上数一数二，如果单独排名，通用电气有9个事业部能入选《财富》500强。在韦尔奇执掌通用电气的19年中，公司一路迅跑，并连续3年在美国《财富》杂志"全美最受推崇公司"评选中名列榜首。

二、6σ 理论

6σ 最早作为一种突破性的质量管理战略在 20 世纪 80 年代末在摩托罗拉公司成型并付诸实践，该公司的 6σ 质量战略取得了空前的成功。但真正把这一高度有效的质量战略变成管理哲学和实践，从而形成一种企业文化的是在杰克·韦尔奇领导下的通用电气公司。

（一）6σ 管理法

6σ 是一项以数据为基础，追求几乎完美的质量管理方法。σ 是一个希腊字母，中文译文是西格玛，统计学上用来表示"标准偏差"，即数据的分散程度。6σ 即意为"6 倍标准偏差"。在质量上，6σ 表示每百万个产品的不良品率（PPM）不大于 3.4，意味着每一百万个产品中最多只有 3.4 个不合格品，即合格率是 99.99966%。在整个企业流程中，6σ 是指每百万个机会当中缺陷率或失误率不大于 3.4，这些缺陷或失误包括产品本身以及采购、研发、产品生产的流程、包装、库存、运输、交货期、维修、系统故障、服务、市场、财务、人事、不可抗力等等。

业内专家用一句话给 6σ 管理方法定义："寻求同时增加顾客满意和企业经济增长的经营战略途径。"它主要包括三方面的内容：

（1）6σ 的目标是产品或服务的缺陷为 3.4，它不仅是一套统计工具，更重要的是倡导以顾客为中心，提升各环节服务质量的经营方针。

（2）6σ 能实现满足顾客最大满意度的目标，是提升服务质量的有效途径。

（3）6σ 管理中强调建立以黑带链为团队的组织结构。组织的层级结构从上至下依次为顾客、绿带、黑带、黑带大师、项目负责人、执行负责人和总裁，每层各有分工，一层对一层均构成强有力的支持。黑带是从事 6σ 工作的骨干人员，黑带大师宜由外部聘请的 6σ 专家担任。

6σ 的主要内容包括六个主题。

主题一：真正关注顾客

从顾客的需求出发，真正提高顾客的满意度，在 6σ 中，以顾客关注的焦点最为重要。以对 6σ 业绩的测量举例，测量是从顾客开始，通过对 SIPOC（供方、输入、过程、输出、顾客）模型分析，来确定 6σ 项目。因此，6σ 各环节改进和设计均以对顾客满意所产生的影响来确定，做到真正关注顾客。

主题二：以数据和事实驱动管理

6σ 基本做到杜绝管理者的主观观念和判断，它的原理是从分辨什么指标对测量经营业绩是关键的开始，然后收集数据并分析关键变量。这时问题能够被更加有效地发现、分析和解决——永久地解决。

主题三：采取的措施应针对过程

无论把重点放在产品和服务的设计、业绩的测量、效率和顾客满意的提高上或是业务经营上，6σ 都把过程视为成功的关键载体。6σ 活动的最显著突破之一是使得领导和管理者（特别是服务部门和服务行业中的）确信过程是构建向顾客传递价值的途径。

主题四：预防性的管理

预防即事前反应，而非事后行动。在 6σ 管理中，预防性的管理常常针对习惯被忽略的活动，按经营活动的目标设定清楚的优先级，并常进行评审。询问做事的理由也是评审的标准之一。

在 6σ 管理中，正如我们看到的，将综合利用工具和方法，以动态的、积极的、预防性的管理风格取代被动的管理习惯。

主题五：无边界的合作

"无边界"是 GE 公司的前任 CEO 杰克·韦尔奇经营成功的口号之一。在推行 6σ 之前，GE 的总裁们一直致力于打破障碍，但是效果始终没有使杰克·韦尔奇满意。

6σ 的推行，加强了自上而下、自下而上和跨部门的团队工作，改进公司内部的协作以及与供方和顾客的合作，为的是更好地减少成本，降低因组织间缺乏沟通和相互竞争而产生的花费，从而更好地为顾客提供服务。

主题六：力求完美，容忍失败

力求完美与容忍失败二者并不矛盾，如果因为害怕失败的风险而拒绝尝试新的方法，那将永远没有进步。6σ 的目标鼓励采用新的方法和技术来不断提升产品质量和顾客满意度。

幸运的是，我们将要讨论的业绩改进技术中，包括大量的风险管理方法，这样，挫折或失败的范围就会有所限制。虽然每个以 6σ 为目标的公司都必须力求使其财务结果趋于完美，但同时也应该能够接受并管理偶然的挫折。这些理论和实践使全面质量管理一直追求的零缺陷和最佳效益的目标得以实现。

（二）实践的基本途径

途径一：业务变革

执行团队需要审视关键的业务流程，以对变革提出建议。对于那些有开展 6σ 的愿望、动力，并把它当作是一场全方位变革的企业而言，该途径是正确的选择。

采用这种方法的主要代表企业有通用电器、福特、3M 等。

途径二：战略改进

它是集中于企业有限的几个业务部门或职能领域的一种努力。该途径提供了最多的可能性，战略改进努力被局限在一两个关键的业务需要上，同时团队和培训的目标都是应对主要的机遇和挑战。

采用这种途径的企业有强生、西尔斯等。

途径三：解决问题

此方法目标是解决那些长期存在的困扰。受 6σ 理论和工具综合培训的员工，在发现事实及问题产生原因后，6σ 理论中的多种工具能帮助他们更好地分析和解决问题。

第五节　ISO9000 质量认证体系

一、ISO9000 族的产生背景及发展

随着地区化、集团化、全球化经济的发展，市场竞争日趋激烈，顾客对质量的期望越来越高。企业都在努力提高自身能力以适应竞争的需要。ISO9000 族标准为企业的质量管理提供了最好的模式。标准总结了工业发达国家先进企业的质量管理的实践经验，统一了质量管理和质量保证的概念，对提高质量管理，消除贸易壁垒，提高产品质量和顾客的满意度起到了非常积极的作用。

（一）ISO 及 ISO9000 简介

ISO 的英文全称是 International Organization for Standardization，是一个组织的简称，翻译成中文就是"国际标准化组织"。ISO 是世界上最大的国际标准化组织，成立于 1947 年 2 月 23 日，前身是 1928 年成立的"国际标准化协会国际联合会"（简称 ISA）。ISO 的宗旨是"在世界上促进标准化及其相关活动的发展，以便于商品和服务的国际交换，在智力、科学、技术和经济领域开展合作"。ISO 现已制定出国际标准共 10 300 多个，主要涉及各行各业各种产品（包括服务产品、知识产品等）的技术规范。该组织是目前世界上最大、最具权威的国际性标准化机构。

ISO 通过它的 2 856 个技术机构开展技术活动，其中技术委员会（简称 TC）共 185 个，分技术委员会（简称 SC）共 611 个，工作组（WG）2 022 个，特别工作组 38 个，它的成果（产品）即是"国际标准"。

ISO9000 族标准是用于质量管理体系认证或提高的国际质量管理标准，根据 ISO9000－1 给出的定义，ISO9000 族是指"由 ISO/TC176 技术委员会制定的所有国际标准"。TC176 即 ISO 第 176 个技术委员会，全称是"品质保证委员会"，1987 年更名为"品质管理

和品质保证技术委员会"。TC176 专门负责制定有关品质管理和品质保证技术的标准。

（二）ISO9000 的发展

最初建立的时候，ISO9000 族的标准只有 6 个，被称为"ISO9000 系列标准"。1990 年后，TC176 又陆续颁布了一些新的质量管理和质量保证标准，且在 1994 年对 ISO9000 族标准进行了第一次修订，至此，ISO 标准共有 16 个。1994 年后 ISO9000 族标准不断壮大，至 2000 年改版之前，共有 22 个标准和 2 个技术报告。通常称为 ISO9000 族第二版。2000 年对 ISO9000 族进行修订，共发布了 4 个核心标准：（1）ISO9000《质量管理体系基础及术语》；（2）ISO9001《质量管理体系要求》；（3）ISO9004《质量管理体系业绩改进指南》；（4）ISO9011《质量和环境管理体系审核指南》。

（三）认证简介

随着 ISO 系列标准的广泛运用，以 ISO9000 为基础的第三方认证也迅速发展起来，使得贯彻标准和取得质量体系认证成为国际市场竞争的主要手段之一。"认证"一词的英文原意是出具证明文件的行为，人们对"认证"的定义是："由可以充分信任的第三方证实某一经鉴定的产品或服务符合特定标准或规范性文件的活动。"即认证就是合格评定的过程，是第三方依据标准对企业的质量所作的鉴定的过程。现在，依照国际惯例对企业实施产品质量认证已成为国际领域内消除贸易壁垒的最好方法。我国的质量认证体系坚持自愿的原则，认证的主管机构是国家质量技术监督检验检疫总局。

ISO9000 标准问世以来，已被全世界 150 多个国家和地区等采用为国家标准，全世界已有近 40 万家企业通过认证，全世界每天有 100 多个企业在进行这一工作。中国于 1992 年将 ISO9000 等采用为国家标准。十年来，在中国政府的大力推行下，中国已有近 50 000 家企业通过 ISO9000 认证，并且认证的浪潮已从传统的、国有的、大型企业波及新兴的、非国有的、中小型企业。这不仅将极大地提高中国企业的质量管理水平，而且也必将大大地提高中国企业在国际市场中的地位。

二、八项质量管理原则

ISO9000 标准所确立的八项质量管理原则是质量管理实践和理论的总结,是质量管理的最基本、最通用的一般性规律,适用于所有类型的产品和组织,是质量管理的理论基础。

原则一:以顾客为中心

顾客是企业的上帝,组织依存于顾客。因此,组织应理解顾客当前和未来的需求,在市场竞争的环境中让顾客满意,使产品畅销,才能使企业获得利润。故"使顾客满意"是判断企业工作好坏的基本准则。但满足顾客要求只是一种基本要求,只有达到超越顾客的期望,给顾客一种意外的惊喜,才是真正让顾客满意。

原则二:领导作用

领导者在组织中的重要性是不言而喻的,一个好的领导的作用不仅仅是确立本组织统一的宗旨和方向,同时也包括营造和保持使员工能充分参与实现组织目标的内部环境。

领导指的是组织的最高管理层,实践证明,只有领导重视,各项质量活动才能有效开展。此外,在领导方式上,最高管理者还要做到透明、务实和以身作则。

原则三:全员参与

企业的利润来自团队的合作,各级人员都是组织之本,只有他们的充分参与和团队学习,才能为企业的发展打下坚实的基础。

全员参与不仅仅是员工的被动学习,它是在领导的启发带领下主动激发内在的创新动力。

原则四:过程方法

将一系列准备、生产、销售、售后服务等环节相关的资源和活动作为过程进行管理,可以更高效地得到期望的结果。系统地识别和管理组织所应用的过程,特别是这些过程之间的相互作用,就是"过程方法"。

过程方法的目的在于通过持续有效的动态循环,不断提高企业的总体业绩。过程的输出输入都是相对的,相对于上一个环节的输

第六章 全面质量管理理论的发展

出就是下一个环节的输入。在这个过程中,"PDCA"(戴明循环)的方法可适用于所有过程,P、D、C、A 分别是英语 Plan(计划)、Do(实施)、Check(检查)、Action(处置)的缩写。经过计划、实施、检查、处置四个阶段构成一个循环。每经过一次循环,解决一批质量问题,使产品质量和工作质量达到一个新的水平,然后再进入下一循环。

原则五:管理的系统方法

所谓系统,就是"相互关联或相互作用的一组要素"。系统的特点之一就是通过各分系统协同作用,互相促进,使总体的作用大于各分系统作用之和。

所谓系统方法,实际上可包括系统分析、系统工程和系统管理三大环节。在质量管理中采用系统方法,就是要把质量管理体系作为一个大系统,对组成质量管理体系的各个过程加以识别、理解和管理,更好地实现质量目标。

原则六:持续改进

面对现代企业越来越激烈的竞争,只有持续改进的企业才能长期生存,因此,持续改进、不断提高总体业绩应当是组织的一个永恒的目标。

持续改进是"增强满足要求的能力的循环活动"。组织应不断改进其产品质量,提高质量管理系统的有效性和效率,以满足顾客不断变化的需求与期望。只有坚持持续改进,组织才能不断进步。

原则七:基于事实的决策方法

西蒙曾说"管理的一半是决策",清楚地指出决策在管理中的重要作用。所谓决策就是针对预定目标,在一定约束条件下,从诸方案中选出最佳的一个付诸实施。管理者的决策依赖事实根据,也难免会受到主观判断的影响。基于事实的决策方法要求领导者用科学的态度,以事实或正确的信息为基础,通过合乎逻辑的分析,作出正确的决断。

原则八:与供方互利的关系

组织与供方是相互依存的,供方所提供的高质量产品是组织为顾客提供高质量产品的保证之一,而组织的生产及销售也能为供方带来更好的经济效益与美誉度。因此,组织与供方的合作与交流是非常重要的。它们之间的利益关系应建立在共赢的基础上,这种互利的关系才能增强双方创造价值的能力。

三、贯彻 ISO9000 标准的意义

(一) 消除贸易壁垒,提高国际竞争力的前提条件

按 ISO9000 族标准进行第三方认证,已被许多国家和地区作为国际贸易中不可缺少的重要手段,许多重大工程的招标和贸易洽谈中,已把获得 ISO9000 认证证书作为投标和签约的前提条件;涉及人身安全和健康的产品,更是把是否按国际惯例通过质量认证作为先决条件。重视贯彻并通过质量体系认证的企业必将首先得到顾客的信任,在国际市场竞争中立于不败之地。

(二) 提高企业质量信誉,谋求质量效益的重要管理手段

ISO9000 族标准是科学管理方面第一个国际标准,是质量管理和质量保证方面的最基本标准。该标准系统地总结了发达国家在长期的市场竞争中开展质量管理和质量保证、谋求质量效益的基本经验,阐述了建立一个适合市场需要的有效的质量体系的原则和要求,是企业生存与发展的宝贵财富。该标准表达的基本观点是:(1) 强调预防为主,使影响产品质量的技术、管理及人的因素处于受控状态;(2) 建立文件化质量体系并贯彻实施;(3) 开展有效的内部质量审核,一旦发展问题,应及时反映并加以纠正。这对提高企业工作人员的整体素质,以工作质量确保新产品质量和企业的自身发展均有积极的意义。

(三) 规范企业内部质量管理

ISO9000 族标准是针对企业的组织管理结构、人员和技术能力、各方面规章制度和技术文件、内部监督机制等一系列体现企业保证产品及服务质量的管理措施的标准。主要从以下四个方面规范企业内部质量管理:

(1) 质量管理组织结构:企业为保证产品质量必须建立质量管理机构,并明确相应的职责权限,做到定岗、定职、定责,实现全

第六章　全面质量管理理论的发展

员岗位责任制。

（2）质量行为程序化：对企业的生产、管理行为必须制定相应的规章制度、技术标准、质量手册、质量体系运作审核程序，并使之程序化、文件化，确保各项质量行为"有法可依、有法必依"。

（3）控制过程：质量保证是通过对产品生产的全部过程加以控制而实现的。应从市场调研确定产品、设计开发产品、采购原材料，到生产、检验、包装、仓储全过程按程序要求控制质量，并要求过程具有标识性、监督性、可追溯性。

（4）自我完善：通过定期开展内部质量体系审核、管理评审，总结、评价质量体系，建立预防和纠错机制，不断改进质量体系，使质量管理呈螺旋式上升。质量认证使企业的管理标准化。依照ISO9000族标准建立的现代质量管理体系，体现了以最佳质量成本生产合乎法定技术标准的产品的经济原则，实现了"低成本、高效率、高质量、高效益"。

第七章 战略管理理论的形成与发展

管理作为一个开放的理论体系,将战争学中的战略概念引入自己的研究领域是一件自然的事。长期以来,战略对于管理的意义,更多的还是一种思想借鉴。千百年来,战略中包含的长期、权变等博大精深的思想为社会不同领域的管理者所借鉴、研究并使用。

战略进入商业还是现代的事,但一旦进入商业,它就将商业管理带入了一个崭新的时代。过去的管理大多是基于泰勒科学管理或法约尔一般管理的理论思想,关注生产效率和管理结构,体现了管理的经济学和社会学渊源。而战略管理则呼吁企业管理者关注环境、未来和竞争的持续优势来源,将管理由当下扩展到了未来。战略管理的理论者和实践者强调,战略管理不是对过去管理的否定和批判,而是站在了一个更高的高空俯瞰过去的管理;企业竞争不仅是当下的比较,更是对未来反应的较量。战略为管理开辟了新的视野,今天的企业管理已经由经营管理时代进入了战略管理时代。

第一节 战略和战略管理的概念

一、战略的概念

(一)战略概念的产生

战略一词,中国自古就有。"战"是指战斗、战争,"略"指谋划、谋略、策略、计划,后来才合二为一,成为一个军事战争学方面的专业词语。《左传》和《史记》已使用"战略"一词,西晋史学

第七章 战略管理理论的形成与发展

家司马彪有以"战略"为名的著作,明代军事家茅元仪编有《武备志》,其第二部分是《二十一史战略者》,其中"战略"的含义指的就是对战事的谋划。到了清代末年,北洋陆军督练处于1906年编出《军语》,该书把"战略"明确解释为"筹划军国之方略"。

在西方,"战略"(strategy)一词源自希腊语"stratgos"或演变出的"stragia"。前者意为"将军",后者意为"战役""谋略",均指指挥军队的艺术和科学。公元579年,东罗马皇帝毛莱斯用拉丁文写了一本名为 Stratejicon 的书,有人认为它是西方第一本战略著作。而有的人认为具有战略含义的概念首次出现于法国人颉尔特于1772年写的《战术通论》。该书的"大战术"一词即相当于我们今天所说的战略。

战略在引入商业后,发挥了更为巨大的作用。20世纪50年代,战略一词正式引入商业管理,到20世纪90年代,战略已成为商业管理中一个基本而普遍的概念。通用电气公司在1971年首先编制出战略规划;日本索尼公司制定了"驯马战略";我国的海尔集团制定了"名牌战略""多元化战略"等。更重要的是,理论界在这一过程中,形成了系统的战略管理理论,并不断发展和演变。

(二)企业战略的不同定义

关于企业战略的定义五花八门,不同的学者有不同的定义。

最早在商业领域引入战略一词的学者是纽曼(Von Neumann)和摩根斯顿(Morgenstern)。在他们合著的《博弈理论与经济行为》(1947年)一书中,他们将企业战略定义为"一个企业根据其所处特定的情形而选择的一系列行动"。真正为企业战略下定义的第一人是钱德勒(Alfred D. Chandler)。他将战略定义为"确定企业基本长期目标、选择行动途径和为实现这些目标进行资源分配"。哈佛大学教授安德鲁斯(Kenneth Andrews)也为战略下了一个类似的定义:"战略是关于企业宗旨、目的和目标的一种模式,和为达到这些目标所制定的主要政策和计划;通过这样的方式,战略界定了企业目前从事什么业务和将要从事什么业务,企业目前是一种什么类型和将要成为什么类型。"安索夫(Igor Ansoff)于1965年在其名著《公司战略》一书中提出了一个既具分析性又具行动导向的战略定义。他认为"战略是一条贯穿于企业活动与产品-市场之间的连线"。安德鲁斯和安索夫的定义紧密联系,他们的战略定义在很长的时间被普遍采用,并在教科书中占据统治地位。

还有很多管理思想大家对战略是什么也给出了他们的解释。管理大师彼得·德鲁克认为"战略就是管理者找出企业所拥有的资源并在此基础上决定企业应当作什么"。迈克尔·波特认为战略是"公司为之奋斗的一些终点(目标)与公司为达到它们而寻求的方法(政策)的结合物"。

凯菲(Chaffee,1985)在对形形色色的战略定义进行研究分析后指出,定义战略的思想方法其实有两个"版本":"线性模式"和"适应性模式"。"线性模式"是指战略管理者集中于建立目标和制订计划,寻求正确的方法、正确的方向和连续的内在一致性;"适应性模式"是指战略管理者总是试图在企业资源与企业环境之间寻找最佳的匹配。

实际上,所有关于战略的定义都暗含战略是一种"理性的分析模式",其深刻的思想基础恐怕要追溯到西方"理性主义"哲学传统。随着"实用主义"的兴起,大量战略实证研究结果显示,许多人对这种纯理性的战略观点提出了质疑,并纷纷提出了自己的战略定义。战略定义又逐渐形成了新的"战略概念丛林"。

(三)明兹伯格的战略定义

目前,被学界广泛认同的关于战略的定义是明兹伯格的战略定义,因为它简单、清楚、明白并具有综合性。加拿大麦吉尔大学的明兹伯格教授在对以往战略理论进行梳理和深入研究后,将人们对战略的各种定义概括为五种,简称5P定义。明兹伯格认为,人们在谈及战略时都是在谈论5P中的某一个和几个含义,人们应当仔细体会每种含义,也应当将多个含义联系起来以形成整体的战略观念。

1. 战略是计划(Plan)

战略是有意识的、正式的、有预计的行动程序。计划在先,行动在后。这是早期的战略观念。

2. 战略是模式(Pattern)

战略是一段时期内一系列行动流的模式。明兹伯格认为,企业在某一时期基于资源而形成的目标和行动计划固然重要，但更重要的是企业已经做了什么和正在做什么。模式意味着企业行动的一致性，这种一致性可能不是正式计划或建立目标的结果。

3. 战略是定位（Position）

战略是在企业环境中找到一个有利于企业生存发展的"位置"。这种观念认为，企业选择环境和选择竞争者的过程是具有能动性的，关键看企业是否运用这种能动性。如果企业能够洞察企业的经营环境，并能够与企业的资源状况和能力结合起来，企业就可以在激烈的竞争环境中找到一个有利于自己的定位。哈佛大学的迈克尔·波特教授是这种观念的集大成者。

4. 战略是观念（Perspective）

战略是深藏于企业内部、企业主要领导者头脑中的感知世界的方式。正如军事战略学者安德烈·博福尔所说，战略是以思维和智力为基础的，它具有精神导向性，体现了企业中人们对客观世界的认识，它同企业中人们的世界观、价值观和理想等文化因素相联系。

5. 战略是策略（Ploy）

战略是威胁和战胜竞争者的计谋和谋略。这是军事战略在企业管理中的直接引用。英文战略（strategy）一词本身就包含策略（ploy）的意思。

二、战略管理的概念

目前，国内外学者对战略的解释不一，但对战略管理的理解却大体一致。战略管理大体有以下几个特征：

（1）战略管理涉及对有关组织未来方向作出决策和决策的实施，它包括两个方面——战略规划和战略实施。

（2）战略管理是一整套决策和行动，旨在制定和实施有效的战略以有助于完成公司的目标。

（3）战略管理是一系列的决定公司长期绩效的管理决策和行动，包括战略的形成、实施、评价和控制。

（4）企业战略管理是指在企业总体战略的形成过程中，以及在企业运作时贯彻落实这些战略的过程中,制定的决策和采取的行动。

(5) 战略管理是指对企业战略的制定和实施进行的管理。广义的战略管理是指运用战略对整个企业进行的管理。

根据上面的各种说法,我们把企业战略管理定义为:企业战略管理是企业为实现战略目标、制定战略决策、实施战略方案、控制战略绩效的一个动态管理过程。

三、战略管理理论的学派

明兹伯格将战略管理的理论划分为 10 个学派,这种划分已得到学界的普遍认同。在这里,我们有必要介绍一下这 10 个学派的主要观点和基本思想,这有助于我们理解战略形成过程的多样性,明白具体的战略管理过程存在不同逻辑。

战略管理理论 10 个学派如下:

(1) 设计学派:将战略形成看作一个概念作用的过程。
(2) 计划学派:将战略形成看作一个正式的过程。
(3) 定位学派:将战略形成看作一个分析的过程。
(4) 企业家学派:将战略形成看作一个预测的过程。
(5) 认识学派:将战略形成看作一个心理的过程。
(6) 学习学派:将战略形成看作一个应急的过程。
(7) 权力学派:将战略形成看作一个协商的过程。
(8) 文化学派:将战略形成看作一个集体思维的过程。
(9) 环境学派:将战略形成看作一个反应的过程。
(10) 结构学派:将战略形成看作一个变革的过程。

我们把这 10 个学派分成 3 类,分别是说明性(prescriptive)学派、描述性(descriptive)学派、综合性(integrating)学派。

前三种学派属于说明性(prescriptive)学派,它们关注战略应如何明确表述,而不是战略形成过程中的一些必要工作。

第一个学派是设计学派(the Design School)。它出现于 20 世纪 60 年代,是计划学派(the Planning School)和定位学派(the Positioning School)的基本理论框架。它重点讨论了作为非正式设计过程的战略是如何形成的,其中"设计"是这一学派的基本概念之一。

第二个学派是计划学派。它在 20 世纪 60 年代与设计学派一起得到发展。有关计划学派的出版物和实践活动在 20 世纪 70 年代曾达到一个短暂的高峰。计划学派形成了这么一种观点,即把战略制定看作是更加独立和系统的正式计划过程。但是,进入 20 世纪 80 年代,计划学派受到了第三种定位学派即说明性学派的轻微冲击,定位学派注重企业对经济市场中的战略位置的选择。我们把设计学派和计划学派的理论统称为战略规划理论。

之后六个学派属于描述性(descriptive)学派,它们对战略形成过程中的具体方面进行了思考,侧重于描述战略的实际制定和执行过程,而不是侧重于描述理想的战略行为。

企业家学派(the Entrepreneurial School)。一些杰出的学者长期以来一直把战略同企业家紧密地联系起来,并根据优秀的领导者创造性的远见来描述战略形成过程。但如果说战略就是个性化的远见的话,那么战略形成就可以理解成为概念在企业家头脑中的聚积过程,这样就产生了一个很小但很重要的战略管理理论学派:认识学派(the Cognitive School),它通过认识心理学的理论来重点解释战略家的思想是如何形成的。

学习学派(the Learning School)认为,世界的复杂程度不允许战略像清晰的计划和远见那样一下子形成,战略的产生如同组织变化或"学习"过程,必须逐步地形成。权力学派(the Power School)认为战略形成是一个协商的过程,包括组织内部各个集团之间和各组织之间的协商,这种协调的核心是权力。文化学派(the Culture School)认为,战略形成是根植于组织文化当中的,战略是集体主义和合作。可见,权力学派和文化学派是对立的。环境学派(the Environmental School)试图研究组织承受的压力。它们认为战略形成是一个反应过程,组织外部的压力使组织采取主动反应,这个反应的过程即为战略形成过程。

结构学派(the Configuration School)其实是其他学派的综合,因此也把它称作综合性(integrating)学派。这一学派的学者崇尚综合，将战略的各个组成部分，如战略制定过程、战略内容、组织结构和组织关系等集中起来，归结成清晰的阶段或时期，如企业增长期、稳定成熟期等。但是，如果企业组织已经进入稳定状态，那么战略制定就必须反映战略在不同状态下的变化。因此，结构学派也描述这种变革过程。

这些学派出现在战略管理发展过程中的不同阶段。一些已经经历了高峰并逐渐衰败，有一些尚处在发展阶段，还有一些虽然很幼小，但有关它们的出版物和实践活动却很多。这些学派都有自己的解释，只有将它们的观点综合起来考虑，我们才能较完整的评论战略管理，并作出真正合理的结论。

第二节 战略管理理论的发展演变

战略管理理论从发展的先后顺序看，大体上经过了三个阶段的演变：以环境为基点的经典战略管理理论——战略规划理论，以产业（市场）结构分析为基础的产业组织理论，以资源、能力为基础的资源、能力基础理论。

一、以环境为基点的经典战略管理理论——战略规划理论

20世纪60年代初，钱德勒的《战略与结构》一书的出版揭开了企业战略问题研究的序幕。钱德勒在这本书中，分析了环境、战略和组织结构之间的相互关系。他认为，企业经营战略应当适应环境，而组织结构则要适应企业战略。因此，他被公认为研究环境—战略—结构关系的第一位管理学家。其后，就战略构造问题，形成了两个学派：设计学派和计划学派。

设计学派的代表是哈佛商学院的安德鲁斯教授及其同仁。他们将战略构造过程分为制定与实施两大部分。该学派认为，首先，在制定战略的过程中要分析企业的优势与劣势、机会与威胁，因为，

这将涉及企业的竞争环境和企业发展的外部极限。其次，高层经理人员是战略制定的设计师，并且，他们还必须督导战略的实施。最后，战略构造的模式应是简单而又非正式的，最好的战略应该具有创造性和灵活性。

几乎与设计学派同时产生的计划学派以安索夫为代表，他在1965年出版了《公司战略》一书。以安索夫为代表的计划学派主张：战略构造应是一个有控制、有意识的正式计划过程；企业的高层管理者负责计划的全过程，而具体制订和实施计划的人员必须对高层管理者负责；通过目标、项目、预算的分解来实施所制订的战略计划等等。1972年安索夫在《企业经营政策》杂志上发表了《战略管理思想》一文，正式提出"战略管理"的概念，为后来的企业战略理论的发展奠定了基础。安索夫还出版了《战略管理》一书，系统地提出了战略管理模式。

从以上所述的内容中不难看出，尽管这一时期学者们的战略研究方法各异，具体主张不同，但总体上说，其核心思想是一致的，主要体现在以下几点：

（1）企业战略的基点是适应环境。企业所处的环境往往是企业自身难以左右的，因而企业制定战略必须充分考虑环境的变化，只有适应环境的变化，企业才能生存发展。

（2）企业战略的目标在于提高市场占有率。企业战略适应环境变化旨在满足市场需求，获取理想的市场占有率，这样才利于企业的生存和发展。可以说，企业如何获取理想的市场占有率在经典战略管理中居于核心地位。

（3）企业战略的实施要求组织结构具有变化性与适应性。经典战略管理实质上是一个组织对其环境的适应过程，以及由此带来的组织结构变化的过程。因而，在战略实施上，势必要求企业组织结构要与企业战略相适应。这些核心思想为企业战略管理理论的形成与发展奠定了基础。

然而，需要指出的是，以环境为基点的经典战略理论至少存在以下不足：

一是该理论缺少对企业将投入竞争的一个或多个产业进行分析

与选择。它从现在的产业市场出发,要求企业所适应的环境实质上是已结构化的产业市场环境,这势必导致:一方面,企业所追求的生存与发展空间十分有限;另一方面,企业往往被动地适应环境,处于被动追随领先者的困境之中,充其量只是战略的追随者。

二是该理论缺乏对企业内在环境的考虑,它只是从企业的外部环境(即现存的、已结构化的产业市场环境)来考察企业战略问题。

但从某种意义上说,以上不足之处为推动企业战略管理理论的发展提供了契机。

二、以产业(市场)结构分析为基础的产业组织理论

经典战略管理理论的缺陷之一是忽视了对企业竞争环境进行分析和选择,弥补这一缺陷的是产业组织理论。产业组织理论中提出了结构(S)—行为(C)—绩效(P)这一分析范式,并深入研究了行业、市场结构、产业集中度、产业组织与企业盈利的关系。这些研究为企业战略的制定提供了不同的思考角度和分析工具。其实,产业组织理论的诞生是早于战略规划理论的,但它一直处于一种独立的学术地位,并没有被完全引入战略管理学科,直到20世纪70年代末,战略规划理论出现了明显缺陷时,产业组织理论才被正式引入企业战略管理研究之中。在这些研究中,迈克尔·波特依据产业组织理论的基本原理和方法,创造性地提出了以产业(结构)分析为基础的新的产业组织理论。这一理论我们亦称之为迈克尔·波特的竞争战略理论。

波特的竞争战略理论认为,企业盈利能力取决于其选择何种竞争战略,而竞争战略的选择应考虑以下几点:

(1)要选择有吸引力的、高潜在利润的产业。不同产业所具有的吸引力以及带来的持续盈利机会是不同的,一个选择朝阳产业的企业要比选择夕阳产业的企业更有利于提高自己的获利能力。产业的内在盈利能力是决定该企业获利能力与机会的重要因素。

(2)要在选择的产业中确定自己的优势地位。一般来说,在一

个产业中，不管它的吸引力以及提供的盈利机会如何，处于竞争优势地位的企业要比劣势地位的企业更有利可图。而要正确地选择有吸引力的产业以及给自己的竞争优势定位，必须对将要进入的一个或几个产业的结构状况和竞争环境进行分析。

在企业战略管理理论的演变中，与经典战略理论相比，产业组织理论前进了一大步。它分析了企业在分析产业和市场结构竞争环境的基础上制定竞争战略的重要性，从而有助于企业将其竞争和眼光转向对其具有吸引力的产业的选择上。然而，同经典战略理论一样，竞争战略理论仍缺乏对企业内部环境的考虑，因而无法合理地解释如下问题：为什么在无吸引力的产业中仍然有盈利水平很高的企业存在，而在吸引力很高的产业中却又存在经营状况很差的企业？受潜在高利润的诱惑，企业进入与自身竞争优势毫不相关的产业进行多元化经营，这些企业为什么最终大多失败？波特后来对此缺陷有所认识，于是在此后的《竞争优势》一书中，从企业的内在环境出发，提出以价值链为基础的战略分析模型，试图弥补原有理论的不足。但是，就价值链的分析方法而言，它几乎涉及企业内部所有方面，存在对主要方面重视不足的局限性。在这样的情形下，以资源、能力为基础的资源、基础能力理论迅速发展起来。

三、以资源、能力为基础的资源、能力基础理论

近些年来，信息技术的迅猛发展使竞争环境更加恶劣，使得企业不得不把眼光从关注其外部产品市场环境转向其内，开始注重自身独特资源和知识（技术）的积累，以形成特有的竞争力。20世纪80年代中期"资源观"和90年代初期"知识观"的提出正是对这种转变的积极响应。因此，我们可以把这一时期的战略管理理论称作以资源、能力为基础的资源、能力基础理论。

该理论假设：企业具有不同资源（这里的资源包括知识、技术等），形成了独特的能力，资源不能在企业间自由流动，对属于某企业特有的资源，其他企业无法得到或复制；企业利用这些资源的独特方式是企业形成竞争优势、实现战略管理的基础。

该理论认为，企业经营战略的关键在于培养和发展企业的核心能力。所谓核心能力是"组织中的积累性学识，特别是关于如何协调不同的生产技能和有机结合多种技术流的学识"。核心能力的形成要经历企业内部资源、知识、技术等的积累、整合过程。正是通过这一系列的有效积累和整合，形成持续的竞争优势后，核心能力才能成为获取超额利润的决定性因素。这表现在战略管理实践上，就是要求企业从自身资源和能力出发，在自己拥有一定优势的产业及其关联产业进行多元化经营，从而避免受产业吸引力诱导而盲目进入不相关产业。

该理论进一步认为，并不是企业所有的资源、知识和能力都能形成持续的竞争优势，而只有当资源、知识和能力同时符合珍贵（能增加企业外部环境中的机会或减少威胁的资源、知识和能力才是珍贵的）、异质（企业独一无二的，没有被当前和潜在的竞争对手所拥有）、不可模仿（其他企业无法获得的）、难以替代（没有战略性等价物）的标准时，它们才成为核心能力，并形成企业持续的竞争优势。因而，要培养和发展核心能力，企业应首先分析自身的资源、知识和能力状况，然后依据上述标准，选择其中某一方面或几个方面，充分发挥这一方面或几个方面的优势，并成为最擅长者。显然，核心能力理论克服了波特的价值链分析模型涵盖企业内部所有方面的过度宽泛性。此外，该理论还认为，在选择那些可能成为核心能力的方面同时，还应关注未来新的核心能力的培养。而要培养新的核心能力，必须提高产业预见能力。为此，企业应根据对人的需求欲望、技术发展、社会大趋势等前瞻性的预测，从想象的市场出发来构想未来的产业，培养新的核心能力，从而使自己永久地保持核心能力的领导地位，成为未来产业的领先者。

第三节 经典战略管理理论——战略规划理论的形成和发展

20世纪50年代至70年代末是战略规划的年代。以1973年为时间分界点，我们可以把战略规划理论划分为两个时期：前期的战略规划学说和后期的环境适应学说。战略规划学说主要研究企业在设定目标下，自身条件与环境的匹配；环境适应学说则主张由于环境不断变化，企业应不断调整战略以适应环境的变化。战略规划学说建立了战略管理的经典分析模型，确立了战略管理的基础研究体系，奠定了战略管理独立的学术地位，在战略管理发展史上，书写了浓重而华彩的一笔。环境适应学说是对战略规划学说的一种修正，更是一种革命，它改变了规划学说的基本假设，使传统的战略规划焕发了新的生命力，也正是因为环境适应学说的修正和完善，战略规划理论才成为了经典战略管理理论。至今，动态的战略规划思想仍占据着战略管理过程理论的核心地位。

一、战略规划学说的思想及其发展演变

（一）基本思想

有一则寓言故事：两个犯人逃出了监狱。乙问甲："我们该怎么跑？"甲说："这要看我们往哪里跑？"这一寓言道出了战略规划的基本含义：确定目标并根据目标确定行动方式。

"规划"（Planning）是战略规划学说的基本概念。"规划"有两层含义，一是指有意识地去实现某种目标；一是指为实现某种目标把行动纳入有条理的顺序之中。实际上，前者是指规划的内容，后者是指规划实现的手段。

规划是确立目标、制定对策与程序的过程，是一个组织为实现某种目标而组织未来的过程。这里，组织未来的核心任务是资源配置，即资源与机遇的匹配。在这一过程中，人们尽可能地寻求效率。因此，规划即为实现某些目标而对资源实行最优配置（Optimal Allocation）的过程。萨缪尔森（P. A. Samuelson）在其《经济学》中明确阐述：任何社会经济制度都面临一个共同任务，即要实现资源在各种经济活动中的最优配置。所以，战略规划的核心是企业资源的优化配置。

规划编制了一个有条理的行动逻辑，使预定目标得以实现。它的技术成果是书面文件，并附有数学描述、定量评价以及说明性的

表格和图解。规划的目的是为了控制我们未来行动的结果,规划越有效,未来的行动控制就越有效;行动控制越有效,则说明我们的规划越成功。所以,规划的实质是一种目标控制,它通过目标设定来控制未来行动和能力运用。

(二)形成与演变

1. 产生

最早的战略规划思想是20世纪初的预算思想,这种思想的核心是控制偏差。20世纪50年代出现了长期规划(Long-range Planning)思想,其重点是预测企业增长和管理企业增长所带来的复杂难题。长期规划使用的一般方法是差距分析。差距就是实际销售量、销售收入、利润与预定目标的差距。企业分析差距,然后根据这些差距相应调整战略:如果销售收入、销售利润低于预定目标,企业通过增强销售量或扩大厂房等手段保证未来预定目标的实现;如果销售收入、利润高于预定目标,企业则有可能调整不合乎实际的预定目标。

20世纪60年代是战略规划兴起的时代,在这一时期,一些企业经理们甚至认为战略规划是提高企业竞争力的唯一最佳途径。

1965年,哈佛商学院的安德鲁斯(Andrews)和克里斯滕森(Christensen)等人联合写作并出版了基础教科书《经营策略:内容和案例》(Business Policy: Text and Cases)。该书使用单向法形成了战略规划的基本理论体系,并迅速成为该领域最流行的教科书。

在该书中,安德鲁斯等人认为:战略管理是要让企业自身的条件与所遇到的机会相适应。战略管理基本步骤分为战略制定、战略评估选择与战略实施。战略管理的第一步是战略制定,它要求对外部环境进行评价以明确其中的机会和威胁,并对内部状况进行总结以揭示组织的优缺点,然后将环境的机会威胁与组织优缺点相匹配以确定备选战略。第二步是战略评估选择,它要求评估备选战略,并从中选择出最好的一个。战略学家理查德·鲁梅尔特(Richard Rumelt)提出了评估备选战略的四条原则:

一致性:战略的目标和策略必须一致。

协调性:战略应当能够对外部环境和组织内部的重要变化作出

第七章 战略管理理论的形成与发展

适当的反应。

可行性：战略必须有助于在选定的活动领域内建立或保持竞争优势。

可行性：战略的执行既不能造成可用资源的紧张，也不允许带来难以解决的新问题。

最后一步是战略实施，任何战略一经通过，就应当被坚决贯彻。安德鲁斯在书中对战略贯彻论述得相当具体，他还用表格详细说明了战略执行过程的12个步骤。

1969年，乔治·斯坦纳（G. Steiner）在其所著的《最高管理层的规划》(*Top Management Planning*)中阐述了战略规划的经典模型。该模型包括五个阶段：

（1）目标确定阶段。目标包括社会经济目标、价值观等，确定目标的目的是为企业确定前进的目的地和战略方向。将战略制定与目标区分开来是为了突出目标的主导价值，但这种区分却使所谓的战略规划变成了目标量化和实现的手段，使战略规划变得僵化起来。

（2）外部审查阶段。一旦目标确定下来，接下来就要对组织外部情况进行评估。斯坦纳认为，对外部环境进行审查的一个重要内容是对未来情况进行预测，规划人员必须专注于这种预测，并掌握相应的预测技术，因为无力预测就意味着无力制订规划。

（3）内部审查阶段。内部审查是分析组织自身的优势和劣势。这种分析需要非常细致的工作。通过内部审查，能形成对组织特色竞争力的一个比较清晰合理的判断。

（4）战略规划阶段。该阶段内容是斯坦纳战略规划模型中的核心内容，该模型的大部分文字篇幅都集中在这一阶段的写作中。该部分详细阐述作为目标实现手段的战略规划内容，包括战略规划和计划、中期规划和计划、短期规划和计划。这部分详细地制定了企业的使命、长期目标、政策、亚目标、亚政策、亚战略、程序、策略性计划等。

（5）战略评价阶段。战略评估过程有利于战略的精心安排和制定，有利于丰富各种技术。

（6）战略运用阶段。战略运用的过程就是行动控制的过程。每一个亚目标,每一项预算,每一个经营计划,每一个行动方案都要交由组织内某类明确的实体如分公司、部门、分支机构或个人严格地实施。

2. 修正与发展

传统战略规划的致命弱点在于它只是一个单向、静态的过程,其各种分析模型没有考虑到环境的变化。实际上,环境变化了,规划也要变化,否则就很难适应新环境的要求,因此,合理的战略规划应该是一个循环动态的过程。

安索夫认为最有效的战略规划方法应该是权变的,战略规划的好坏与组织面临的环境变化程度密切相关。他提出了一个 $2\times2\times3$ 的矩阵。其中,一维变量是管理问题,包括外部关联与内部构型(configuration);二维变量是过程,包括规划与经济实施;三维变量是环境,包括技术—经济—信息因素、心理因素和政治因素。这一矩阵体现了动态的战略管理思想。

二、环境适应学说的产生及其基本思想

(一) 产生

1973年爆发了全球性的石油危机,从此以后,环境变化开始广泛被企业界所关注。随着环境变化越来越大,战略规划学说的思想开始受到质疑。战略规划学说认为战略可以通过精心设计形成,在战略实施的严格控制之下,目标完全可以实现。但现实中,很多战略并不是经过严密设计产生的,而是不知不觉就出现了;此外,实际中,由于环境的巨大变化也使战略实施遇到了大量无法预估的因素,这导致战略实施根本无法控制。当人们越来越认识到未来是不可预测的,环境是不确定的时,人们对战略规划学说的否定也就越强。动荡的环境动摇了企业对战略规划的信仰,以环境不确定为基础的适应学说应运而生。

(二) 基本思想

环境适应学说的思想是在批判、修正战略规划学说思想的基础上建立起来的。环境适应学说的基本观点是:战略管理的本质是组

织适应。它们认为,由于受外界不可预测和不可知因素的影响,人的理性过程受到约束,因此战略决策是一个适应的过程。

环境适应学说的思想主要来源于达尔文的进化论思想。通过类比法,环境适应学说将企业与生物相比较,以解释为什么有些企业能生存壮大,有些企业则被消灭,并由此给出组织在组织结构、行动策略上的建议。

伊丹敬之认为,战略成功的本质在于战略的适应性。他认为战略适应包括环境适应、资源适应与组织适应,并进而提出了战略适应的三个标准。

钱德勒认为,"组织结构随着战略的改变而改变"。在《战略与结构》一书中,他分析了环境、战略与组织结构的关系,提出企业战略应当适应环境,组织结构的变化要适应企业战略的改变。

安索夫也在他的《战略管理》一书中指出,企业的战略管理过程是对环境的适应过程以及由此导致的企业内部结构化的过程。

奎因认为,决策者应该知道自己的局限性,并自觉地尝试去获取环境的相关信息。在战略制定的初期,他应该有意识地把问题弄得很宽泛,决策很粗糙,以避免战略上的僵硬。

环境适应学说的主要观点如下:

(1) 战略的重点是对变化的现在作出灵活、快速的反应,而不是试图去适应一个可预测或不可预测的未来。传统的战略规划学说认为未来可以预测,企业通过计划制订,可以把握未来;战略规划学说的修正思想认为未来不可预测,企业所要做的事是去适应这种变化的未来。而适应进化论却认为,未来是现在的连续,现在变化的连续形成了未来的变化。战略的重点是对现在的变化作出灵活快速的反应,以保障自己不被现在的变化淘汰,而一个企业如果能在现在的变化中灵活自如,就不会被未来淘汰。许多日本企业的成功充分证明了这一点。

(2) 环境监控与行为调整是同时的、持续的。战略规划学说关注的主要是目标,而适应论关注的更多是过程与手段。适应论认为战略的目标就是与环境相一致。环境是企业关注的焦点并决定企业的行为,无论是采用积极还是消极的策略都是对感受到的或预期的环境压力的一种反应。

(三) 评价

环境适应学说是对战略规划学说的一种修正，更是一种革命。它强调战略是动态的、应变的；强调企业组织结构是开放的、适应性的。环境变化越大，越不确定，组织就越要具有柔性。战略不是一蹴而就的，而是逐步显现并不断修正的，战略是企业与环境的互动过程。

环境适应学说主要在思想上对战略规划学说进行了革命性的丰富，但它还不能算作一个独立的战略发展阶段。首先，这一学说还仅仅是一种思想，缺乏有效的分析工具。这导致适应学说对企业战略的政策建议相对空洞，只是在宏观上强调组织要采用适应性的而非固定不变的态度来等待环境，但对于企业成长究竟应如何选择行业，如何积累和形成持久竞争优势，企业应如何与同行竞争，针对不同的环境应采用何种不同的对策方面没有任何具体的政策主张和指导方针。适应学派政策主张的可操作性受到普遍的质疑。其次，环境适应学说的代表性学者往往也是战略规划学说的代表人物。实际上，很多战略规划的学者在对战略规划的进一步研究中发现了要从环境的角度对战略规划传统观点进行修正，而这种修正也使战略规划学说进入了动态规划的时代。所以，从某种意义上讲，战略规划学说与环境适应学说是一体的，我们可以把它们都归入战略规划理论的范畴。

三、战略规划理论的代表人物

在战略规划理论的大师名单上，可以列出很多名字：塞尔兹尼克（Selznick）、克里斯滕森（Christensen）、安德鲁斯（K. Andrews）、奎因（Quinn）、斯坦纳（G. Steiner）。但不管谁的名字被列出，有两个人的名字是一定不会被忽略的，他们就是伊戈尔·安索夫（Igor Ansoff）和艾尔弗雷德·D·钱德勒（Alfred D. Chandler），他们对战略规划理论做出了巨大的贡献。

第七章 战略管理理论的形成与发展

（一）伊戈尔·安索夫（Igor Ansoff）

1. 生平简介

哈利·伊戈尔·安索夫于1918年生于俄国符拉迪沃斯托克。17岁时随父母移居美国。他在新泽西的史蒂文斯工学院，以优等成绩取得了工程硕士和理科硕士学位，1948年，获得布朗大学博士学位。同年，安索夫进入加利福尼亚州的兰德公司项目管理办公室工作，1956年转投洛克希德航空公司。他在洛克希德公司主要从事的工作是为庞大的合约方做多种经营的计划。他的第一本书《公司战略》（1965年）就是其工作的总结性成果。

1968年，安索夫离开实业界转而进入学术界工作。他先在卡内基梅隆大学任教授，后于1973年进入范德比尔特大学，创立该校管理学院并任院长。同年，他还兼任欧洲高级管理研究院的教授。1976年，他到了欧洲，同时在斯德哥尔摩经济学院和欧洲高级管理研究院任职7年。1983年，他回到了美国，在范德比尔特大学成为杰出自由美国企业贾斯廷·波特教授，同年，进入加利福尼亚州圣地亚哥的美国国际大学。

安索夫在很多一流公司里担任顾问，这些公司包括飞利浦、通用电气、IBM、海湾石油、通用食品、西屋电气、FN赫斯特尔、欧洲斯特灵和荷兰的KBB。

由于他在完善环境服务组织的长期盈利能力方面的理论和技术贡献，安索夫被誉为"战略管理学之父"。

安索夫的代表著作有：《公司战略》（1965年），《战略管理》（1970年），《灌输战略管理思想》（与麦克唐纳合著，1984年），《新公司战略》（1988年）。

2. 主要贡献

在安索夫的所有贡献中，环境干扰原理、一定条件下的战略成功范例、实时战略管理尤为突出和重要。

（1）环境干扰原理。环境干扰原理的基本内涵是：企业环境对企业经营存在干扰，而由于干扰级别（从平静且可预见，到高度动荡和不可预见）不同，企业也应该采取不同的行为。安索夫的贡献在于他设计了一个由5个干扰级别组成的环境干扰模型，并针对每一个干扰级别，假设了一种不同的行为来提高企业的盈利能力。

安索夫认为，为了平衡战略性部分与操作性部分，企业必须顺应内部与外部环境的需要，才能取得成功。由此人们意识到，对企业外部环境的分析解释是战略成功的一个关键因素，外部环境是决定企业战略地位的主要变量。

(2) 一定条件下的战略成功范例。一个企业可以在某时成功，却在另一时候不成功，这使安索夫意识到企业的战略必须与它所处的环境干扰等级相符，否则它的财务状况就会恶化。于是他发展了一定条件下的战略成功范例。他设计了相应的三元变量来说明环境、战略和组织能力的联系。这三个变量是：企业环境中的干扰等级、企业战略行为在环境中的进取和企业在管理上对环境变化作出的反应。这里，范例可以理解成模型，也可以理解为典型情况，它给出了一个战略成功企业的典型特征，也给出了企业追寻战略成功的途径。当然，这一切都是建立在理论前提假设之中的。

安索夫的模型并未否认"没有坏就不要修""回到基础"等传统方法的有效性，而是将它们放在一个前提下，即它们只在某一类相应的环境下才有效。例如，"没有坏就不要修"在干扰等级一是可行的且能带来成功，"回到基础"对等级二是合适的，但对等级三、四就很危险了。同样，战略管理对等级三是很有益的，而对等级四、五则处于临界阶段。为了获取最大利润，公司必须弄清环境干扰的等级并使企业的战略和生产能力与之相符。当一些人还认为获取成功的方法只有一个时，安索夫坚持认为，不同的环境要求公司有不同的反应。

这个一定条件下的战略成功范例在很多国家都有成功的运用。管理者们可以运用这个范例在许多专家和顾问的建议中挑选最利于公司未来获利的一个。对专家们来说，这个范例使他们可以分清"阳光下的地方"与"地狱里的地方"，即分清何种情况下专家顾问的建议比较可能帮助公司提高获利能力，而何种情况下不能。

(3) 实时战略管理。"实时战略管理"是一套实用性的管理程序。它建立在一定条件下的战略成功范例基础上，帮助企业的管理者们在动荡的、不可预测的环境中取得成功。这些程序包括：①战略划分,将企业环境划分为不同区域和情况,而不同环境会在将来产生不同的机会;②实时管理,即识别新趋势、新威胁和新机会,并作出相应的反应;③战略准备分析,运用一定条件下的战略成功范例,分析判断企业是否已为在将来获得成功做好准备;④对总体管理的设计,即设计高层管理者和整个管理层的形象,而这些是将来取得成功所必需的;⑤企业定位计划,即企业在未来动荡且不可预测的环境中的定位计划(这里定位是指一个企业在商业领域中的战略定位);⑥战略组织转变,即设计组织,引导企业战略和能力的转变,控制对革新的阻力。

(4)评价。伊戈尔·安索夫是一位战略管理领域的先驱。他提出了许多对战略管理研究具有历史影响的观点,并重点研究了在多变的环境中复杂组织如何进行战略管理。他最重要的理论贡献就是发明、发展了在一定条件下的战略成功范例,并用它解释了过去许多战略管理理论中的明显矛盾之处,并且将这些理论都归纳进一个整体理论中,用于帮助管理者们在多变的环境中完善企业的长期盈利能力。

(二)艾尔弗雷德·D·钱德勒(Alfred D. Chandler)

1. 生平简介

艾尔弗雷德·杜邦·钱德勒于1918年9月15日生于美国特拉华州的一个"贵族"家庭。钱德勒的曾祖父是亨利·普尔,标准普尔公司的建立者和早期美国铁路业的著名新闻界人士。他的曾祖母是由杜邦化学家族的杜邦夫妇抚养长大的,钱德勒的中间的名字就反映出了这种联系。

1940年,钱德勒毕业于哈佛大学历史系本科,其后,他在美国海军服役。1946年,钱德勒又回到了哈佛大学。在那儿,他与其他人一起接受了当时最伟大的一位社会学家帕森斯的教诲。在他后来所有关于商业组织的著作中,都可以看到这位社会学家的影响,尤其是对于官僚主义的关注。

1950年,钱德勒在麻省理工学院任历史研究员,开始了他的第一份工作。1963年转入约翰·霍普金斯大学任历史教授。在约翰·霍普金斯大学他开始了一项浩大的任务,即编辑有关前总统艾森豪威尔的资料。1971年钱德勒被任命为哈佛商学院的工商史教授,并且终身保留了这一职位。在哈佛大学,钱德勒开设了一门非常流行的MBA课程——工商史,并成功地教授了这门课程。

2. 主要贡献

钱德勒的贡献主要体现在他那三本优秀的著作上。这三本著作是:《战略与结构:美国产业企业的历史篇章》(1962年),《看得见的手》(1977年),《规模和范围》(1990年)。其中,《战略与结构:美国产业企业的历史篇章》一书对战略管理理论的贡献最直接。

《战略与结构:美国产业企业的历史篇章》是第一本为钱德勒赢得声望的书。书中创造了一些在现代管理学思想上的重要概念,并且引发了战略管理学的第一个系统的研究计划。

《战略与结构:美国产业企业的历史篇章》主要讨论了美国大型企业的战略和组织结构,追溯了它们从20世纪前半期开始的演化过程。他主要把目光集中于杜邦、通用汽车、标准石油和西尔斯·罗伯特等大公司的独特历史,把它们作为总体潮流中的典型例子和先驱者。在这本书中,钱德勒创建了自己对战略的定义,而这至今仍有很大的影响。对他来说,战略就是"决定一个公司的目标,采用某些行动方针,分配必要的资源来达到这些目标"。除了这个定义,钱德勒还详细地描述了"战略"和"战术"、"战略制定"和"战略实施"之间的重要区别。

多样化战略是《战略与结构》的核心问题。钱德勒发现,多样化在20世纪初期的传统组织中产生了大量的问题。但钱德勒认为,问题不在于多样化战略本身,而在于其传统的管理结构。这引出了钱德勒那句著名的评论:"如果结构不适合战略,结果就是低效率。"解决传统组织多样化问题的方法就是引入钱德勒称之为"事业部制"的组织结构。

钱德勒的多事业部门结构的观点立刻在理论和实践两方面造成了巨大的影响。理论上,钱德勒的观点促成了威廉森早期提出的交易成本经济理论。同时,一批哈佛的博士生继续分析在美国和欧洲的多样化经营和事业部化,这是战略管理理论的第一次系统的研究。在实践上,麦肯锡的咨询顾问们在20世纪60年代建立起来的新的事业部模式用的正是钱德勒的案例。钱德勒把战略问题上升到了总部办公室,使公司中心计划部门有了很大修改,这在20世纪60年代到70年代开始发展。

3. 评价

艾尔弗雷德·杜邦·钱德勒是现代工商史的奠基人。同时,他对战略管理学科有着重要的早期影响。他第一个系统地记录了现代大型企业的兴起,在此过程中,他使我们对于"战略"、"组织结构"和"组织能力"等重要名词有了正确的理解。"结构从属于战略"是钱德勒的名言,他强烈地支持这种观点:内部因素是取得竞争成功的极其重要的因素。

四、对战略规划理论的总结和评价

(一) 基本假设

若干基本的前提假设构成了战略规划理论的基础,有些是明显的,有些则是隐含的。

(1) 战略形成是一个有意识的、深思熟虑的过程。这是战略规划理论的基本假设,也是最明显的假设。有效的战略是人们严谨思考的结果,没有充分的理由是不能采取行动的。从这个意义上讲,战略制定是一项通过后天学习可以得到的技巧,它不是先天的、与生俱来的。战略不是直觉,战略是学习和思考的结果。

(2) 战略控制的责任人是战略家,战略家是企业首席领导人。谁对战略的实施和控制负责?战略家。谁是战略家?企业的首席领导人。这个首席领导人就是处于企业组织金字塔顶端的那个管理者。安德鲁斯认为"总裁就是组织目标设计师","董事会的成员必须审查战略,而非董事会的成员不过是战略形成过程的配角,而组织以外的人员则完全排除在战略形成过程之外"。当然,在现实中,原则上是由首席领导人负责整个战略进程,而战略实施则需要全体规划人员负责。

(3) 战略形成是一个有着很强针对性的理性分析过程。战略与具体情况有关,有效的战略必须置于具体的企业情景中。而任何一个企业的内外部条件都是具体的，没有哪一个企业的情况会和他人一样，因此，战略形成是一个针对具体企业的理性分析过程。可以说，战略是为每个企业量体裁衣。战略规划理论对战略本身的内容讲得不多，相反非常注重战略的发展过程。战略发展过程其实就是一种建立在战略家出众的个体能力基础上的"创造性活动"。

（4）战略设计的结果是形成一个观念，而战略规划正是观念具体化的过程。战略规划分为前期的战略设计阶段和后期的具体战略规划阶段。战略设计的目的是形成一个目标体系，而这个目标体系的核心和实质就是观念，这些目标不只是事实判断，更是价值判断。形成了观念之后，战略规划才进入具体详细的规划，而观念将贯穿规划制定的全过程。

（5）战略应该是明确的，并且保持简单。战略规划理论的学者都认为，战略必须是明确的，应当尽可能地表述清楚，以方便组织其他成员对战略的理解。战略必须保持简单，这是战略"给复杂的组织带来了简单"。

（6）战略贯彻的前提是战略已经完全制定好。许多人认为战略在实施过程中将进一步被修正明确，战略制定实际上融合在战略贯彻过程中。而战略规划理论则坚决反对这一点，他们坚决把思考和行动分割开来。战略经过深思熟虑的理性思考和分析制定好后，组织结构和行动方案都要按照战略的内容进行调整和更新。正如安德鲁斯所言："只有我们了解自己的战略后，才能确定出合适的组织结构。"

（二）核心思想

战略规划理论是企业战略的古典理论，更是经典理论，其核心思想可以概括为：

（1）战略基点：企业适应环境。企业战略是内部资源与外部环境相互作用的结果，是企业适应未来环境变化行动的基本逻辑。

（2）战略目标：市场扩张。企业的战略目标最终要落实到市场份额的增长上，市场份额的增长是企业生存、发展、战胜对手的关键。

（3）战略手段：资源配置。战略规划的核心实际上就是如何使资源配置最优,即如何以企业现有的资源与目前外部环境中的机会相配合,以及各种资源如何在企业战略经营单位和经营活动之间进行配置。

(4) 战略保证:组织结构适应战略。组织结构必须服从企业战略,以保证资源配置的顺利进行与目标的实现。

(三) 历史贡献

1. 战略规划理论奠定了战略管理的理论分析体系,使战略管理成了一门独立的管理学分支

战略规划理论开始于 20 世纪 50 年代,兴盛于六七十年代,在短短的二三十年里,战略规划理论的研究者广泛深入地研究并定义了战略,建立了战略研究的基本框架,设计了无数的实用有效的战略分析工具,例如 SWOT 分析、波士顿矩阵等,并通过教科书的写作归纳总结了战略管理的基本思路和总体研究体系,这使得战略管理变得规范和系统,并最终开辟了战略管理这一管理理论研究领域。以后的战略理论都在战略规划理论的基础上丰富着战略管理的思想,这使得战略管理变得越来越充满魅力,并具有越来越强的学科独立性。

2. 战略规划理论将管理带入了战略管理的阶段,并彻底改变了企业经营的基本逻辑

管理实践可以划分为作业管理、经营管理和战略管理三大阶段。在泰勒时代,科学管理关注的是工厂生产效率,管理的实质是作业管理和现场管理,劳动效率是管理的中心,企业经营的基本逻辑就是尽可能生产出最多的优质产品。福特的生产流水线和"T"型车思路将这种逻辑贯彻到极致。进入 20 世纪,在法约尔一般管理思想和巴纳德的社会系统管理思想的指导下,企业感到生产不是企业经营的唯一活动,企业经营是一个系统的过程,采购、生产、销售和各种财务等辅助性的活动都决定了企业的经营效率。于是,企业经营进入了经营管理的阶段。企业的经营逻辑是构造并维护一个良好的经营体系,所有的经营子体系都协调运转,以保障企业活动的高效完成。而到了 20 世纪五六十年代,在战略规划理论的研究引导下,企业管理进入了战略管理阶段。此时,企业经营逻辑不仅仅是内部

的协同和耦合，更多的则是对未来的把握和对环境的适应。企业经营的竞争不是谁在现在取得优势，而是谁在未来取得优势。而战略管理正是一种未来谋划。

3. 战略规划理论为企业提供了一种切实有效的应对未来的思考和方法体系

企业如何制定措施适应环境的变化，这是一个具体而复杂的问题。战略规划理论为企业制定战略提供了很好的参考。明兹伯格认为战略设计学派和战略规划学派都为企业提供了一个很好的战略制定的思路。再加上战略规划理论开发的一系列的简单实用有效的战略分析工具，战略规划理论不仅为企业制定战略提供了丰富的观念、思想和行动准则，也为企业战略实施提供了切实可行的分析工具、评估工具、验证工具，使得企业的战略制定不再是一种纯观念的讨论和争议，而变成了一种切实可行的程序和过程。

(四) 缺点与不足

战略规划学说存在着一些明显的不足。明茨伯格在其著作《战略规划的衰落与复苏》中指出，战略规划理论至少存在三种谬误：

(1) 预测的谬误。战略规划理论认为，预测是可能的，强调预测的重要性，并要求尽可能做到准确的预测。但实际上，除某些重复出现的事件外，由于环境的不连续性，预测很难做到。

(2) 分离的谬误。战略规划理论认为，战略制定和战略实施具有可分离性，战略思考和战略行动是分离的。实际上，在企业实践中，它们难以分离。战略制定过程往往是一个学习的过程，战略制定和实施实际是一个问题的两个方面。

(3) 程式化的谬误。战略规划理论认为，战略是明确的、详细的、常规性的未来计划。实际上，在许多情况下，战略应该只是一个宽泛的远景，而不是准确描述的计划。常规的程序根本无法预测环境变化的复杂性和不连续性。

第四节 产业组织理论的形成和发展

随着社会经济形态的变化,学者们逐渐认识到市场结构与产业特征如产业集中度、产业壁垒、产品差异对企业赢利能力等的影响远比外部的总体政治、经济环境的影响要大,产业组织理论逐渐形成。行业选择与市场定位成为企业战略的核心问题。

一、产业组织理论的产生背景

经典的战略规划理论与产业组织理论之间并不存在严格的逻辑关系。产业组织学说的产生应该说是一个跳跃,它是近现代社会生产方式深刻变化的必然结果。

首先,随着大规模机械化生产的出现,企业兼并浪潮迭起,大企业不断涌现,大企业通过价格约束、独家经营、产品搭配等方法,获取了远超过以前行业平均利润的巨大利润。另外,一些寡头组成了托拉斯集团,通过控制原料来源、瓜分市场、限定价格、控制产量、设立市场进入壁垒挤压、排挤中小企业,利用市场权力攫取高额的垄断利润。在这种情况下,市场结构变得越来越集中,市场结构由自由竞争结构演化为寡头垄断甚至于绝对垄断结构。在这种情况下,这些企业的成功往往并非因为它们出色的管理,而是因为行业巨大的进入壁垒和这些垄断产业组织对行业的控制力。在这些垄断性行业中,即使是最平庸的管理也能使企业获利。

其次,随着企业竞争的加剧,企业越来越注重差异化。企业通过产品差异化、广告、专利,建立了市场限制,建立了强大的进入壁垒,在行业内形成垄断,从而攫取高额垄断利润。张伯伦(N. W. Chamberlain)指出,产品差异可以导致厂商对局部市场的垄断,产品差异化程度越高,则垄断程度越强。企业差异化不仅会形成行业内垄断,甚至会形成新的独立行业,市场结构变得越来越集中,市场结构也由自由竞争向垄断竞争转化。

最后，大规模机械化生产也使企业的资本密集程度提高，行业的进入门槛大大提高，这也加剧了行业集中度的提高和垄断的形成。

在这种背景下，产业组织的力量已经逐渐超过了一般的政治、经济环境的力量，成为企业经营业绩的主宰因素。如果商业的总体环境允许，将会有很多有吸引力的行业出现。

行业市场结构的变化，导致了企业经营战略的改变。战略家们纷纷从适应环境的战略管理的传统框架中跳出来，转向寻找有吸引力的行业。从而出现了贝恩（J. S. Bain）分析模型、PIMS 模型和迈克尔·波特的竞争战略理论。

二、产业组织理论的发展历程和基本思想

（一）发展历程

产业组织理论研究始于 1938 年美国哈佛大学梅森产业组织研究小组的创立。这一小组主要对市场结构、竞争行为、经营业绩及三者的关系进行实证研究，研究各种不完全竞争模型的特征和影响，研究政府反托拉斯活动的影响和组织建设。梅森于 1939 年发表了《大企业的生产与价格政策》。1959 年，梅森的弟子贝恩在其所著的《产业组织》一书中提出了结构—绩效模型。他重点研究了产业集中、产品差异化、进入壁垒、规模经济等对市场结构与经营绩效的影响。谢勒在 1970 年出版了《产业市场结构与绩效》，对市场行为与经营绩效的关系做了更深入的研究，正式确立了产业组织理论的经典分析框架：结构（Structure）—行为（Conduct）—业绩（Performance）。

（二）基本思想

对产业组织理论的研究始于哈佛大学。佛学者的思想观点在 20 世纪 60 年代前，一直处于理论的主流研究地位，并形成了产业组织理论的哈佛学派。哈佛学派的主要观点有：

（1）产业集中度对经营绩效有明显影响。贝恩统计了 1936 年到 1940 年美国的 42 个行业，结果发现市场集中度不同，行业平均利润率存在明显差别。集中度高的行业平均利润率为 12.1%，而集中度

低的行业平均利润率只有6.9%。贝恩认为,集中度高的行业的厂商可以通过限制产出、提高价格的办法来提高利润。

(2) 市场集中会导致资源配置的无效率。为了防止这种现象的发生,应当限制兼并,反对垄断,反对共谋,维护市场有效竞争(Workable Competition)。

(3) 判断市场是否有效竞争的标准有:①市场结构标准。集中度不太高,容易进入,没有极端产品差异化。②市场行为标准。没有价格共谋,没有产品共谋,对竞争者没有压制政策。③市场绩效标准。存在不断改进产品和生产过程的压力,价格随着成本的大幅下降而下降,企业与产业处于适度规模,销售费用占总费用的比重不存在过高现象,不存在长期过剩的生产能力。

由于哈佛学派强调市场结构对企业行为与绩效的决定作用,因此,哈佛学派又称为结构主义学派。

三、迈克尔·波特的战略思想和理论

迈克尔·波特于1980年、1985年、1990年分别出版了《竞争战略》、《竞争优势》和《国家竞争优势》三本经典著作。他创造性地运用微观经济学,尤其是产业组织理论分析企业战略问题,创立了一套分析的模型和工具,为战略管理开辟了一片新的研究天地。他关于企业竞争的论文和书籍成为全世界最大企业的经理、咨询顾问及证券分析家们必读的经典。

(一) 生平简介

迈克尔·波特于1947年出生于美国密歇根,父亲是一名军官。1969年在普林斯顿大学获得科学工程学士学位后,又先后在哈佛大学读完了工商管理硕士和哲学博士。取得博士学位后不久,哈佛大学为其提供了一个教学职位,1981年,年仅34岁的他就当上了哈佛大学的正教授。此后,他一直留在哈佛。

在波特的学术生涯中,他专门致力于研究竞争、竞争要素、竞争的决定原因。他曾担任许多一流公司以及加拿大和新西兰等多国政府的咨询专家和顾问。20世纪80年代初,他曾是美国总统里根的全球企业竞争委员会的成员。

（二）主要思想

迈克尔·波特在市场结构的影响、企业竞争、企业竞争优势的获得等战略性问题上有着许多深刻独特的见解，并形成了较严密的理论体系。以下仅介绍其对企业实践影响较大的几项有着明显方法论意义的工具理论。

1. 行业结构分析的五力模型

迈克尔·波特在其《竞争战略》一书中，创立了行业结构分析的五力模型。这一模型认为，在一个行业中存在五种力量，这五种力量分别是供应商、购买者、现有竞争对手、替代产品或服务、新加入者。这五种力量相互作用、相互影响、相互斗争决定了这一行业的竞争性质和程度。通过分析五种力量对竞争环境的影响，企业可以明确地判断在该行业中应当处于什么样的战略地位。

迈克尔·波特认为，在不同行业中，五种力量的每一种力量发挥作用的程度不同，但是他们共同决定行业的长期盈利性。他们影响公司确定的价格、必须接受的成本以及为了在该行业中竞争所需的投资水平。新进入者带来蚕食市场份额、分享利润的威胁，强有力的购买者和供应商会侵占企业的边际利润，替代品的出现限制住价格，现有竞争者的敌对情绪则给企业带来竞争压力。而"产业结构"正是每一种力量的"函数"。"产业结构"被迈克尔·波特定义为"一个行业的经济和技术基本特性"。

2. 通用竞争战略

迈克尔·波特在《竞争战略》一书中还总结了企业的通用竞争战略：成本领先战略、差异化战略与专一化战略。波特认为公司必须从三种战略中选择一种以赢得竞争优势。

成本领先战略是指把成本控制到比竞争者更低的程度。成本战略很大程度上依赖于企业的技术水平和管理水平。成本战略仍然强调特异追求。

差别化战略是提供与竞争者不同的产品或服务，让顾客感觉你提供了比竞争者更高的价值。

专一化战略要求企业致力于发现并服务某一特定的市场区隔，

某一特定的产品种类,或某一特定的地理范围。

后来,波特对其三大战略作了修改,根据竞争优势的来源(成本或差异化)及竞争的范围(整个市场或特别区域)提出了四大战略:成本领先、差异化、成本专一化与差异专一化。

3. 价值链模型

价值链是迈克尔·波特为了弥补其以往的竞争战略分析中只考虑市场结构对企业盈利的影响,而忽视企业特点对企业盈利的影响这一不足缺陷而创立的。企业是由一系列的作业组成的,每一项作业都要消耗资源,但也要形成"价值",因此作业链也就表现为"价值链",企业的经营活动也就表现为价值活动。企业价值活动包括基本活动与辅助活动,基本活动包括内部后勤、生产、销售、售后服务。而辅助活动包括企业的基础设施、人力资源管理、技术开发、采购。波特认为企业要想获得竞争优势必须要想方设法提高价值,降低成本,而要提高价值,审视并调整价值链是一个非常重要的途径。具体讲,有重构企业价值链、重构上下游价值链、联盟、专一化、寻求战略协同等方法。价值链分析的主要缺陷是面面俱到,涉及因素与环节太多,没有轻重缓急。虽然它看起来简洁明了,但实际上很难操作。

四、总结性评价

(一) 理论贡献

产业组织学派的理论相对于传统的战略管理理论有几个明显的突破。

首先,产业组织理论强调了市场结构对企业经营绩效的影响,指出了行业的选择是企业战略的关键。传统的战略管理更关注企业的外部环境和未来,忽视了企业是作为一个行业的系统成员而存在的这一事实。传统战略管理的基本观点使得企业的宏观环境分析成为重点,而中观行业环境在理论研究中则往往是一笔带过或浅尝辄止。产业组织理论研究突出了市场结构分析和行业选择的重要性,完善了企业战略管理的实践和理论。

其次,产业组织理论的观点认为产业组织比一般性的经济、社会因素更能够影响企业的经营业绩。传统战略管理理论注意到宏观环境因素对企业经营绩效的重大影响却忽视产业组织对企业的影响,实际上,企业的盈利水平与行业地位密切相关。宏观环境因素是外在的,是企业不能改变的,它对企业产生影响,也必然对企业的竞争者产生同样的影响。因此,从某种意义上讲,宏观环境因素可以视为系统风险,它对行业内的不同企业都是公平的。而产业组织的特点则对处于相同行业地位的企业有着不同的影响。所以,产业组织比一般经济、社会因素更能影响企业。

其三,波特的竞争战略理论将企业战略理论动态化,突出了在竞争战略的制定过程中要考虑竞争对手的反应。传统的战略管理理论的动态化是将环境视为一种变化,将环境动态化,而企业不变;而波特的竞争战略理论的动态化则是将企业动态化,研究企业在不同竞争关系中,不同行业地位中的特点并依据此特点制定战略。这种动态使企业的内部条件(资源和能力)发生了比较性变化,而内部条件的这种评价变化在传统战略管理理论中是不存在的。

(二)理论质疑

产业组织理论取得了不小的理论突破,但产业组织理论的几个重要观点却受到了学界的强烈质疑。

1. 行业集中度与利润率、价格是否存在正相关关系

贝恩的统计结果显示,行业集中度提高会导致企业利润提高。这是产业组织理论的基础观点。然而,布罗却对这一观点表示质疑。他指出:"……以前研究的数据不够严格;行业和厂商的样本缺乏代表性;研究者把所得到的统计关系的意义了解错了;所用的方法也不全面;行业分类是主观的……结果产生的唯一合理解释是研究者先入为主地认为集中是反竞争的。"后来,经济学家用更好的数据和统计技术重新检验了以前的结论,发现集中与盈利性或价格之间确实并无确定的正相关联系。魏斯用 Mann 的多元回归资料发现,在利润与高度集中以及进入高壁垒之间存在一种明显的正相关。然而,当把某个行业剔除出去以提高统计的置信度时,关系就颠倒过来了:高度集中行业的平均利润率要低于较少集中的行业。

现在，有越来越多的研究表明，行业集中度与利润、价格不存在正相关关系。

2. 能否同时采用成本领先战略与产品差异化战略

首先的质疑是：能否同时采用成本领先战略和差异化战略？波特认为低成本与差异化是企业竞争优势的两个重要来源，但他同时也认为，这两种战略是不相容的，因此，绝大多数情况下，企业只能追寻其中的一种战略。波特认为只有在两种条件下，企业才可能在成本与差异化方面同时得到改善，而这两种条件是很难实现的：一是企业远未达到生产可能性边界；二是生产可能性边界向外移动。波特提醒战略家们：脚踏两只船是危险的，要么在成本上竞争，要么在产品特性上竞争，或者针对某一特定的细分市场。

但现实是：随着环境的不断变化与竞争程度的日益加剧，实施多种战略存在可能性，并且可能更有效。目前普遍流行的大规模定制的生产方式就实现了成本领先与产品差异化的融合。以往的单一大规模生产方式是通过减少产品差异，大批量生产来降低单位成本的。而大规模定制采用的是按订单生产，通过零存货来降低成本，同时通过个性化、差异化的生产来满足顾客的要求。

3. 企业成功的关键到底决定于市场结构还是企业的内部资源与能力

波特认识到决定企业成功的两个方面即产业吸引力和竞争地位，强调制定战略要从产业结构分析入手，选择有吸引力、有发展前景的行业。如果一个行业具有很强的吸引力，那么企业就应该进入，但如果行业进入门槛低，那么，大量进入会导致行业供给的饱和，行业利润率迅速下降，行业的吸引力也会下降。那么，在这种情况下，企业是否又应该退出该行业呢？如果行业进入壁垒高，企业又要靠什么才能进入呢？这就提出了一个新的问题，即企业成功的关键到底是什么？一个很好的例证是美国西南航空公司。在1990年全行业亏损的情况下，美国西南航空公司却保持着持续的利润上涨。如果按照波特的理论，在全行业亏损，行业缺乏吸引力的情况下，美国西南航空公司就应该退出该行业。但现实却是西南航空公司留在了在行业中，并取得优异的成绩。而美国西南航空公司取得成功的原因不是它进入了一个好的行业并在该行业中取得优势地位;相反,它成功的原因更多来自内部,来自它的资源和能力。

波特的竞争战略基本上分析的是结构化的市场,即产业界限已经明确固定、游戏规则已经确立、市场发育成熟、产品概念已经明晰,企业是作为市场跟随者,也就是说根据已定的游戏规则行事。而真正最有效的战略是要成为游戏规则的制定者。正如普拉哈拉德和哈默尔倡导的,在行业内部,要成为规则的创造者,不仅要提高现有业务运作效率,更要创建全新的业务。要追赶他人,但更要创造本行业的新优势。波特的战略只是告诉人们在某种市场结构下应采用何种战略,而没有对如何改变市场结构提供策略指导。

产业组织学派过于强调企业外部因素,尤其是行业结构因素的影响,而忽视了对企业内在的分析,这是产业组织理论最大的软肋。

第五节 资源、能力基础理论的形成和发展

战略规划思想占主流时,战略就是规划未来。当产业组织理论占主导地位时,战略的核心就是定位于有吸引力的行业并通过成本领先或产品差异化来赢得竞争优势。当资源、能力基础理论流行的时候,企业战略的核心又转变成挖掘与培养公司有价值的、无法仿制的、难以替代的资源和能力。

一、资源、能力基础理论的产生背景

(一) 归核化的出现

20世纪80年代,企业混合兼并、多样化经营开始衰落,回归主业成为新潮流,实践证明行业吸引力无法保证企业产生好的经营业绩。20世纪80年代,许多企业纷纷清理非核心业务,回归到几个核心业务上,理论界称之为归核化。归核化成为20世纪80年代企业经营的一大特征。据伦敦商学院的马基茨(C. Markides)统计,从1981年到1987年,实行多样化的企业只有8.5%,而实行归核化的

企业占 20.4%，而归核化的企业在 1950 年和 1960 年分别只有 1.3%和 1.1%，多样化经营的企业比例明显下降。在归核化的过程中，企业开始发现：决定企业成功的关键不是选择有吸引力的行业，建立进入堡垒，改变市场结构，获取超额利润。实践证明，一些行业缺乏吸引力、机会少、威胁大，但其中的有些企业仍然取得了很好的经营效益，所以，企业成功的关键是企业长期以来是否积累形成了独特的资源与不可模仿、难以替代的竞争力。

（二）日本企业实践的成功

20 世纪 70 年代末 80 年代初，日本企业的成功使人们感觉到企业内因在竞争中具有重要作用。20 世纪五六十年代，在世界市场上，日本企业生产的产品曾被认为是劣等品的代名词，日本企业的产品只能在低端消费市场进行低价竞争，到了 20 世纪 70 年代中后期，日本企业的产品却受到了越来越多的人的喜爱和欢迎，而进入了 20 世纪 80 年代，日本企业更是全面超越美国企业，成为世界企业界的领军人物。日本企业的这种超越式发展，并不是日本企业占据了吸引力强的行业或者在行业中具有先天的优势地位。恰恰相反，日本企业不仅在吸引力强的行业取得了成功，也在所谓吸引力弱的行业取得了成功。它们不是天然就取得较美国企业更优的市场地位；相反，它们最初是美国企业完全瞧不起的低等竞争者，但正是这些低等竞争者最后超过它们原来仰视的美国霸主企业，成为世界新的霸主。

在分析日本企业成功的原因时，学者们发现，传统产业组织理论和波特的竞争优势理论是无法作出合理解释的。学者们认为，日本企业的成功可能更多来自它们的资源差异、学习能力和独特的文化，正是这些内在因素使得日本企业产生了质的变化，从世界劣等产品的生产者变成了世界优质产品和服务的提供者。

（三）基础理论的发展和丰富

基础理论的新发展如契约理论、激励理论、信息理论和战略联盟理论的发展使理论工作者更多地从企业内部来寻找影响企业业绩的理论解释。新的社会现象的出现对已有理论提出了挑战，但如果没有基础理论的发展和丰富，理论工作者是缺乏必要的思维武器和方法工具去解释这种变化、差异和各种悖论的。

企业内部的因素是否对企业成功起到了决定性因素,这需要我们对企业微观环境和结构,包括企业内部各种基本要素进行系统、全面、深刻地认识和了解。激励理论的发展使企业认识到成功的公司的人员激励水平明显高于一般公司和失败的公司;信息理论的发展使企业认识到信息流的处理能力在企业成功中发挥着重要作用;战略联盟理论在研究企业联盟失败的原因时,发现联盟企业能力、资源不匹配是一项不可忽视的因素。这些理论研究为我们从内部寻找企业成功的原因提供了分析观点和方法工具。

(四)知识受到高度重视

知识在企业中的作用日益受到重视。战略规划理论强调环境适应,产业组织理论强调行业选择和产业定位,而资源、能力基础理论则强调知识。过去福特的T型汽车简单得只有300多个主要配件,而现在一辆本田轿车的主要零配件供应商就有上千家;过去生产和质量是企业发展的方向,而现在设计和技术则成为企业竞争的关键。正是对知识的重视使人们转变关注的重心,开始由外部环境和行业向内部资源能力转移。其实,人们越来越发现,企业能否很好地适应环境,这是一种能力问题。有了适应环境的观念并不能保证你能在环境变化中不被淘汰,企业必须形成环境适应能力才有可能获得未来的垂青。而行业选择与产业定位与企业的资源条件和能力水平就有着更大的关系。资源、能力必须关注,而且必须重点关注,因为它们决定了知识的使用效果和效率,决定着企业竞争的成败。

二、资源、能力基础理论的基本思想

20世纪80年代中期开始,许多研究范围经济与交易成本的学者开始关注企业内部资源的价值和作用;一些学者开始研究不可模仿的、难以替代的资源在企业业绩中的决定性作用;另一些学者重点研究了积累持久竞争优势的途径、市场竞争中不完全信息的作用。这些对资源、能力基础论的形成起了重要作用。

资源、能力基础理论的代表人物包括彭罗斯、沃纳菲尔特、鲁梅尔特、巴尼、迪瑞克、库尔、蒙哥马利、哈默尔、普拉哈拉德、福斯等。瑞典哥本哈根商学院的教师在传播与发展资源、能力基础理论及核心竞争力理论方面也起到了重要作用。

（一）基本观点

资源、能力基础论主张从企业的内部来寻找企业成长的动因，用资源与能力来解释企业差异的原因。他们认为，如果企业无法有效仿制或复制出优势企业产生特殊能力的源泉，各企业之间具有的效率差异状态将永远持续下去。企业内部能力、资源和知识的积累是企业获得超额利润和保持企业竞争优势的关键。

（二）基本概念

资源、能力基础理论区分了资源、能力这两个概念。资源可以是有形的，如资金、厂房、设备等，也可以是无形的，如人力资本、专利、品牌等；而能力则总是无形的。从经济学上讲，资源是可交换的，而能力是不可交换的。由于语言的限制与法律上无法取证的特性，能力无法契约化，但不可交换的能力是建立在可交换的资源之上的。

如何界定资源，标准有三：需求、稀缺与成果的可占有性。即资源能够创造顾客需要的价值，资源无法被竞争对手模仿，这种资源产生的利润能够被公司占有。

将一组资源组合使用的方法与技能就是企业的能力；同样的资源，配置方法不同，会产生完全不同的效果，这就是能力的差异。能力包括人与人之间、人与资源之间的协调。完善这种协调需要重复与强化，这就是组织路径。温特与尼尔森提出的组织路径（Organizational routines）就是一种能力。组织路径是由一系列个人的协调活动构成的常规的、周期性出现的、可预测的活动模式。组织路径其实是强调积累与学习。路径是一系列的资源协调关系网，它是通过长期学习获得的一种行为方式。

（三）基本假设

资源、能力基础论的假设是：企业具有不同的有形的和无形的资源，这些资源可转变成独特的能力；资源在企业间是不可流动的，且难以复制；这些独特的资源与能力是企业保持持久竞争优势的源泉。当一个企业具有价值独特、不易复制、难以替代的资源时，它就比其他企业更具有竞争优势。

资源、能力基础论将企业看成是一系列独特的资源的组合而不是同质的追求利润最大化的黑箱。它认为决定企业赢利能力的，主要是它能够比竞争对手更好地掌握与利用某些核心资源与能力。企业战略的核心是通过积累与配置无法仿制的资源来获得长久的竞争优势。

三、资源、能力基础理论的代表性思想

（一）沃纳菲尔特的《企业的资源、能力基础理论》

1984年，沃纳菲尔特在《战略管理杂志》上发表的"企业的资源、能力基础理论"是一篇里程碑式的论文，它宣告了资源基础理论时代的到来，资源、能力基础理论这个概念随之诞生。这篇论文从资源的角度而非从产品的角度来分析企业，同时在分析工具上他发明了用资源位置壁垒（resource position barrier）来代替进入壁垒，用资源-产品矩阵来代替增长-份额矩阵。虽然沃纳菲尔特倡导的分析工具后来没有流行，但他提出从企业内部来寻找企业差异的原因这一角度导致了战略管理界革命性的变化。

（二）格兰特的"竞争优势的资源、能力基础理论"

1991年，格兰特在《加利福尼亚管理评论》上发表了《竞争优势的资源、能力基础理论：对战略制定的含义》一文，对资源、能力基础理论作出了较为精辟的总结与诠释。

在这一论文中，格兰特对战略的制定过程建立了一个实践框架。这一框架主张战略制定的过程应该包括5个步骤：

（1）确定与评价公司的资源。资源包括有形资源与无形资源。

（2）确定与评价公司的能力。格兰特指出，企业最重要的能力很可能是一种综合能力，它整合了各部门的能力。如NEC将计算机与电讯技术相结合的能力，飞利浦在光学媒体技术方面的能力。这些综合性的技能往往更难以被模仿，因此更能成为竞争优势。这种能力也就是普拉哈拉德与哈默尔主张的核心竞争力或塞尔兹尼克强

调的独特竞争力。

(3) 分析公司的资源与能力的赢利潜力。公司的竞争优势会因资源的折旧及被竞争对手的模仿而消失,过于普通、简单、单一的能力也容易被竞争对手掌握,从而导致企业丧失持续的竞争优势。因此,必须评估资源、能力的潜力。

(4) 评估回报的可占有性。如关键性员工的跳槽可能会导致回报的流失,因为企业的优势能力可能集中在这个具体的人身上。但当企业依赖的是一种综合性的、集体性的而非个人掌握的资源或能力时,回报的可占有性就强。

(5) 制定战略。公司最重要的资源是那些经久耐用的、难以界定、难以理解的、不能完全流动的、难以仿制的、公司拥有所有权并能够控制的资源与能力。战略的核心就是如何有效地保护与利用这些资源,把自己的业务范围限定在自己的资源具有竞争优势的领域。企业要不断地投资、挖掘、培养、维持自己的独特资源与能力,保持竞争优势的持久性。

(三) 柯利斯与蒙哥马利的"基于资源的竞争"

1995年,柯利斯与蒙哥马利在《哈佛商业评论》上发表了《基于资源的竞争:20世纪90年代的竞争》一文,柯利斯与蒙哥马利进一步总结了格兰特的观点,并提出了自己的资源基础战略。该战略的制定过程包括三步:选择有价值的资源;对这些有价值的资源进行投资;资源升级。首先,对企业的资源进行筛选、排列与评估,选择出最有价值的、难以模仿的资源作为重点培植的对象;其次,要不断投资以维持资源的竞争力;最后,还要不断对资源进行升级,如增加新资源、开发新资源或转移到较少竞争的行业。

柯利斯与蒙哥马利认为,其实能力也是一种资源,因此,在他们的资源基础战略中,包括对能力的考虑。

(四) 普拉哈拉德和哈默尔的"公司核心竞争力"

1990年,普拉哈拉德与哈默尔在《哈佛商业评论》上发表了《公司核心竞争力》一文。作为核心竞争力的标志性文献,该文具有划时代的意义。

普拉哈拉德与哈默尔将核心竞争力定义为"组织中的累积性学

识，特别是关于怎样协调各种生产技能和整合各种技术的学识"。他们认为，企业取得持续竞争优势的根本方法是要培养企业的核心竞争力。核心竞争力是工作中跨工作边界的沟通、协同与共识，它不会因为使用而衰减，反而越使用越分享越能够增值。但核心竞争力需要培养与抚育，就像知识不使用就会老化一样。核心竞争力是现有业务的黏合剂，是新业务发展的引擎。是核心竞争力而非市场吸引力决定企业多元化的方式及决定应进入哪个市场。

核心竞争力理论倡导的企业战略中核心竞争力的识别、培育、扩散与应用是企业核心竞争力管理的关键环节。对于核心竞争力的鉴别，普拉哈拉德与哈默尔认为它必须提供占领广阔多数市场的能力；它能够使购买最终产品的顾客明显受益；它必须是竞争对手无法模仿的。核心竞争力应当具有稀缺性、专用性、方法性特征。作为资源要具有稀缺性特征，作为资产要具有专用性特征，作为知识要具有方法性特征。

在核心竞争力的培养上，可以通过长期的学习、积累形成，也可以通过兼并其他企业来获取。从长期来看，内部积累可能是获得难以模仿或难以替代的资产的最主要来源。因为这种资源如果能够从市场上轻易地购买到，那么这种资源就不能够形成核心竞争力。

普拉哈拉德与哈默尔还提出了核心树的概念。他们将多样化经营的公司看成是一棵大树，树干是核心产品，叶、花、果是最终产品，而提供营养、保持稳定的根系是企业的核心竞争力。

四、评价

资源、能力基础理论的优点是显然的。

首先，它克服了战略规划理论，尤其是产业组织理论的理论缺陷，解释了为什么有些企业在内外环境恶劣的情况下，仍然取得了成功（例如20世纪70年代进入美国市场的日本公司）；为什么有些企业在全行业亏损的情况下，仍然取得较高利润（例如美国西南航空公司）。资源、能力基础理论明确表示，企业在竞争中取得成功，不主要依靠对环境的判断分析和适应，更不主要依靠对行业吸引力

第七章 战略管理理论的形成与发展

的判断和行业地位,主要依靠的是独特、他人难以模仿的资源、能力,尤其是核心竞争力。

其次,它向企业指出了一条如何以弱胜强、以小搏大,保持长期竞争优势的道路。只要企业发现、培养、保持、发展自己的优势资源、能力,尤其是核心竞争力,企业就一定可以在较长时期内获得消费者和市场的认同肯定,就一定会超过那些自以为是、自高自大的所谓强大公司,而成为行业中的领头羊,并在长时间内保持竞争优势。资源、能力基础理论认为,企业的竞争不是环境优劣的竞争,不是规模、发展时间、行业定位的竞争,企业的竞争是资源、能力的竞争,是核心竞争力认识、判断、培养、发展的竞争。企业,现在可能是渺小、微不足道的,但它完全可以依赖自己的独特资源和能力成为市场的最强者。

但是,我们更应该注意到资源、能力基础理论的局限性,这对我们整体地把握战略管理理论的价值并恰当地运用有着非常大的好处。

首先,人们无法确定企业众多的资源中,何种资源或哪组资源对企业的成功真正起着决定作用。在现实中,很可能是一组资源在起作用,而非某个单独的资源决定企业的成功。竞争力与资源是难以识别、分离和度量的,因为它们具有隐晦、不可模仿、互动与整合的特点,它们的作用难以从其他因子的作用中分离出来独立衡量,因此难以检验。

其次,可操作性是资源、能力基础理论的一大难题。资源、能力基础理论与核心竞争力理论缺乏一种坚实的实证基础和微观理论基础。战略规划理论和产业组织理论都有代表性的分析工具,如矩阵、脚本分析、五力模型、价值链等,可资源、能力基础理论却没有一个分析工具被人们普遍接受。它仅仅提供了一个分析视角,即从企业的内部来寻找企业获利能力的根本原因。由于缺乏简洁明了的分析工具,这一理论的应用价值大打折扣。

再次,资源、能力基础理论忽视了对外部环境的分析。战略规划理论强调内部资源与外部环境的匹配,产业组织理论注重市场结构的影响,而资源、能力基础理论则只是强调内部资源的这一方面,不管哪一个理论实际上都割裂了完整的战略分析。资源、能力基础理论忽视对市场需求的分析，从而也就忽略了战略的动态特征以及环境等客观因素的主宰作用，一些资源、能力理论的支持者往往都会陷入"人定胜天"的唯心主义实践误区中。

最后，资源、能力基础论强调对现有资源的分析，而忽略了如何创造新的资源。资源、能力基础理论在很大程度上受演进观点的左右，具有浓厚的"回顾"色彩。这种思维的基本模式会形成"过去必然延续"的基本观点，从而容易忽略创造和革新，尤其是远景等未来观念的重大作用。其实，著名学者黎永泰教授指出，企业在最初的时候，什么都没有，也即谈不上什么优势资源、能力，更谈不上核心竞争力，但企业只要有对未来的一种信念，是可以走下去，并取得成功的。普拉哈拉德与哈默尔的战略意图概念重视了未来观念的作用，但分析却十分粗糙，其对战略意图如何实现缺乏深入的探讨。

第八章　企业文化与跨文化管理理论的形成与发展

企业文化与跨文化管理的出现,是现代管理理论发展的一个重大转折,成为管理历史上当之无愧的重要里程碑。著名学者黎文泰教授指出,企业文化与跨文化管理,使企业管理适应了欣欣向荣的新经济时代、信息时代、文化时代及全球化时代的特质,满足了社会生产力发展后对企业管理提出的新要求,顺利实现了管理的四个转变:①使以机器为中心的管理思想,向以人为中心的管理思想转变;②使以事务为中心的管理思想,向以经营灵魂为中心的管理思想转变;③使以硬规范、硬约束为中心的管理思想,向以个性塑造为中心的企业文化管理思想转变;④使以短期目标和行为为中心的管理思想,向长期目标和行为为中心的企业文化管理思想转变。

第一节　企业文化管理理论的形成和发展

一、企业文化管理理论的萌芽

文化,英译为 Culture,源于拉丁文 Cultura。Cultura 在拉丁语中的本意为"人类活动的结果"。在历史发展过程中,Cultura 的意义不断演变,早期发展出五种意义,包括农业种植活动、居住生活活动、实践生产活动、神灵崇拜祭祀、意识注意活动。公元 18 世纪之后,文化的意义进一步发展,指个人素质、社会知识、思想道德、风俗习惯、艺术文艺、学术研究等的综合,即在一定时代,某一地区的人类全部社会生活的总和。英国著名人类学家泰勒,在 1871 年出版的《原始文化》一书里,最早给文化以明确定义。他指出:文化或文明是一复杂的整体,所谓文化,就广泛的人类学而言,包括知识、信仰、艺术、道德、法律、风俗及作为社会成员而获得的任何能力与习惯的复合整体。文化具有后天习得性、共享性、整合性、适应性等特点。

企业文化作为社会文化的亚文化组成部分,必然具备文化的一般性质和特点。霍恩斯认为,"企业文化是在工作团体中,逐渐形成的规范。例如,霍桑试验的续电器绕线机组观察室形成的'干一天公平的活,拿一天公平的工资'这种特殊的规范";约翰·P·科特和詹姆斯·L·赫斯克特认为,企业文化"是指一个企业中各个部门,至少是企业高层管理者们所共同拥有的那些企业价值观念和经营实践……是指企业中一个分部的各个职能部门或地处不同地理环境的部门所拥有的那种共通的文化现象";特雷斯·E·迪尔和阿伦·A·肯尼迪认为,企业文化是一个企业所倡导的得到大家认可的价值观,它包含了价值观、英雄人物、习俗仪式、文化网络、企业环境等要素。综上所述,本书认为,企业文化是指在企业管理过程中所形成的,企业员工共同遵循的文化观念、价值准则、生活信念和发展目标,以及由这些因素所构成的组织文化氛围等。

第二次世界大战结束后,日本在经济重建中取得了巨大成就,国民经济快速恢复并急剧增长,到了20世纪70年代,日本经济已经对美国和西欧构成了强大的威胁。为了对抗日益大量涌入的日本产品和资本,维护本土企业的利益,美国企业界和学术界掀起了研究日本管理的热潮。哈佛大学傅高义教授1979年出版的《日本名列第一》一书认为,日本是亚洲唯一实现工业现代化的非西方国家,它之所以能取得成功,关键在于能够在本国传统的基础上,努力吸收其他国家的优良传统,并加以融会贯通。密歇根州立大学的特普斯特拉教授在其《国际企业的文化环境》中指出,美国人自我中心意识非常强烈,因而非常容易忽视其他民族或国家的文化。而美国传统的大熔炉观念,把美国人潜藏的封闭文化这一事实掩盖起来。事实上,美国的贸易壁垒正在崩溃,因此,美国必须打破文化壁垒。越来越多的研究者和企业家,开始认识到美日企业管理方式的不同。

过去所流行的理性化管理，缺乏人性化，对于人们积极性和创造性的激发，没有持久的效力。只有像日本企业一样，塑造出一种能动的、系统强势的、具有管理功能的企业精神及核心价值观，并将之实施于企业全体员工，整合改变其思维方式、价值理念和行为模式，才能对企业经营和长远发展发挥决定性的作用。黎永泰教授指出，所谓企业文化管理，是一种以全体员工为中心，以培育具有管理功能的、对环境适应的、系统的、完善的、强势的精神文化为内容，以形成企业具有信仰特征的经营理念为目标，使企业增强对外的竞争力和扩张力，增强对内的向心力和凝聚力的管理思想制度和方法。

20世纪80年代，在对美日企业深入研究的基础上，美国出版了《Z理论——美国企业界怎样迎接日本的挑战》《公司文化——现代企业生存的习俗与礼仪》《日本企业的管理艺术》《追求卓越》《创办卓越》《美国企业精神》《寻求优势》等多部企业文化研究专著，取得了巨大成果。这一时期的研究主要探讨了企业文化的基本理论，比如企业文化的内涵、功能、要素、结构、类型，以及企业文化同企业管理的相互作用与关系等。到20世纪90年代，企业文化的研究进一步发展，出现了四个新的研究趋势：第一，开展了企业文化基本理论的深入研究；第二，开展了企业文化与企业效益的关系研究；第三，开展了企业文化测量研究；第四，开展了企业文化的诊断和评估研究。

二、20世纪80年代早期：企业文化理论奠基阶段

（一）企业文化管理理论研究四重奏

1979年，美国国家广播公司（NBC）到日本拍摄了名为《日本能，难道美国人不能？》的电视片，节目在国内播出后，引起了美国国民的强烈反响。1980年，比尔·艾伯纳西在《哈佛商务评论》发表的《在经济衰退中进行管理》一文，可视为企业文化管理学派的诞生之作。随后，美国又连续出版了威廉·大内的《Z理论——美国企业界怎样迎接日本的挑战》（1981年）、理查德·帕斯卡和安东

尼·阿索斯的《日本企业管理艺术》(1981年)、特雷斯·E·迪尔和阿伦·A·肯尼迪的《公司文化——现代企业生存的习俗与礼仪》(1982年)、托马斯·J·彼得斯和小罗伯特·H·沃特曼的《追求卓越——美国最佳经营公司的经验》(1982年)。这四本企业文化著作在美国和西欧国家广为传播，成为轰动一时的畅销作品，影响深远，长久不衰，它们可称为企业文化的奠基之作，被誉为"企业文化四重奏"。它们以深刻的见解和丰富的例证，塑造出一个崭新的管理理论系统，标志着企业文化管理理论的产生。

1. 威廉·大内

威廉·大内是加利福尼亚州立大学洛杉矶分校的美籍日裔教授，美国斯坦福大学企业管理硕士，芝加哥大学企业管理博士。他从1973年开始研究日本企业管理，1981年，大内出版了《Z理论——美国企业界怎样迎接日本的挑战》。他认为，企业文化是"进取、守势、灵活性——即确定活动、意见和行为模式的价值观"。该书分析了企业管理与文化的关系，提出了举世瞩目的"Z理论"。大内通过对美日两国典型企业的比较研究，提出了A、J、Z三类组织的分类。他从雇用制度、决策制度、责任制度、控制机制、晋升方式、员工职业发展、对员工关怀七个方面对美日企业管理进行了比较分析，把典型的美国企业管理模型称为A型组织管理模式，日本企业的管理模型称为J型组织管理模式。

其中A型组织的特点为：

(1) 短期雇佣；

(2) 迅速评价和升级，即绩效考核期短，员工得到回报快；

(3) 专业化的经历道路，造成员工过分局限于自己的专业，但对整个企业了解并不多；

(4) 明确的控制；

(5) 个人决策过程，不利于激发员工的聪明才智和创造精神；

(6) 个人负责，任何事情都有明确的负责人。

J型组织的特点为：

(1) 实行长期或终身雇佣制度，使员工与企业同甘苦、共命运；

(2) 对员工实行长期考核和逐步提升制度；

第八章 企业文化与跨文化管理理论的形成与发展

(3) 非专业化的经历道路，培养适应各种工作环境的多专多能人才；

(4) 管理过程既要运用统计报表、数字信息等清晰鲜明的控制手段，又注重对人的经验和潜能进行细致而积极的启发诱导；

(5) 采取集体研究的决策过程，对工作集体负责；

(6) 人们树立牢固的整体观念，员工之间平等相待，每个人对事物均可作出判断，并能独立工作，以自我指挥代替等级指挥。

A 型组织倾向于实施硬管理、理性管理、形式管理和外显管理，显得过于死板、机械和生硬化，缺乏适当的人性化，从而导致组织无法形成较强的凝聚力；相比之下，J 型组织倾向于实施软管理、人性管理、整合管理和隐性管理，管理特点显现出充分的人性化和有机性，非常重视组织思想、氛围、员工需要、信息沟通和技术创新能力等。因此，组织成员在思想上高度统一，形成很强的凝聚力和战斗力。在企业管理中，最重要的是形成一种优秀的、独特的企业文化，用文化来塑造具有竞争力的企业个性，塑造具有自我管理功能的员工，这种以企业文化为根本管理制度和手段的组织管理思想，就是"Z 理论"。

Z 理论的核心在于信任、微妙性和人与人之间的亲密性。通过文化精神的整合统一，达到对物质行为层面的控制。大内肯定："这种组织文化的发展，可以部分地代替发布命令和对工人严密监督的官僚方法，既能提高劳动生产率，又能发展工作中的支持关系。"大内还认为，以 Z 理论为标志的企业文化管理，对于企业管理有跨文化的意义。

2. 特伦斯·E. 迪尔和阿伦·A. 肯尼迪

1982 年，特伦斯·迪尔和阿伦·肯尼迪出版了《公司文化——企业生活的习俗和礼仪》一书，详尽地分析了企业文化的概念、构成要素、分类等。他们认为，每一个企业或组织都有一种文化，而文化有力地影响着整个组织，甚至组织中的每一件事。日本之所以成功，一个重要原因就是日本在全国范围内维持了一种强烈而凝聚的文化。不仅个别的企业具有强烈的文化，而且企业界、银行界以及政府之间的文化联系也是非常有力的。美国企业应该恢复历史上曾有过的独创性观念和设想，塑造出强烈的企业文化。迪尔和肯尼迪指出企业文化的构成要素有五类：

(1) 企业环境。它是对企业文化的形成和发展具有关键影响的因素。

(2) 价值观。即组织的基本思想和信念，它们本身就形成了企业文化的核心。

(3) 英雄人物。即把企业的价值观人格化且本身为员工提供了具体的楷模。

(4) 礼节和仪式。即公司日常生活中的惯例和常规，它向员工表明了对他们所期望的行为模式。

(5) 文化网络。即组织内部主要的非正式沟通手段，也可以说是企业价值观和英雄人物传奇的"运载工具"。

同时，迪尔和肯尼迪还将企业文化划分为四种类型，包括：硬汉型企业文化、赌博型企业文化、工作娱乐型企业文化和按部就班型企业文化。

3. 托马斯·彼得斯与小罗伯特·沃特曼

美国著名管理专家托马斯·彼得斯与小罗伯特·沃特曼在其合著的《追求卓越——美国最佳经营公司的经验》一书中，指出了美国20世纪60年代以来，居于统治地位的"理性主义"管理方式的弊端，批评了美国企业界只看重数字分析，依赖管理数理工具的做法。他们研究并总结了300家优秀创新型公司的经营管理活动，发现这些公司都以公司文化为管理的动力、方向和控制手段，在经营中取得了巨大的成就。在此基础上，彼得斯和沃特曼总结出美国最成功公司企业文化的8项特质：

(1) 侧重行动：先做，再修改，然后再尝试。

(2) 接近顾客：优秀的企业实际上和它们的顾客靠得很紧，其他企业只停留于空谈，而优秀的企业说到做到。

(3) 自主创新和企业家精神：鼓励和呵护员工的个人主义精神和创新行动。

(4) 以人为本：人是企业最大的资源和财富，尊重和关心每一位员工，并强化其自信和出人头地的心理，通过人潜能的发挥来提高生产率。

（5）价值驱动：企业领导者的真正任务是将企业价值观贯彻到每个员工的内心深处。

（6）坚持本行：优秀公司的产品几乎都沿着他们所熟知的方面扩展，很少进入他们未知的领域。

（7）精兵简政：组织形式和系统简单明了。

（8）宽严相济：本质上是指公司的集权指导和最大化的个人自治两者的共存。公司一方面管理严格，另一方面又坚决主张自治、创业和来自普通员工的创新。

彼得斯和沃特曼认为，杰出公司的共同特色是有一种强劲有力的公司文化，成绩卓著的公司能够创造一种内容丰富、道德高尚而且为大家接受的文化准则，一种紧密相连的环境结构，使职工们情绪饱满，互相适应，和谐一致。他们有能力激发大批普通职工做出不同凡响的贡献，从而也就能产生有高度价值感的目标。这种价值感来自对产品的热爱、提供质量服务的愿望和鼓励革新以及对每个人的贡献给予承认和荣誉。

4. 帕斯卡与阿索斯

1978年，麦肯锡顾问公司的罗伯特·华特曼、汤姆·彼得斯邀请了斯坦福大学的理查德·帕斯卡和哈佛大学的安东尼·阿索斯，共同参与一个研究课题。他们商定先由各自提出关于成功组织的基本要素，然后大家再一起讨论。成功要素必须简洁明了，最好每个要素的首字母一样，以便于记忆。阿索斯首先提出"战略"、"结构"和"制度"，这三个词的首字母都是S。随后，他又提出"指导观念"和"共同价值观"。帕斯卡提出"风格"，彼得斯提出"技能"。在这次讨论的基础上，阿索斯和帕斯卡总结出著名的企业文化"7S模型"，即战略（Strategy）、结构（Structure）、制度（Systems）、人员（Staff）、技能（Skills）、作风（Style）、共同价值观（Shared Value）。

20世纪80年代初，帕斯卡和阿索斯对美日企业进行了对比研究，以日本松下电器公司及其创始人松下幸之助，作为日本企业管理的典型代表，以美国国际电话电报公司及其总裁哈罗德·吉宁，作为美国传统企业管理的典型代表,对他们进行了深入详尽的对比分析。研究结果表明,美日企业在战略、结构、制度这三个"硬S"上没有太大区别。但是日本企业既注重"硬S",同时还注重人员、技能、作风和共同价值观这四个"软S"。而美国企业没有认识到"软S"的重要性,偏重于"硬S"。因此,帕斯卡和阿索斯提出,美国企业应该改变现有的管理模式,塑造全新的具有竞争力的企业文化。

(二)企业文化管理理论研究两派别

20世纪80年代,随着企业文化研究的深入,美国学术界发展出两种不同的研究派别。一派是定性化研究,以美国麻省理工学院的爱德加·沙因(Edgar H. Schein)为代表;另一派是定量化研究,以密西根大学的罗伯特·奎恩(Robert Qunn)为代表。定性化研究,主要对企业文化的内涵、功能、结构等进行深层次研究,以构建企业文化的理论意义大厦。但是定性化研究无法进行客观测量,对于企业文化、行为和效益等因素的相互关系,不能展开精确的相关性研究。定量化研究,主要是通过假设确立企业文化的特征和维度,提出企业文化的相关模型,从而进行精确量化的企业文化测量、评估和诊断。但是定量化研究无法深入研究企业文化的深层意义和结构体系,只能在表面进行现象学的研究。

1. 爱德加·沙因

埃德加·沙因在芝加哥大学获文学学士学位,在斯坦福大学获文学硕士学位,在哈佛大学取得社会关系学博士学位,后在麻省理工学院任教。沙因教授一直为美国和欧洲的许多大型组织做咨询工作,在组织开发领域以丰富的实践经验为基础,取得了巨大的学术成就。1985年,他出版了专著《企业文化与领导》,对组织文化的概念进行了系统论述。沙因明确提出,企业文化就是:在企业成员相互作用的过程中所形成的,为大多数成员认同的,并且用来教育新成员的一套价值体系(包括共同意识、价值观念、职业道德、行为规范和准则等)。他把组织文化划分成三种水平:

(1)表面层:指组织的外显现象和物理特征,如建筑物、服饰、工作环境、标志等。

(2) 应然层：指组织内隐的文化特征，如组织成员的价值观、组织氛围、团体气氛等。

(3) 突然层：处于组织的最深处，它是组织用以应对外界环境的最根本的手段和方式。

此外，沙因教授还对企业文化的内容、作用、功能和层次，以及企业文化的产生、发展和演变进行了深入研究。

2. 罗伯特·奎恩

美国密歇根大学教授奎恩，对企业文化研究的最大贡献在于将竞争价值理论模型从分析组织内部冲突与竞争紧张性研究，扩展到对组织文化的分析，开辟了组织文化测量、评估和诊断研究的新途径。这一理论模型包含了反映竞争需要的维度和产生冲突的维度，前者用于测量企业文化的变化与稳定性，后者用于衡量组织内部管理与外部环境。以这两个维度为基础，奎恩发展出组织文化的四种类型：群体性文化、理性化文化、发展型文化和官僚式文化。奎恩还使用该理论模型，系统测量并探讨了组织文化的深层结构，以及与组织的价值观、决策、领导、战略等相关的基本假设。

三、20世纪80年代中后期：企业文化理论完善阶段

到20世纪80年代中后期，企业文化研究进入理论完善阶段，学术界对企业文化的内涵、功能、结构、性质、作用、类型，以及同相关管理因素的关系进行了更进一步的研究。在这一时期，出版了大量理论研究成果，其中比较著名的有劳伦斯·米勒的《美国企业精神——美国未来企业经营的八大原则》（1984年）、玛丽·凯·阿什的《用人之道——美国企业家谈人才管理》（1984年）、沃尔特·戈德史密斯和戴维的《制胜之道——英国最佳公司成功的秘诀》（1984年）、汤姆·彼得斯和南希·奥斯汀的《志在成功——领导艺术纵横谈》（1984年）、戴维·布雷德福和艾伦·科恩的《追求卓越的管理》（1985年）、弗雷德里克·E·舒斯特的《A战略：人与效益的关系》（1986年）、彼得·F·德鲁克的《创业精神与创新——

变革时代的管理原则与实践》(1986年)、彼得·F·德鲁克的《面对未来的选择——机会与成功》(1986年)、盛田昭夫的《日本造——盛田昭夫和索尼公司》(1986年)、柳田邦男的《企业活力的奥秘》(1986年)等。

(一)劳伦斯·米勒

米勒认为,公司唯有发展出一种文化,且这种文化能激励在竞争中获得成功的一切行为,这样公司才能在竞争中成功。每个公司都必须为它的员工和股东订出一套公司文化的发展计划。他在《美国企业精神——美国未来企业经营的八大原则》一书中,指出未来的企业要想取得成功,必须建立相应的企业文化,而这种文化则应建立8种基本价值观。

1. 目标原则

"目标"构成了"领导者"与"管理者"的区别,领导者有崇高的目标。领导者把目标传给别人,借此创造出力量。

2. 共识原则

未来的成功管理者会充分运用下属的集体智慧;企业成功与否,取决于它是否能聚集众人的能力。

3. 卓越原则

"卓越"并非一种成就,而是一种精神。卓越精神掌握了一个人或一个公司的生命与灵魂,它是一个永无止境的学习过程,本身就带有满足感。

4. 一体原则

工人不再希望与责任无关。他们希望参加企业竞赛,并希望得胜。现在,让我们使他们全都成为管理人员。

5. 成效原则

行为是结果的函数,这是人类行为的基本法则。只要对某种行为加以奖赏,这种行为就会经常出现。因此,当我们学会对成效加以奖赏时,我们就会有成效。

6. 实证原则

管理者的第一要务是思考。公司的未来前途全要靠他清楚思考、批判性思考,以及创造性思考的能力。

7. 亲密原则

亲密是介于组织、主管和员工之间的一条看不见的线。有了亲密感，才会有信任和忠贞。

8. 正直原则

每个领导者都需要跟随者。跟随是一种信任行为，也就是对领导者有信心。但只有当领导者本身正直时，这种信心才会产生。

（二）盛田昭夫

盛田昭夫于1921年1月26日诞生在日本一个最古老、最优秀的酿酒世家。但是，盛田昭夫并没有如人们所想象的那样去继承祖业，成为一个酿酒商人。1946年，他与井深大在日本东京成立了索尼的前身——东京通信工业，他们以500美元资金起步，通过半个世纪的艰苦奋斗，终于把一个开创时仅有20人的小公司，发展成为拥有10余万员工，产品销售遍布全世界，年销售额高达数万亿日元的超级跨国企业，创造出令人瞩目的"索尼神话"，盛田昭夫因此也被世人誉为"国际先生"。盛田昭夫的成功在于积极创造市场，用新产品引导消费者，而不是按市场需求生产产品，这是索尼得以成功发展壮大的根本原因。盛田昭夫笃信企业发展必须具备优秀的科技人才，他非常重视那些与众不同、异想天开的富有创新精神的人才。盛田昭夫在经营实践的同时，不断完善索尼的经营理念和管理哲学。他用实践证明了一个成功的企业所必须具备的优秀文化要素，成为日本企业文化的代表。

四、20世纪90年代：企业文化理论全面深入研究阶段

20世纪90年代，企业文化已经得到企业界的普遍认同，企业家愈来愈重视文化在企业管理中的重要地位和作用。由于企业经营实践的迫切要求和大力推动，学术界对于企业文化的理论研究，进入了又一个快速发展的阶段。在这一时期，企业文化研究展现出四个特点。

(一) 开展了企业文化基本理论的深入研究

20世纪90年代,企业文化的理论研究,由之前着重于对企业文化的内涵、功能和结构的研究,转为对文化在企业管理中发挥作用的内在机制的研究。理论研究开始侧重于对企业文化与人力资源管理、企业文化与组织气氛、企业文化与环境、企业文化与创新等相互关系的深入研究。

1. 本杰明·斯奈得

本杰明·斯奈得在《组织气氛与文化》一书中,建立了著名的企业文化关系模型,该模型对组织文化、社会文化、组织气氛、管理过程、组织效益,以及员工工作态度、工作行为等内外因素的关系进行了相关分析。斯奈得认为,组织文化通过作用于人力资源管理,影响组织内部气氛,从而影响员工的工作态度、工作行为以及对组织的奉献精神,最终影响组织目标的完成。组织文化对组织效益发挥着根本的影响。

2. 詹姆斯·C·柯林斯和杰里·I·波勒斯

柯林斯和波勒斯详细考察分析了3M公司、美国运通公司、波音公司、花旗银行、福特汽车公司、惠普公司、IBM公司等36家著名企业,围绕12个命题进行了解答,包括:伟大的公司靠伟大的构想起家,高瞻远瞩公司需要杰出而眼光远大的魅力型领导者,最成功的公司以追求最大利润为首要目的,高瞻远瞩公司拥有共通的"正确"价值观,唯一不变的是变动,绩优公司事事谨慎,高瞻远瞩公司是每一个人的绝佳工作地点,最成功公司的最佳行动都是来自高明的、复杂的战略规划等。柯林斯和波勒斯通过研究,得出四个主要的成功企业所遵循的价值观念:

(1) 做造钟师,也就是做建筑师,不要做报时人。
(2) 拥护兼容并蓄的融合法。
(3) 保存核心,刺激进步。
(4) 追求持续一贯的协调一致。

(二) 开展了企业文化与企业经营业绩的研究

1. 卡默和弗瑞蒙

密西根大学的卡默和弗瑞蒙,在长期研究的基础上,发表了

第八章　企业文化与跨文化管理理论的形成与发展

《文化的和谐、力量和类型：关系与效益》一文。他们运用抽样调查的方法，选出三百多家具有代表性的企业作为研究样本，通过问卷、访谈、文献收集等方式，对文化整合、文化力量和文化类型与组织效益之间的关系，进行了深入调研分析。

2. 约翰·科特和詹姆斯·赫斯克特

约翰·科特毕业于麻省理工学院和哈佛大学，1972年成为哈佛商学院教授，1980年，年仅33岁的科特又被聘为哈佛大学终身教授，成为哈佛大学校史上极少数拥有这项荣誉的年轻人之一。1992年，科特和赫斯克特出版了《企业文化与经营业绩》一书，总结了他们在1987至1991年期间对美国近百家公司的企业文化和经营状况的深入研究，将企业文化分为强力型企业文化、策略合理型企业文化和灵活适应型企业文化三种类型，并对它们与公司长期经营业绩的关系进行了详细分析，认为企业文化对企业经营业绩产生着重大的影响。科特指出，企业文化（特别是当它的力量十分雄厚时）会产生强有力的经营业绩。无论是对付企业的竞争对手，还是为本企业消费者提供服务，它都能促使企业采取快捷而协调的行为方式，也能引导掌握知识者在欢歌笑语中跨越经营的险滩。

（三）开展了企业文化测量的研究

20世纪90年代，学术界对于企业文化测量的研究蓬勃发展。1991年，英国的JAI出版公司的《组织变革与发展》第5卷刊出了三篇关于组织文化测量的论文：

（1）Daniel R. Denison和Gretchen M. Spreitzer的《组织文化和组织发展：竞争价值的方法》。该文主要介绍了竞争价值框架，描述了在此框架下所定义的四种主要的文化指向，目的在于探讨竞争价值模型对于研究组织文化的用途。

（2）Rayamond F. Zammuto和Jack Y. Krakower的《组织文化的定量研究和定性研究》，用聚类分析的方法提供了混合研究的范例。

（3）Robert E. Quinn和Gretchen M. Spreitzer的《竞争价值文化量表的心理测验和关于组织文化对生活质量影响的分析》。该文表明了不同文化类型与生活质量之间的密切关系。

1997年，Pierre Dubois& Associates Inc出版了一套组织文化测量和优化量表，提出了组织文化的测量模型。该模型包含了七个方面的内容：

一是社会—经济环境：主要指社会文化环境、市场竞争等。

二是管理哲学：主要指使命、价值观、原则等。

三是对工作情景的组织：主要指企业组织结构、决策过程等。

四是对工作情景的知觉：主要指对工作的知觉和对管理的知觉。

五是反应—组织行为：主要指工作满意度、工作压力、工作动机和归属感等。

六是企业经营业绩：主要指质和量两方面。

七是个人和组织变量：主要指年龄、职位、个人价值观等。

（四）开展了企业文化的诊断和评估研究

1. 罗格·哈瑞森和赫伯托克

1992年，罗格·哈瑞森和赫伯托克出版了《诊断企业文化——量表和训练者手册》。他们确定了大部分组织共同具有的四种文化，在此基础上针对不同企业进行相应的变化，这种诊断可用于团队建设、组织发展、提高产量等。

2. 卡默

1998年，卡默和奎因在竞争价值观框架（Competing Values Framework，简称CVF）的基础上构建了OCAI量表。OCAI提炼出评估组织文化的六个因素：①主导特征；②领导风格；③员工管理；④组织凝聚；⑤战略重点；⑥成功准则。

奎因还指出，OCAI能够有效地诊断出组织文化的类型、强度和一致性。OCAI为评估组织文化提供了一个直观、便捷的测量工具，同时为理解企业文化提供了理论框架，也为再造组织文化提供了相应的手段和途径。

第二节 企业跨文化管理理论的形成和发展

一、跨文化维度分析模式理论研究

所谓跨文化管理即要求管理者改变传统的一元文化的管理观念,把管理的重心转向对企业所具有的多元文化的把握和文化差异的认识上,运用文化的协同作用,克服多元文化和文化差异带来的困难,充分发挥多元文化和文化差异所具有的潜能和优势,使国际企业具有生机和活力。其研究的核心是探索在管理过程中由文化的多元性所引起的冲突、交流与融合,及由此所产生的共性、差异性和规律性问题,从而提出一个全新的适合跨文化管理的企业文化模式。

在跨文化比较管理学领域,不少研究者通过对不同国家、区域、民族文化的调查,提出了相应的跨文化维度分析模式,为跨文化企业管理提供了解不同国家文化的思维工具。其中较有影响力的有:霍夫斯泰德的文化维度模式、克拉克洪和斯卓特贝克价值双向模型、特姆彭纳斯与特纳的文化架构理论、爱德华·霍尔的高情景文化语言和低情景文化语言分析模式等。

(一) 霍夫斯泰德的文化维度模式及评价

1. 霍夫斯泰德(Hofstede)的文化维度模式

荷兰著名的跨文化研究专家霍夫斯泰德,从20世纪60年代起,就开始对IBM遍布全球50个国家的10多万名员工,就企业管理风格、员工价值理念、信仰追求、组织氛围、员工心理满足感等问题,进行了抽样调查。他假设IBM的员工具有相似的教育背景、个性特征等,因此他们对同一问题的回答,能够反映出不同文化对员工产生的影响。通过长期深入的调查研究,霍夫斯泰德在1980年出版的《文化的后果》一书中,公布了他的研究成果,引起了学界的极大震惊,产生了深远的影响。在该书中,霍夫斯泰德提出了文化维度模式,从五个价值纬度对文化管理差异进行了分析:

(1) 权力距离：指社会对一个企业中最高权力与最低权力之间距离的接受程度。如奥地利和以色列的工人不能接受过大的权力差距，工人和经理被认为是平等的，可以形成更为合作的关系，过于强烈的命令则令人难以接受。

(2) 不确定性规避：指社会对个人自由的宽容程度。在高不确定性规避的国家文化中，个人自由度较少（不确定性小），专家和权威通常被认为是正确和不容怀疑的，全民有统一的思想，工人的好斗性也较低。

(3) 个人主义：指社会是强调个人还是更强调集体。在个人主义倾向社会中，个体之间的联系是不稳固的，人们只关心自己及自己的家人。如美国等西方国家，个人主义程度较高。而集体主义则是一种相反的社会价值取向，在集体主义社会中，人们从出生之日起就被整合到具有强烈集体意识的小群体中，并通过交换对小群体的忠诚而获得保护。

(4) 男子气概：指社会文化支持传统的男子取向的程度。在多数文化中，男人的社会角色是成功、成就和事业，女人的社会角色是家庭，那么这种文化是男子气概较强的文化。

(5) 长期取向：即对时间的基本取向。这种文化的价值观认为节俭和储蓄是重要的，愿意为将来投资，坚持长远目标等。中国被认为是长期取向较强的国家，而美国等西方国家的长期取向性则稍弱。短期取向的社会，立足于现在，着眼于眼前的利益，注重承担社会的责任。

2. 文化维度模式评价

霍夫斯泰德的文化维度模式，是迄今为止在跨文化管理研究中较为完整、系统的文化分析模式。其价值主要体现在以下三个方面：

第一，将五个方面的价值取向作为研究文化差异的要素，这为跨文化管理研究者或国际管理者提供了观察不同的国家文化差异性的"坐标系"。

第二，其研究表明，与组织中的职位、专业、年龄、性别等因素相比较，文化价值观在解释人们的工作价值观与态度的差异性方面更具有说服力。即使在发达国家之间，也存在明显的文化差异性。

第八章　企业文化与跨文化管理理论的形成与发展

所以,科学的研究态度应当是对具体国家的文化进行具体的分析。

第三,指明了一个国家的管理原则与方式是建立在其文化基础上的,只有透过文化的差异性观察不同国家的管理方式的差异性,才能提升跨文化管理活动的目标性及有效性。

不过,霍夫斯泰德文化维度模式仍然存在局限性。首先,其研究主要是静态的研究,没有涉及对文化演变及影响文化价值观变化因素的分析;其次,研究的对象主要是管理者,而不是一般雇员,能否全面反映企业全体员工的真实状况有待探讨;再次,其研究样本全部来自IBM公司,因而研究的代表性受到质疑。

(二) 克拉克洪和斯卓特贝克价值双向模型及评述

1. 价值双向模型

克拉克洪是较早提出跨文化理论的美国人类学家之一,他是哈佛大学教授,现已故世。太平洋战争时期,他曾参与美国战争情报处组建的一个约30人的专家队伍,研究不同文化的价值、民心和士气。该研究组通过对日本民族的心理和价值观的分析,向美国政府提出了不要打击和废除日本天皇的建议,并依此建议修改要求日本无条件投降的宣言。第二次世界大战后,克拉克洪和斯卓特贝克,在哈佛大学和洛克菲勒基金会的资助下,在位于美国得克萨斯州的一片居住着五个不同的文化和种族的社区,进行了一项大规模的文化价值观研究。在研究基础上,克拉克洪提出了五大价值取向,这是人类所共同面临的问题。通过不同文化的人群对这五大问题的观念、价值取向和解决方法,就能识别出他们不同的文化特征,从而把不同的文化区分开来。这五大基本问题是:

(1) 人的本性。文化价值观将人性分成性善还是性恶,人性是可以改变的,还是不可以改变的。有关人性的假设会影响管理的职能,主要是影响领导风格和与激励机制有关的管理职能。管理人员秉承性恶论,他们会采取广泛的控制手段以保证员工的纪律,领导作风是专断型的。对于内部信息不是共享,而是严密控制。员工在组织中找不到可以信赖的朋友,他们唯一能忠诚的只是家庭。

(2) 人与自然的关系。它包括主宰自然、与自然协调及屈服自然三种选择。人与自然关系的价值观念影响管理人员解决战略和经营方式问题的取向。在主张自然至上的文化中，管理人员更多地屈从现实，并作出与现实一致的反应；在主张人战胜自然的文化中，管理人员主张通过人的努力改变现状，有勇气去战胜经营中存在的一个个问题，组织解决问题时总是有助于采取积极行动。

（3）时间观念。对于时间，人们有过去取向、现在取向和未来取向三种。过去取向强调传统、经验、历史；现在取向主张只争朝夕、及时行乐的方式生活，几乎不为明天打算；未来取向则相信今天所作所为必将影响未来，对未来作用巨大。

（4）做事方式。分为"存在型"和"实干型"。人们对当前的情况作出自然的富于感情的反应是存在型的特征，员工倾向于与生俱来的生活方式；实干型强调通过行动和努力把事情做完，它代表了一种具有强制性的目标取向。

（5）人际关系。包括个人、群体和等级关系。前两个方面区分是个人还是群体主导社会。美国文化强调个人主导社会；亚洲文化强调群体主导社会，个人的地位由群体决定。等级关系则强调人们之间与群体之间的地位差别，几乎所有的文化都强调等级观念。

2. 价值双向模型评价

"价值双向模型"将人的价值观在二元对立中予以区分，乃是极端的情形，现实中只能对它们作趋向性判断，而不能作唯一性判断。有时，有的组织会在不同情形下对两种价值观交替使用，有时又会使两种价值观达到融合状态。因此，在具体应用中，只能把它们和实际联系起来使用。

（三）冯·特姆彭纳斯和查尔斯·汉普顿·特纳的文化架构理论

荷兰学者特姆彭斯和特纳，提出文化的本质不在于那些表面可以看到的东西。文化是群体共享的思维系统，是人们理解与解释世界、解决问题与调和所处的两难境地的一种方法。每一种文化都具有其解决问题与调和困境的特殊方法。总体来说，每一种文化都面临需要解决的三个方面的问题：第一，在我们与他人的关系中产生的关系问题；第二，在时间流逝过程中产生的问题；第三，在人们与环境的关系中产生的问题。所以，对一种文化的分析可以透过这三个方面来进行。在1993年出版的《跨越文化浪潮：理解全球化

第八章 企业文化与跨文化管理理论的形成与发展

经营中的文化差异》一书中,特姆彭纳斯以价值观取向和关系取向的理论为基础,提出了国家文化的七个基本方面。

1. 普遍性与具体性

所谓普遍性是指以共同的"规则"为基础的行为价值取向。根据普遍性的价值取向,人的思想与实践可以不受任何限制地运用于任何地方,"真"与"好"是普遍的。所谓具体性是指以"关系"为基础的一种价值取向,"真"与"好"是依具体情景而定的。在高普遍性的社会,如在美国、澳大利亚、英国、德国及一些北欧国家中,人们重视客观规则,而不是个人之间的关系。在高具体性的社会,如在韩国、俄罗斯、委内瑞拉、中国、印尼与阿拉伯国家中,人们重视主观性的人际关系与信任,做生意时人们首先想到的是关系,而不是法律合同。

2. 个人主义与共有主义

个人主义文化的核心是"自我取向"的价值观,这种价值观将自我视为一个独立的个体,追求个体目标;共有主义文化的核心则是"群体取向"的价值观,这种价值观将自己视为群体的一个部分,追求的是共同目标。

3. 中性与情感性

中性文化是指人们对情感采取抑制或控制的文化。日本与英国是高中性文化的国家,这些国家的人们试图不表现他们的情感,他们行动冷静,镇定自若。情感性文化是指情感公开,自然表露的文化。在这种文化中,人们爱笑,大声交谈,热情问候。墨西哥、瑞士与荷兰是典型的情感文化的国家。

4. 特殊性与扩散性

特殊性文化是指个体具有较大的公共空间,他们愿意与其他人分享这种公共空间,但自己的私人空间却严格限制他人进入,个人常常是开放的、外向的,并且更直接,组织中的管理者常常将工作与私人生活严格区分开来。扩散性文化是指个体公共空间与私人空间是重叠的,进入了个体的公共空间也就进入了他的私人空间,工作与私人生活常常是无法分开的。美国是典型的特殊性文化,而中国则是典型的扩散性文化。

5. 成就文化与归因文化

成就文化是指人们的功能与身份必须一致。成就文化给予高成就者较高的评价，不管他是谁，只要他取得了成就，就会得到社会认可。一个人的地位与影响力取决于其所达成的成就，即教育水平、经验与工作绩效。美国、澳大利亚和瑞士等国家是成就取向的社会。归因文化根据出身、年龄、性别及社会联系等因素确定人们的地位与身份。埃及、阿根廷、沙特、西班牙等国家是归因取向的社会。

6. 时间取向

由于管理者需要协调他们的经营活动，故他们需要某种类型的关于时间的共享期望。由于不同文化对人们彼此之间联系的假设不同，故他们对时间的看法也不同。对时间的观点可以归结为两个类别，其一是对时间持续性与同时性的理解，其二是对过去、现在和未来的理解。

7. 环境

特姆彭纳斯与特纳认为，最后一种文化因素是人们同环境打交道的方式。在这方面存在着两种不同的价值取向。一种是控制环境的价值取向或称为"内在控制"的价值取向，另一种是适应环境的价值取向或称为"外在控制"的价值取向。这两种价值取向对人们如何控制日常社会及管理具有直接的影响。

(四) 爱德华·霍尔的高情景文化与低情景文化语言分析模式

美国著名人类文化学家爱德华·霍尔，根据人们在沟通过程中的信息传递与接收的准确性和清晰性，提出了高情景文化语言和低情景文化语言的分析框架。霍尔认为，根据对"情景"与"内容"的不同组合，可以将文化语言分为两类：一类是高情景文化语言，另一类是低情景文化语言。

1. 高情景文化语言

在沟通过程中只有很少的一些信息是经过编码后被清晰传递出来的。高情景文化语言的社会重视人际交往和沟通过程中的"情景"而不是"内容"，人们注重建立社会信任、高度评价关系和友谊，关系的维持相对来说较长久。沟通常常是含蓄的，但人们对含蓄的信息非常敏感，也能体会它的含义，个体从其早年就学会了准确地解释这些含蓄的信息。具有权力的人对下属行为负有个人责任。信任是人们履行协议的基础,协议常常是以口头形式,而不是书面形式确定的,"圈内人"和"圈外人"较为容易辨识,"圈外人"很难进入"圈内人"的群体。在商务谈判的过程中,人们不太重视时间,但却拘泥形式。

2. 低情景文化语言

在沟通过程中大量的信息已经存在于清晰的编码中。低情景文化的社会重视人际交往和沟通过程中的"内容"而不是"情景"。低情景文化语言的社会不太重视个体之间的关系,"深入了解对方"似乎是没有必要的,人与人之间的关系持续的时间较短,沟通常常是直接的,人们在生活早期就被教育要准确清晰地表达自己的意思。权力被分散在整个官僚体系中,个人的责任被严格地确定,法律是履行协议的基础,协议必须以具有法律效力的书面形式确定。"圈外人"与"圈内人"的界限并不十分清晰。在谈判过程中,人们重视时间和效率,但却不太重视形式。

二、跨文化企业管理理论研究

(一)帕尔默特的跨文化企业管理模式

跨文化企业的管理模式理论以帕尔默特(Perlmutter)为代表,他们认为,按照集权和分权的程度,以及母子公司之间、各子公司之间的关系,国际化企业的管理模式可以分为如下四种模式。

1. 民族中心模式

公司总部作战略决策,国外的分支机构基本没有自主权。国内和国外运作的关键位置都由总部的人员担任。这种模式采用以母公司为中心的"集权式计划和控制"的方式,其决策权高度集中于母公司。

2. 地域中心模式

该模式反映跨国公司的组织结构和地区战略,采用有局限性的手段雇用大量的管理人员。管理人员被允许可以离开自己的母国工作,但必须呆在某一特定的地域之内。地区的管理人员虽然不可能被提升到总部的位置,但却能享有一定程度地区决策的自主权。

3. 多元中心模式

它采用以一个分部或国外子公司为中心的"分权式计划与控制"方式。在这种模式下,企业决策权分散,子公司具有较大的评估、控制与经营权,跨国公司将每个分支结构看成具有某些决策自主权的独立个体。这些分部通常由当地人主管,但他们一般不会被提拔晋升到总部的位置。

4. 全球中心模式

跨国公司采取全球性方法去管理其运作,并认识到每一个部分(分部和总部)都对公司整体以其独特的优势做出独特的贡献。公司有全球整合的商业模型,不注重个体的国籍但重视个体的能力。它是集权与分权相结合的计划与控制模式。

(二) 松本厚治的比较管理模式

松本厚治是前日本通产省工业技术院总务部人事课长,毕业于东京大学经济系。他从广阔的社会背景和文化背景出发,对日本的企业制度及欧美和中国的企业制度进行了比较研究。他认为存在着三种典型的管理模型。

1. 日本式的管理模式

松本认为,日本企业管理模式的特征是,采用终身雇佣制、年功序列制、普遍福利制和较为平等的分配制。年功序列制使企业的员工与企业的成败兴衰结合在一起,员工与企业形成了休戚与共的关系,员工必须分担企业的风险,形成了员工对企业的忠诚和归属感。终身雇用制使员工成败的命运与企业紧密相连,因为,企业一旦破产,员工就会失去年功和各种优厚的福利,造成自身的巨大损失。松本把这种企业制度和管理模式称为"企业主义"。

2. 中国式的管理模式

松本把中国计划经济下企业的经营模式,称为"观念论"的主人翁模式。他认为,中国是工人阶级领导的国家,国家拥有的企业即员工自己的企业,员工虽然从观念上理解这一说法,但在每天的实际生活中却没有这种感觉。松本认为这种"观念论"的主人翁经营模式,因为员工没有主人翁的实际地位,所以不可能以主人翁的

第八章　企业文化与跨文化管理理论的形成与发展

态度来对待企业和劳动,这是中国国有企业劳动生产率低下、员工做事不认真、谁也不关心企业死活的原因。另外,企业经理的任命制方式,造成企业经营者只对上级负责而不对经营好坏负责。企业经营者只重视自己的上级和上司,并给他们以好的印象。他们对市场情况不关心,不注重产品的种类、规格和质量,也不去追求企业的利益,他们注重保住自己的职位,个别的甚至会用弄虚作假达到目的。

3. 欧美式的管理模式

松本承认欧美的企业制度和管理模式有其合理性。如企业内部相互制衡的治理结构,既保障了股东的权益,又使经营者能自主经营,同时又能对经营者进行监督。但美国企业制度却存在许多难以克服的矛盾。股东特别是大股东控制着董事会,董事长权力极大,总经理受到董事会、董事长的很大制约;企业员工与企业缺乏长远的利益一致性,只存在暂时的利益共同区,员工对企业没有很高的认同感和归属感,这使他们具有任意流动的心理;由于企业工作手册、行为手册烦琐细致,员工工作缺乏自主性、主动性、自律性,他们按照这些手册机械工作,实际上把人变成了机器。

(三) 莫朗的跨文化组织管理理论

莫朗在《跨文化组织的成功模式》与《文化协合管理》两书中提出,跨文化组织模式管理有效性的依据是存在着一种潜在的最佳协合作用,它对减少由于一起工作时不可避免地产生问题所带来的损失是可行的。莫朗设定出12项指标,以衡量跨文化协同管理中文化一体化的功效:

(1) 文化一体化是一个动态的过程。
(2) 包括两种经常被认为是相反的观点。
(3) 拥有移情和敏感性。
(4) 意味着对发自他人信息的解释,拥有适应性和学习性。
(5) 协同行动,共同工作。
(6) 群体一致的行动大于各部门独立行动之和。
(7) 拥有创造共同成果的目标。
(8) 它与2+2=5相关,而不是4。由于跨文化障碍,其文化协同方程可能为 2+2=3，但只要不是负数，便获得了进步。

（9）对其他不同文化组织的正确且透彻的理解。

（10）文化一体化并非单方的妥协。

（11）文化一体化并非指人们要做事，而是基于文化而行动时所创造的事。

（12）文化一体化仅产生于多元化组织为获得共同目标而联合努力的过程之中。

（四）阿德勒的文化协调配合论

阿德勒提出处理文化差异的一种方法，即文化的协调配合。它是指管理者根据个别组织成员和当事人的文化模式，形成组织方针的过程。这种方式要求企业管理者承认跨文化组织中不同文化的异同点，并把这些差异看成是激励和发展跨文化组织的有利因素，做到文化协调配合的组织会产生新的管理和组织形式。阿德勒还对跨文化管理中文化协调的方向、方式和手段进行了深入探讨。后来，有学者在阿德勒的文化协调配合论的基础上，总结出合资企业跨文化管理成功的四要素：共同的长期战略、互利、相互信任、共同管理。

（五）斯特文斯的组织隐模型论

斯特文斯的组织隐模型论理论是 Hofstede 理论的延伸。他对不同国家的管理组织形式进行了比较研究。比如，法国的大多数组织为"金字塔形"，这是一种中央集权和形式化，即老板在组织顶端，而其他人则处于下方适当位置上；原西德的公司为"润滑机器"，他们用以前定的规范来指导组织运转，这是"形式化"的体现，但不是中央集权；英国为"乡村市场"，不是"形式化"，也不是中央集权，组织成员之间相互"讨价还价"，其结果不被权威或过程所限定；美国处于以上三种类型的中间位置，美国的组织概念、层次等本身不是目标，规则本身都不是目标，这二者是获得结果的手段，如果为达到目标，那么组织也是可以改变的；亚洲国家的组织则是"家庭式"的，这是一种中央集权式的组织，权力明显地被控制在"家长"的手中。

第八章　企业文化与跨文化管理理论的形成与发展

（六）彼得·基林的合资企业经营论

加拿大跨文化比较研究的杰出专家彼得·基林，根据对北美和欧洲三十余家合资企业和两家发展中国家的合资企业的调研结果，写成了《合资企业经营的成功策略》一书，总结出其著名的合资企业经营论。彼得·基林认为衡量合资企业经营好坏可以有两种方法：第一是由合资企业经理按照其主观感受进行评定；第二是认为有两个标志，包括趋于破产而固定资产实行转让和由于完成状况差而导致重大的改组。他指出合资企业难以管理的原因不在于其任务困难，而在于这是一种相当不易管好的组织形式。他还着重指出：诚意和技术是合资企业取得成功的关键。而且相比较而言，主要经验不在技术方面，而是在人际关系方面。在合资企业中，最主要的是建立一种关系，使来自四面八方不同公司的人们能够一起共同工作。其关键在于能正确地协调周围的环境，信任与相互关心是关系中的主要原则。

第九章　当代管理思想及其发展趋势

如果管理是有权处置资源的人在组织特定的内部条件和外部竞争环境下，合理地分配、使用资源，追求组织任务的达成与目标的实现，那么，从这个角度讲，管理始终是具体"环境"中的行为过程。同样地，管理学的发展也就是管理者或者组织面临的现实环境变化的必然结果。从分散零乱的经验到系统完整的科学，从单向的管理（指挥、控制）过程到互动的人际关系及参与行为；从科学化的理性组织目标到人的本身的成就与发展，管理学每一步进展都反映着社会发展特定阶段的具体要求。到了20世纪末，管理学进一步对管理本质进行发散思考，学者们总结此前管理学思想的精华，反思社会环境变化的趋势，挑战传统的管理思想与观点，探索适应时代发展的管理学的未来，形成了别具特色的当代管理思想。这一时期的主要代表人物包括被称为"永久性革命理论创始人"的托马斯·彼得斯；被称为"领导变革之父"的约翰·科特；被称为"学习型组织理论之父"的彼得·圣吉；以及被称为"企业再造之父"的迈克尔·哈默与詹姆斯·钱皮。此外，20世纪90年代出现的虚拟组织理论在某种程度上也体现了当代管理发展的新趋势。

第一节　托马斯·彼得斯的管理思想

一、托马斯·彼得斯和他的主要著述

20世纪八九十年代，托马斯·彼得斯的管理学著作开始成为世

界上最受欢迎、最为普及的读物。21世纪初,《福布斯》杂志评出了20世纪末最具影响力的20本商业书籍。管理类书籍在整个排行榜上所占的比重最大,其中托马斯·彼得斯的《追求卓越》高居榜首。

此后的20年的管理学界都可以说是"彼得斯时代"。20多年来,他的书不断被全球诸多大学作为MBA的必读教材,同样,他的观念也深深地影响着企业组织中的管理者。

(一)生平

1942年11月7日,托马斯·彼得斯(Thomas Peters)出生于美国巴尔的摩(Baltimore)附近。1966至1970年,他曾在美国海军服役,退役后他在华盛顿特区一家机构从事咨询工作,1973年后,他曾在华盛顿政府中供职一年左右时间。而后,在1974年,托马斯·彼得斯进入麦肯锡开始了他在管理咨询领域的职业生涯。1977年,彼得斯被分配去从事后来为人们所熟知的"卓越公司"计划的工作,这使得他有机会广泛总结企业管理的一线实践经验,深入思考管理真谛,并与同事一起将思考的精髓凝结成为"管理圣经"——《追求卓越》。该书的出版使托马斯·彼得斯从麦肯锡咨询公司的普通职员一跃而为管理大师。直到1981年离职创办自己的咨询企业。1984年,彼得斯开始建立"讨厌鬼营地"(Skunk Camp),意指与公司内主体结构组织大相径庭的创新小组,它的建立在商界引起了强烈的反响。目前彼得斯负责自己创办的顾问公司——托马斯·彼得斯集团(Thomas Peters Group),同时任教于斯坦福大学企业管理学院。

从教育经历上看,托马斯·彼得斯并不是一开始就从事管理学的学习与研究的。最初,他在美国康奈尔大学(Cornell University)获得土木工程学士学位(BCE)及土木工程硕士学位(MCE),后来他进入美国名校斯坦福大学,开始正式、系统地学习工商管理,于1972年获得工商管理硕士学位(MBA),1977年获得博士学位(PhD)。这样的学术背景使得他的著作不是专注于理论与逻辑上的探究;相反,人们甚至会看到他很快地否定了自己先前说过的话,他的管理思想是从实践与激情出发,来讨论一种实用的管理之道。

(二)思想特征

与同一时期的其他管理学家不同,托马斯·彼得斯并不具有像迈克尔·波特(Michael Porter)或彼得·德鲁克(Peter Drucker)一样坚实的学术背景。事实上,他对管理学的思考更多地源于他在管理咨询公司的长期工作实践,这段个人职业经历是他在管理学领域取得辉煌成就的起点,所以,他的管理思想极具个性魅力。

一方面,他相信事实的调查而怀疑传统的信条。为了探询管理艺术的真谛,彼得斯花费数年时间辗转美国各地,深入企业调查研究,取得了数百个大小公司的第一手材料。他与同事对样本进行进一步的筛选,最后确定把43家企业作为研究管理艺术的基本分析样本。这些样本涉及制造、信息、服务、销售、交通、食品等诸多行业,其中有许多世人熟知的跨国公司。它们一般都进入了世界500强,成为真正的"卓越公司",如像 IBM、3M、通用电气(GE)、宝洁公司(Proctor & Gamble)、强生公司(Johnson & Johnson)、爱克森公司(Exxon)和波音公司(Boeing)等等。当然,这些在当年被彼得斯看好的"卓越公司"在20年后几乎都经历了亏损、倒闭或重整。对此,彼得斯的解释是,任何管理原则都只适用于某一段时间。这成为人们批评彼得斯管理思想的主要原因之一。

另一方面,他很少使用学术语言表述自己的观点。从某种惯例标准来看,彼得斯可能算不上是一个学者型的管理理论家,或者说,他从来就不是一个深刻的管理思想家。《经济观察报》专栏作家许知远曾经这样向国内读者描述彼得斯:"他喜欢将那些流行的词语、还算有趣的笑话一股脑塞进他的畅销书里,和管理思想搅拌起来。"彼得斯的书,不仅是企业界,就连普通人也拥而读之,使他和他的著作让更多人了解管理过程,认识真正为大众所需要的实用型管理学。德鲁克曾经一度不看好彼得斯的《追求卓越》,曾预言该书在市场上仅有18个月的寿命,但后来他却不得不承认:"当玛丽婶婶要为高校毕业的侄儿送一份礼物时,选择的是《追求卓越》这本书。"反过来,彼得斯对于德鲁克推崇的管理阶层、命令和控制以及组织严密的商业运作等传统信条却很不以为然,他说:"在我的眼中,德鲁克是我的敌人,一个很棒的敌人。"

第九章 当代管理思想及其发展趋势

(三) 主要著述

托马斯·彼得斯一生著述颇丰,当然,其中最具影响力的当数《追求卓越》(In Search of Excellence)。

1982年,彼得斯和罗伯特·沃特曼根据他们在工作中的研究成果,出版了《追求卓越》一书,将商业管理书籍的繁荣推向了新高。这本书当时十分畅销,轰动一时,被称为美国工商管理的圣经。《追求卓越》自1982年出版以来,仅在美国就销售了600万册。

1985年,彼得斯出版《追求卓越的激情》(A passion for Excellence),事实上,这本书是对《追求卓越》的修正,以前他所推崇的"卓越公司"有些很快就变得经营不利了,这让他感到很大的压力,所以不得不在这本书中进一步修改、完善自己的管理思想。

此外,彼得斯还出版了许多管理思想著作,并且长期为《华尔街日报》撰稿。

1987年,彼得斯出版《乱中取胜》(Thriving on Chaos)一书,书中包含了不少于45条的让经理们遵循的主要规则,它为彼得斯未来的职业生涯规划了蓝图,也为彼得斯日后打算鼓励美国公司变革的事业奠定了基础。

1992年,彼得斯又出版了《管理的解放》(Liberation Management)一书,彼得斯提出应该建立一种富有弹性、能够及时调整、满足当时经营者需要的新型公司。

1994年,彼得斯出版《"哇!"的追求》(The Pursuit of Wow!),他宣称该书是"当今乱世中每个人的指南针"。人们说彼得斯最擅长的题目就是"创新",由此可见一斑。

最近,他刚刚出版的新书《再次发挥你的想象力》,同样为21世纪的商界领导者开出了创新的药方。

二、托马斯·彼得斯管理思想的主要内容

自西蒙以后,管理学中的经验成分日渐式微,大量数学工具与经济分析的思维模式充斥着管理学界,管理学渐渐成为抽象艰涩的学科而与实践脱离。20世纪70年代后,美国企业热衷于在管理思想

界占统治地位的"理性模型"和"企业战略范例",管理者信奉"科学的"管理学,习惯于计划模型和精确的财务分析,高高在上,发号施令,却普遍忽视了管理学最基本的原则和理念,排斥直觉与情感,失去了对管理本质的把握。在国际市场上,日本企业步步紧逼,美国企业节节败退,这在相当程度上导致美国企业界普遍的自信心丧失。

在这样的背景下,托马斯·彼得斯深入观察企业组织运行,总结成功案例典范,反思传统管理思想与主流管理理念,特别是批评那些流行的管理方法,探索美国企业走出泥淖的捷径。他重视管理中人的直觉与情感,提出了"成功从无定式,卓越贵在创新"的名言。

托马斯·彼得斯的管理思想非常丰富,如果试图进行一种抽象和概括的话,可以说彼得斯重新回答了管理学中两个最基本的问题:其一是如何管理;其二是管理什么。在彼得斯看来,与理性模型和数字公式相比较,今天的管理更应该倚重人的头脑。他说:"只有直觉的飞跃才能解决这个复杂世界所面临的问题。"另外,他努力让人们认识到管理的重点依然在于人——这个矛盾的综合体。

(一)"永久性革命"的理论

针对当时美国企业中弥漫的一种茫然气氛,托马斯·彼得斯认为必须让管理者重新认识管理,在激情与理性、实证与规范、经验与科学之间,找到一种合理的平衡。在一个快速变化的时代背景下,变革是管理者唯一的选择,而且,这种变革不是权宜之计,它应该是组织持续的发展轨迹与管理者头脑中时刻准备好的一种常态。托马斯·彼得斯为管理者提供了一套"永久性革命"的理论,通过其"永久性革命"的理论,托马斯·彼得斯向企业界阐述了如何在一个变化无常的世界中求得生存和成功的道路。他的核心理念是:企业管理根本不存在一般的模式,即使有也不是成功的标志,因为企业的成长不可能总是一成不变的,如果按照昨日已有的模式运转,那么今天则很可能要失败。

当然,托马斯·彼得斯无意于引领管理学走向"不可知论"的深渊,他认为管理并非不可了解、变幻无常的,它也有一定的规则与原理。他在自己的著作中提出了走向卓越的8条原则,并且坚信:"我永远不会这样说:'遵循这8条原则,你会赢,肯定会赢'。我要说的是,忽视这8条原则,你会失败,肯定会失败"。所以,原则自然要信守,但应用时就要随机应变,而且要使自己明白,没有任何东西是可以永恒不变的。这个世界上根本没有什么"最好的"管理模式,任何拘泥于书本和信条的人都是傻瓜,难免遭遇失败的命运。有人说,管理如下棋,管理的规则和范例如棋谱,分析棋谱绝对对棋艺的进步有帮助,但是棋谱不可能重复,一旦自己置身于问题的迷阵之中,解决的方法便没有现成的规则可循了。

人们在过去怀疑经验,认为管理经验、管理者与被管理者的个人感受、案例中所反映的教训往往是偶然的、不可靠的,管理转向了对于公式与所谓理性模型的依赖,托马斯·彼得斯认为这同样是错误的,变革是管理中真正不变的道理。企业组织持续运行与长久的发展只能寄希望于管理者掌握永久性革命的理念。

托马斯·彼得斯想要真正告诉管理者的是:"任何一个人如果蠢到看见一本商业书籍就全套照搬,那他就的的确确是个白痴。"这个时代变化太迅速了,不可能仅仅依赖几条准则就获取永久的成功。

(二)追求卓越

"卓越"的企业有一个非常重要的标志:那些显然颇为平凡的普通员工,却往往能做出颇不寻常的努力和贡献。当时,托马斯·彼得斯准备去百事公司进行演讲,随着时间越来越近,他开始在头脑中汇集整理那段时间以来他对"管理"的思考:那些卓越公司背后是否存在共同点?如果有,这些"共同点"能否如管理原则一样被移植到其他公司?彼得斯后来回忆道:"某天清晨6点左右,我坐在桌前,从美洲银行大楼的48层俯瞰旧金山湾。我闭上眼睛,然后伏案在拍纸簿上写下了8条。从那时起,这8条就没有改变过,它们是《追求卓越》的8条基本原理。"

1. 崇尚行动:贵在行动,而不是沉思

公司如果发现有什么商业机会,就要立刻行动,抓住机会。沉思一定的时间是必要的,但是行动一定要快,不能让别的公司抢了先机。而且公司无论开展什么活动,具体的行动都是最重要的。如果只有计划而没有实施,那么计划只是空的计划,没有多大的价值可言。行动可以让计划得到落实,可以让公司走到先进的行列。因此说,公司要贵在行动,没有行动,很快它就会落后了。

2. 贴近顾客:在产品和服务上接近顾客的需求

顾客是公司的上帝,如果公司失去了顾客,那它也肯定经营不下去了。顾客能给企业带来很大的经济利益。因此说,公司要与客户保持紧密的联系,经常倾听客户的意见。在设计产品时,要听一下顾客对这个产品有什么要求,现有的产品哪些需要改进,哪些地方还不足等。托马斯·彼得斯说:"卓越的企业实际上和他们的顾客靠得都很紧,即其他的企业在谈这些,卓越的企业已经在做这些了。"

在这本书里,彼得斯还给出了面向用户的三个要点:要有高层领导人员深入而积极地参与;要明确强调人的作用;定期去访问顾客,及时反馈信息。

3. 自我控制:鼓励自治和放松,而不是紧密监督

彼得斯强调,要让员工自治,给他们一定的权力,让他们自己去做。管理者要对员工信任,相信他们有能力做好自己的工作,他们会自觉地努力工作。这里彼得斯推行的是麦格雷戈的Y理论。严密的监督会让员工产生反感的情绪,会让他们感到不自由。因此,管理者应该放手。这不仅可以减少管理人员的工作,让他们把精力集中在更重要的事情上,也可以让员工感到被信任和被尊重。

4. 人本管理:对雇员的态度是鼓励其生产力,避免对立情绪,以人促产

"人力资本"来自舒尔茨和贝克尔在20世纪60年代创立的人力资本理论。这种管理方式以人性为中心,按人性的基本状况进行管理,这就是所谓的"人本管理"。人力资本是企业里一种非常重要的资源,好的人才的流失可以让一个企业从盈利变为亏损。因此企业应该尊重人才,对员工不断地进行培训,完善他们的知识和技能,把他们看成企业不可缺少的资源。

人本管理应该始终坚持把企业人本身不断的全面发展和完善作为最高目标,为个人的发展和更好地完成其社会角色提供选择的

第九章 当代管理思想及其发展趋势

自由。

5. 不离本行：专注自身，保持优势，避免风险

企业应有自己的核心竞争优势。很多企业发展到一定的时候，都会进行多元化经营，进入其他自己不熟悉的经营领域。但是，自己的老本行不能忘，在其他业务还没有发展到行业中的优势地位的时候，这时如果过分地关注其他，很有可能给企业带来较大的风险。竞争中，企业就应当首先"专注于自身"以保持企业优势，避免在自己力所不能及的领域与人竞争。企业也不能因为注意外界的变化而忽略自身，这样往往容易顾此失彼，丢了西瓜捡了芝麻。只有自身的管理经营做好了，企业才不会有很大的失误。

6. 现场管理：以"走动式管理"的方式，保持与大家的紧密接触

现在有很多企业管理人员和他们自己的员工已经失去了联系，他们每天忙于会议和讨论之中，到底自己下面管理的公司是什么样子他们倒是不知道了，他们也不知道客户的意见，不清楚客户是怎样看待他们的产品，甚至不知道自己的产品是怎样生产的，这样的公司管理者处境已经是很危险的了。这里所说的"保持密切的联系"不是指通过电话或者是会议的接触，而是他们发自内心的交流和沟通。这种"走动式管理"是一种很好的改变上面所说的现状的一种好的方法。他们可以定期去拜访客户，听听客户对他们产品的评价或者一些其他的意见，这并不会打扰到客户，客户总是乐于接受这样的拜访的。他们也应该去见一下供应商，和供应商们商讨一下有关的问题，管理者也应该到自己的车间或者是工厂走一走。

7. 精兵简政：建立简洁的组织机构，人员要保持精干

彼得斯说："公司的规模一变大，就必然带来复杂性。而多数大公司对复杂性所采取的手段都类似，就是设计出复杂的规章制度和结构。实际上，要想使一个组织真正地发挥作用，就得使公司避免无意义的肿块。"公司应该避免无意义的多余的结构。有时候，虽然不能完全消除它，但也应该尽量地削减它。组织结构太复杂，信息传递速度就减慢，对外界的反应速度变得迟缓，有时候一件很紧急的事情，交上去几天还批不下来。随着公司规模变大，业务发展，组织结构的复杂化似乎是不可避免的。但是即使这样也应该使公司

保持简单明了，减少不重要的行政机构，合并一些部门。只有精简结构，使公司内的员工人尽其才，公司才能高效地运作，这样利润才有可能最大。今天的组织结构应该是短小精悍的，快速并且反应灵活。

8. 张弛有道：对组织目标保持松紧有度，不窒息创新的控制系统

公司一旦确立了组织目标，就应该全力去完成，争取尽早达到这样的目标。这时组织的活动就要和组织目标保持紧密的联系。但是，对组织的目标也不能盯得太紧，盯得太紧会让企业忽视其他的一些重要的东西。如果一切精力都集中在组织的目标上，忽视了竞争对手的动向，说不定当组织目标达成之时，也就是企业的竞争失败之日。企业对组织目标应保持松紧有度的控制，并且注意外界环境的变化，不断地鼓励员工进行创新，不断地调整自己的组织目标，这样才能够保持长盛不衰。这8个方面形成了《追求卓越》里面的很重要的观点，虽然它们都不是彼得斯原创的，但仍然给人们很大的启示。这本书最重要的特点就是以实际案例为基础，结合大量的事实、数据和分析。而且，在论证这些属性时，作者不但进行了实例和试验论证，而且援引了众多管理学家和经济学家对这些现象的理论剖析，为读者展现了清晰的思想框架和严密的推理。因此，不管你是左看右看都能够被它很快吸引，领略阅读快感。欣赏一个个企业梦想，身临其境，让自己有所启发和感悟。

（三）追求卓越的激情

在《追求卓越》这本书中，重新强调了被管理者所忽视的一些基本管理实践和常识：如贴近客户、现场管理等等。然而，这并不意味着卓越的管理仅仅是由技术、机制或规划所构成的，这些表面的方法不是卓越公司管理过程的本质。另外，他并不是要给管理者提供一套实现卓越管理的统一行动指南，他始终强调管理不在于最好的一套方法。因此，在卓越的背后，还有着更为本质的因素。另一方面，一个简单而无可争辩的事实是，在1982年（《追求卓越》出版的时候）称得上卓越的公司两年后并不都再是卓越的了。这构成了彼得斯管理思想的致命弱点，他在书中大量使用绝对性语气所形成的"不容置疑"的风格，在此时成了一种莫大的讽刺。

第九章 当代管理思想及其发展趋势

于是，彼得斯迅速地改变了视角，在1985年写下了《追求卓越的激情》，修正原有的激进观点，补充追求卓越管理的一般模式。除了那些基本管理实践和常识，彼得斯告诉人们，时刻拥有激情才是实现长期卓越的源泉，而且是富于激情和充满感情的。追求卓越的激情，不是意气用事，而是符合传统的"有计划的决策"或"战略性思考"的管理模式，那"意味着要先从大处着眼，从小处着手。也就是说，卓越是远大目标和切实行动的融合"。然而，管理也许依靠惯例、制度或固定的组织结构来运行，但却不能以此实现卓越，在一个变革的时代，没有进步已经是一种不可容忍的倒退，终将被淘汰出局。所以，彼得斯说："我们必须培养激情和信任，同时，我们还必须认真地探索处理具体细节性事务的方法。"

首先，在将激情与现实的行动融合时，应当以客户为导向。

在企业通过提供产品或服务来达到卓越的过程中，客户是实现目标的出发点和目的地。只有具备了这样的意识，企业才不会把价格作为销售产品或服务的唯一杠杆，也不会将降低成本视为满足客户需求的首要问题。只有在充满激情的前提下，企业才能做到真正地关注客户，无偏见地倾听客户的呼声，才能将提高质量作为实施技术的目的与结果。

其次，创新过程本身就是充满激情的。

无论创新的具体目标如何，真正的创新过程应是一个不断发现的过程，一个充满着激情和灵感的过程。事实上，只有充满激情的创新过程才能够使人们学会在不确定性和模糊中求生存，才能粉碎集权式的管理，通过组建注重结果的小型研究小组，通过快速的行动实现创新的成功。他也非常强调员工积极性的重要性。传统的管理往往拘泥于技术、严谨的规章制度等机械式的教条，而忽视了人。在现实中，无论是为客户服务还是进行创新，无论是生产还是销售，无一不是通过员工来进行的。企业各项管理方案成功实施与否的前提也在于员工是否认同。托马斯提出了"关注客户、关注员工"这一管理成功的黄金法则。

最后，不能忽视卓越企业的领导者。

企业的领导者在企业中的作用也是非常大的。按照彼得斯的观点,领导是一门实践艺术,他既要能够发挥自己的能力,又要善于发挥员工的能力。卓越的领导者,既具有坚定的价值观,同时又能深入地关心和尊重他们的员工,能够支持那些敢于冒险去尝试新办法以支持自己价值观的员工。总之,卓越是理性行动与激情完美结合的果实。彼得斯不断地启发人们,只有诚信、激情和爱才能为各项要素注入活力,才能引领人们到达成功的顶峰。

总之,彼得斯将振兴美国企业管理的希望寄托于一个实现卓越的完整构想,而激情在这个蓝图中占有重要的位置和相当的比重。

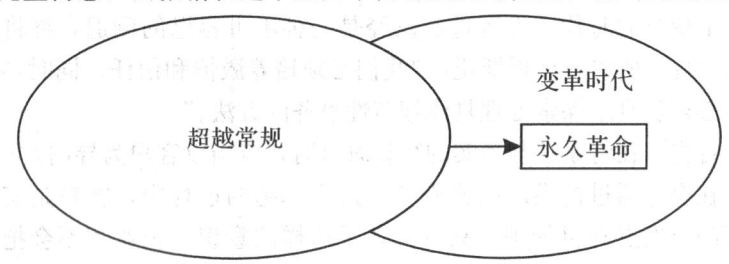

图9-1 托马斯·彼得斯管理思想的主要内容

(四)解放管理与建立"讨厌鬼营地"

托马斯·彼得斯认为,在当今竞争激烈的市场中,如果说单纯通过公司各级经理来管理一切,恐怕有些过于自负。最理想的办法就是放权给下属单位,通过激励众多小单位的积极性,来引导公司不断探索新的市场机会。组织结构最精简,而效益最大化。要做到这一点,唯有解放经理人,解放员工,释放组织和员工的创业活力。只有实现解放型管理才会在易变的、多样化的市场经济中生存,而解放型管理的重要特征之一就是解放经理人。在这种情况下,彼得斯提出了"走来走去式管理""小的是美好的"等主张,而"讨厌鬼工作室"更见新意。

任何经验当它成为教条,也就失去了价值。托马斯·彼得斯的研究成果也是如此。彼得斯的张扬也让批评者们很快就发现了他的缺陷,就是思想很少有连贯性。今天他赞扬的事情很容易地就在他的下一本书中被抛弃了。很快,"成功8法"就让现实弄得捉襟见

第九章 当代管理思想及其发展趋势

肘。彼得斯也很快意识到了这一点,在现实面前,他改变了自己的观点。

为了挽回自己的声誉,彼得斯在他的下一本书《乱中取胜》中勇敢地宣布"没有卓越的公司"。这可能是彼得斯作品中被引用的最简单的话——或是用来作为他的不一致性的证明和他从自己的错误中学习的证据。《乱中取胜》是对所有那些认为彼得斯的理论不可能变为现实的批评家的长篇反驳。对于当代管理来说,彼得斯的其他著作似乎更有价值。在这些著作中,彼得斯领时代风气之先,提出了一些现在大行其道的理念和方法。《管理的解放》《在混乱中求繁荣》这样的书名,就颇能说明问题。其中"走来走去的管理""讨厌鬼工作室"等,都是颇为先进的管理理念。而《"哇!"的追求》,则直逼未来企业经营的关键——质量与服务,就是企业经营管理要追求让顾客产生"哇!"的惊叹的效果。他认为,标志如今这个时代的关键词是诸如"混沌""疯狂"以及"湍变"这样的概念。因此这个时代对商界精英们提出了更高的要求,那就是要不断学习、不断探索、不断试验。

总之,此时彼得斯管理理论的基点不再是整齐划一的企业,而是复杂多变的企业。他指出,世界上没有"杰出"公司,因此企业必须把"热爱变化、杂乱甚至混乱"当作生存的先决条件。彼得斯认为,自由流动、不可固定、无法规章化、小但是综合,这些就是未来自相矛盾的结构。"明天有效的'组织'应该是每天都有不同",彼得斯说道。形成彼得斯所描述的新型公司结构的关键就在于网络:与客户之间,与供应商之间,以及实际上,与任何有助于生意的人之间。新的组织需要新的管理技能。彼得斯告别了命令和控制,带来了一个以"好奇、创造力和发挥想象力"为特征的新时代。在过去的15年中,他从注重公司整体转到了以个体为中心。例如,在一个典型的、沉闷的模式中,他开创了一个品牌新时代。"不论年龄,不论地位,不论我们碰巧所处的公司,我们所有人都需要了解品牌的重要性。"[1]

---

[1] 参见郭咸纲:《西方管理思想史》,北京:经济管理出版社,2004年版。

(五) 托马斯·彼得斯对人的认识

托马斯·彼得斯非常重视管理中人的直觉与情感，认为这是管理创新的源泉，同时，他也注意到人性的复杂。他认识到管理真正复杂的地方往往都是源于复杂的人性。

彼得斯借鉴了管理心理学与行为科学的研究成果，以"Y理论"为根本出发点，鼓吹了人的潜力与人性中积极的一面。他试图寻求更科学的办法来调动人的最大的潜力，并认为这是管理的重要价值之一。在这方面，他得到如下结论：

(1) 所有人都是以自我为中心，为来自他人的赞扬感到快慰，有普遍认为自己是优胜者的趋势；

(2) 人是环境的奴隶；

(3) 人迫切需要活得有意义，对于这种意义的实现愿意付出极大的牺牲；

(4) 人们通常将成功看成是由自身因素决定的，而把失败归于体制，以便使自己开脱出来；

(5) 大多数人在寻求安全感时，好像特别乐于服从权威。而另一些人在利用他人向他们提供有意义的生活时，又特别乐于行使权力。

另外，托马斯·彼得斯认为人的行为受到"二重性"动机的驱动，他是集体中的一员，同时他又注意到自己作为一个单独个体的存在。他引用另外一位学者的观点说："人们具有的激情就不可否认地带有二重性。个性化是指人要和自己以外的自然界相对立（突出个人）。然而个性化恰恰造成了一种孤立状态，这种状态是人们难以接受的，然而却是需要的，以便独立地发展。个性化造成的这种变化成为一种负担，它既强调了人的渺小，又突出了个人。"

在这一基本立场上，彼得斯对人性进行了自己的总结：

(1) 人们需要有意义的生活；

(2) 人们需要受一定的控制；

(3) 人们需要受到鼓励和表扬；

(4) 人们的行动和行为在一定程度上形成态度和信念，而不是态度和信念形成行动和行为。

三、简评

无论是20世纪80年代,托马斯·彼得斯与他的管理思想如日中天的时候;或者是今天,托马斯·彼得斯已经失去了最初的光彩,人们甚至开始遗忘他了;还是在未来,人们重新总结评价他的时候,托马斯·彼得斯注定是一个充满争议的人。其张扬的个性,思辨色彩的管理思想,还有在著作中表露出来的挑战传统的精神,都将成为管理学思想史上不可回避的内容。

托马斯·彼得斯开辟了管理思想一个全新的时代,而且,在这个思想体系中,因其将管理重点回归于人本主义而备受推崇。他不仅为美国企业管理开出了突破困境的药方,而且他的思想影响了整整一代管理者。他引导的潮流向我们展示了20年来商业世界急剧变化的生动图景。

彼得·德鲁克评论说:"《追求卓越》的价值,或其他什么东西,现在已不可测量。它的名声和成功已远远超过对其意义的客观评价。我们能确定的就是它推动了管理书籍的大量出现,而且,在商业世界中,肯定了顾客服务在形成差异和建立竞争优势的过程中所起的核心作用。"

美国辛辛那提大学荣誉退休校长沃伦·贝尼斯认为:"毫无疑问,这是一本里程碑似的书籍;在'怎样使组织充满效率'这一主题上,它出类拔萃,是一本最重要也最有用的著作。"

美国花旗银行董事会副主席托马斯·西奥巴德指出:"翻开该书,每一个管理人员都会立即发现许许多多大有裨益的成功妙诀。由于概念接近,其中许多方法颇似备受称赞的日本经验,但该书说到底仍是一本论述美国商业卓越之处的地道美国著作。"

美国AT&T销售部副总裁阿奇·麦吉尔更是对《追求卓越》赞誉有加:"该书才华横溢,灵感喷涌,我期待它从根本上促进我们的新企业'美国贝尔'走向成功。我认为该书不但内容精彩,更重要的是,便于在实践中得到推行。"

《时代》杂志撰文认为:《追求卓越》"把美国优秀企业的成功秘

诀公之于世，乃是一件了不起的工作"。"彼得斯和沃特曼出版的这本书，应当在全美国的商学院当作教材使用。"

当然，也有很多人从他的著作中发现问题甚至于自相矛盾的现象，批评者们很快就发现了他的缺陷——思想很少有连贯性。他经常否定和抛弃自己不久以前的主张。

对此彼得斯曾作出解释，他对自己的思想大胆抛弃和纠正的态度，正是他看待这个时代和这个时代的管理的态度。在他看来，今天的管理世界永远处于一种动荡、混乱的状态。这个时代无论对个人还是组织机构都提出了更高的要求，唯创新才是生存之路，这就是多年来彼得斯一直倡导的永恒管理革命的概念。

第二节 约翰·科特的领导理论

一、约翰·科特和他的主要著述

约翰·科特是举世闻名的领导专家，世界知名的管理行为学和领导科学权威，世界顶级企业领导与变革领域最权威的代言人。

2001年10月出版的《商业周刊》(*Business Weeks*)，在对504位企业负责人的问卷调查中，约翰·科特教授被评选为"领导大师第一人"(Number 1 Leadership Guru)。因此，《商业周刊》将其评为"20世纪对世界经济最有影响的50位大师"之一。此外，科特教授于1990年5月发表在《哈佛商业评论》的《领导者应该做什么》一文，又被2004年元月中文版的《哈佛商业评论》荣誉评选为"管理史上的奠基之作"中八篇文章之首，与"竞争战略之父"迈克·波特、"现代管理之父"彼得·德鲁克等管理大师并驾齐驱。

(一) 生平

约翰·科特 (John P. Kotter)，1947年出生于美国圣地亚哥，早年先后就读于麻省理工学院及哈佛大学。1968年，科特在麻省理工学院取得电气工程学士学位，两年后，他又在麻省理工学院取得管理学硕士学位。1972年,科特在哈佛大学获得组织行为学博士学位,同年成为哈佛商学院教授。此后,在哈佛大学研究生院开始了他的职业生涯。25岁的科特开始执教于哈佛商学院,1980年,年仅33的科特成为哈佛商学院的终身教授,他和"竞争战略之父"迈克尔·波特是哈佛历史上此项殊荣最年轻的得主。

(二) 事业

教学、写作和演讲是科特事业上的三驾马车,它们不仅奠定了他在领导和变革方面不可取代的地位,也带给了他无上的荣誉。

他曾经因为改革哈佛商学院研究生课程设计而获得"埃克森奖",因提出企业领导的新观点而获"JSK奖",因撰写最佳《哈佛商业评论》文章而两次获"麦肯锡奖",因著作《松下领导学》而获《财经时代》的"全球商务书籍奖",等等。《变革之心》在美国出版后,曾12周蝉联《商业周刊》畅销书排行榜,并被评为2002年度亚马逊网上书店十大最佳商业图书之一。其反响可见一斑。

科特还是蜚声全球的演讲家,他曾经为数十家企业提供过演讲和咨询服务,其中包括花旗集团、百事可乐、通用电气等世界顶级公司。进入21世纪,科特也将他广受欢迎的讲座开到了中国。科特的演讲声情并茂,极富感染力,他的目标是激发听众的积极性,所以在个人演讲之外鼓励以互动的方式参与讨论,录像、幻灯片、案例研究,当然还有幽默和戏剧化的效果是科特式演讲成功的因素。

科特事业生涯的起点是研究管理者的行为,在转向对领导艺术的研究之前,科特写了大量有关综合管理学的文章。他认为,管理者能否进行有效管理,很大程度上取决于他们能否与他人建立某种联系。

之后,科特致力于领导与管理的界定。他有一句耳熟能详的名言是:"取得成功的方法是75%~80%靠领导,其余20%~25%靠管理,而不能反过来。"这句话道出了领导与管理之间的辩证关系:领导和管理是两个互不相同但又互为补充的行为体系;在日趋复杂和变幻无常的商业社会中,这两者缺一不可,都是取得成功的必备条件。科特通过一一列举领导和管理的不同职能,得出了精辟的结论:领导未必优于管理,也未必可以取代管理;要获得成功,真正的挑战在于将强有力的领导能力和管理能力结合起来,并使两者相互制衡。

科特对企业文化也颇有研究,20世纪80年代末,他开始对企业文化和企业经营业绩的关系问题进行研究,并和哈佛商学院的另一位教授詹姆斯·赫斯克特进行了长达五年的合作,《企业文化和经营业绩》就是他们合作的结晶。他认为,企业文化(包括内在的共享价值观及外显的行为规范)对长期经营绩效有巨大的正相关性,企业长期经营绩效的好坏与企业文化的强弱无关,而与企业文化是否适应外部环境变化有关。自然发展的企业文化容易导致不健康的文化,而提升绩效的文化需要管理层长期的努力。

科特的研究与写作针对的是管理界而不是学术界,其目的是为了提高管理水平,而不是单纯为了积累和发展学术知识,所以,科特不仅是一位学者,更重要的是,他是一位务实的学者。

(三)著述

科特的写作生涯始于20世纪70年代,一生著作颇丰。其主要代表作有:1974年出版了《行动中的市长》(*Mayors in Action*),1982年出版了《总经理》(*The general Managers*),1990年出版了《变革的力量》(*A Force for Change*),1992年出版了《企业文化和经营业绩》(*Corporate Culture and Performance*),1995年出版了《新规则》(*The New Rules*),1996年出版了《领导变革》(*Leading Change*),1997年出版了《松下领导学》(*Matsushita Leadership*),1999年出版了《领导者应该做什么》(*What Leaders Really Do*),2002年出版了《变革之心》(*The Heart of Change*),2006年出版了《冰山在融化》(*Our Iceberg is Melting*)

行销全球的《领导变革》勾勒出成功变革的八个步骤,具有极强的可操作性,已经成为全世界经理人的变革指南。科特最近的新书是《冰山在融化》(*Our Iceberg is Melting*,2006),作者在书中告诉我们,无论是企业还是个人,当生活空间日益狭小,市场空间日渐萎缩的时候,唯一的出路在于摒弃旧观念,寻找新视角,以不懈的变革来开拓新的生存空间。《谁动了我的奶酪》一书的作者为此书作序。他说:"借助《冰山在融化》这本书,人们可以在如今飞速发展的时代收获更多的成功。"科特的著作曾经被翻译成 50 多种文字，销量过 1000 万册。

尽管"持续的创新与领导变革"已经成为今天企业家们的主要任务，但对于究竟该如何变革，怎样领导一场成功的变革，很多企业家并没有做到心中有数。在《变革之心》中科特指出，企业大规模变革的核心在于如何改变组织中人们的行为，在这点上，"目睹—感受—变革"的模式远比"分析—思考—变革"的模式更为有力。成功的组织变革总是以一种能够影响人们感受（而不仅仅是思维）的方式来观察问题并寻找解决方案。用科特自己的话说，《变革之心》可以看作是他 1996 年的另外一部作品《领导变革》的续集。在那部著作中，他描述了人们在探索新的企业运营方式时所采用的 8 个步骤，而《变革之心》则进一步研究了人们在实施这 8 个步骤时所遇到的主要问题，以及如何成功地处理这些问题。

二、约翰·科特的管理思想

（一）领导者与管理者

领导（leadership）和管理（management）是两个截然不同的概念，这是科特在思考管理时得到的第一个重要结论。这种区分对科特的管理思想产生了两个方面的影响：其一是对人的思考，其二是对行为的思考。就这一组概念在管理实践中对人的角色影响而言，领导者与管理者实际上扮演的角色与担当的责任有很大的不同。

在计划阶段，管理者要为将来设定指标或目标，制定完成这些目标的具体步骤，然后分配资源来完成计划。而领导是制定未来的远景，并为达到远景所需要的种种变革制定相应的战略。管理通过组织和配备人员来发展完成计划的能力，而领导所对应的行动则是让员工协调一致。

在控制阶段，管理者通过控制和解决问题来确保计划的完成，如报告、会议和其他手段等较为具体地比照计划对结果进行监控，然后找出结果与计划之间的偏差，最后通过计划和组织来解决问题。而领导者要实现一个远景就需要激励和鼓舞员工——通过诉诸基本的但往往未被利用的人类需要、价值观和情感，使得员工即便在变革遇到巨大障碍时也能朝着正确的方向前进。真正的领导者要在危急时刻鼓舞下属的士气，并用远见来引导人们走出暂时的困境。当危机降临时，很容易鉴别出一家机构是否由真正的领导人在运转。真正的领导人会在危机时刻挺身而出，他们理解普通人的感受，并试图引导他们走出低谷，他们还会非常诚实地告诉人们世界正在发生的变化，以及该如何驾驭这些变化。随着经济社会的发展，在人类历史进程中扮演神秘角色的"领导力"正在发生另一次重要的变革，它以越来越迫切的姿态渗入社会的日常状态之中。

不过，领导者与管理者又不是截然不同的两种身份，很多时候，需要这两种角色紧密的关联。领导者引导大家树立一个长远的目标，但是要达到这一目标还需要有相应的具体措施，从每一项工作，每一件具体的事抓起，逐项逐件落实最终达到目的，这就需要有管理者的工作了。有了努力方向，日常的管理工作要跟上，二者脱节或衔接得不好，都无法保证目标的实现。各级领导要面向未来，着眼现在。管理与处理复杂情况有关。管理的实践和程序主要是对大型组织的出现所作出的一个反应。如果没有好的管理，复杂的企业可能会杂乱无章，面临生存危机，无论目标制定得多好，企业中的优秀人才有多少，也无法达到企业的目标。好的管理给诸如产品质量和赢利能力等关键指标带来一定的秩序和连贯性。领导与应对变革有关。近年来领导变得如此重要，其部分原因是，现在的商业世界竞争更加激烈、更加变化无常，要在这种新的环境中生存下去并有效地进行竞争，重大变革就变得越来越有必要，更多的变革总是需要更多的领导力。

另外，科特从领导能力与管理能力在经理人身上的养成角度来说明二者的不可分割，尤其是不可对立。以往管理学或领导学都注意到这两种能力在不同层次管理者身上要求的比重是不同的。但科特强调一个新的事实：不是等到经理人晋升到更高领导层次的时候才去培养其领导能力；相反，领导力应该在经理人年轻时（也许此时他还处于被你管理的位置）就开始培养。事实上杰出企业从经理人年轻时就同时培养其管理及领导的能力。

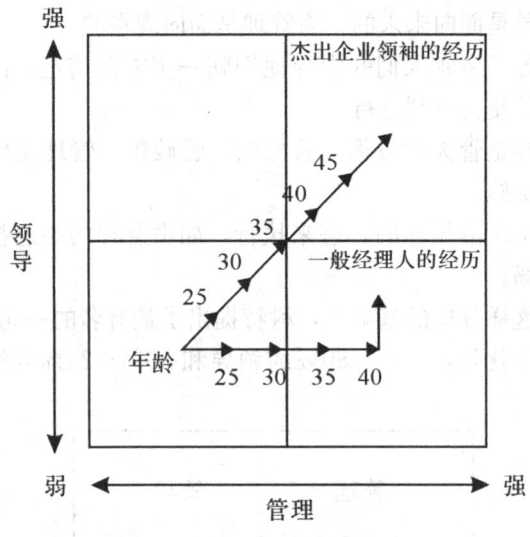

图 9-2　为什么要在年轻时培养能力？

（二）领导行为与管理行为

领导者的工作主要是调动人的积极性，采取符合人的心理和行为的各种激励手段，使每个人的聪明才智得到最大限度的发挥。相对来说，管理就是约束被管理者不越出范围。管理者要充当裁判员，一些违规的行为，裁判员要吹哨，违规严重的要处罚，不这样做就会乱了章法。

"领导行为和管理行为各自的主要功能不同，前者能带来有用的变革，后者则是为了维持秩序，使事情高效运转。有效的领导和高效的管理相结合，将有助于产生必要的变革，同时使混乱的局面得到控制。但领导行为自身永远不可能使一项活动年复一年地按时、按预算保持运作；而管理本身也永远不可能创造出重大的有用变革。"后来，这一观点在其著作中进一步得到完善。

（1）领导的工作是确定方向、整合相关者、激励和鼓舞员工，其目的是产生变革；管理的工作是计划与预算、组织及配置人员、控制并解决问题，其目的是建立秩序。

（2）领导重在激励，而管理重在约束。

(3) 领导是面向未来的,而管理是面向现在的。

(4) 领导是率领人们并引导他们朝一定方向前进,而管理是负责某项工作并使其顺利进行。

(5) 领导是管大的方面,管方向,管政策;管理是负责具体工作的组织与实施。

(6) 变革应由领导的心态来执行,如由管理的心态执行,则难逃失败的下场。

正是在这样分析的基础上,科特提出了最有名的一句论断:"取得成功的方法就是:75%~80%的领导和20%~25%的管理,而不能反过来。"

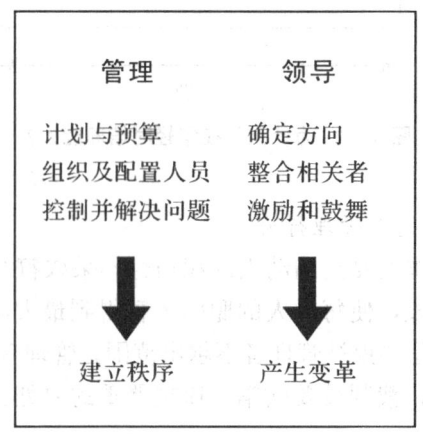

图9-3 管理与领导的区别

研究中国的管理实践,我们会发现科特的思想很有实际意义:我们的经理人往往对"领导"和"管理"的概念及目的区分不清,对概念认识不清,自然扮演不好对应的内涵。企业经常由于缺乏领导而导致绩效无法更好地展现时,误认为管理出了问题,而用更多的管理制度去解决,自然无法切中核心问题。

不过,科特同时又强调,领导与管理的不同与大多数人所认为的并不完全一样。"领导没有什么玄妙或者是神秘,它与'超凡魅力'或者其他异乎寻常的个性特征没有关系。领导不是少数人的专利。领导未必优于管理,也未必可以取代管理。"确切地说,领导与管理是两种互相补充、互相联系的整体,它们各有自己的功能和特点。在日趋复杂、变化无常的商业环境中,这两者都是取得成功的必备条件。真正的挑战是,把很强的领导能力和很强的管理能力结合起来,并使两者相互制衡。领导是在一定的组织或团体内,统御和指导人们为实现一定的目标而进行的一种社会实践活动。

"企业要发展,领导与管理两者缺一不可。"科特说,"一个企业要成功,不仅必须持续地满足顾客、股东、雇员和其他人的目前需要,还必须确定并适应这些主要对象随时间不断变化的要求。为此,它不仅必须以令人满意的、系统的、合理的方式来计划、预算、组织和配备人员,控制和解决问题,以实现预期的日常目标,而且还必须确定一个合适的未来发展方向,必要时对这一方向不断进行调整,联合群众朝此方向不懈努力,即使是付出沉痛代价,也要激励雇员们进行变革。"

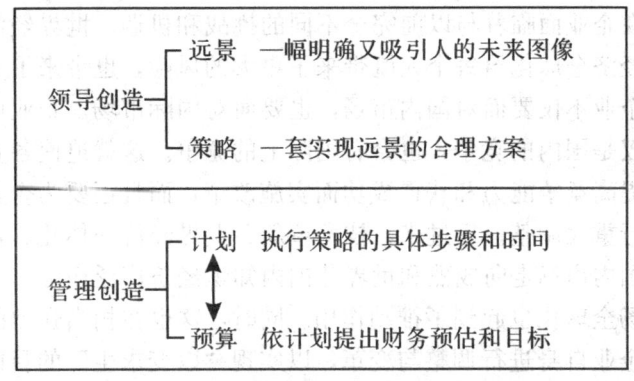

图9-4 远景、策略、计划和预算间的关系

领导和管理虽然是两个截然不同的概念,但却互补而不互相取代,管理强而领导弱的后果是公司僵化,没有创新精神,因而无法应对市场环境、竞争环境和技术环境的变化。如果领导强而管理弱则会出现失控的状态:不能按期达到组织目标、预算严重超标、承诺不能兑现。

科特十分严肃地告诉我们,目前绝大多数的组织缺乏适当的领导。这种不足的情况十分严重,不只是 10%,而是 200% 甚至 400%,而在组织层级上上下下有更多的职位缺少领导。这不是因为没有才能、缺少斗志的人占着管理职位;相反的,通常是聪明又努力的老手拼命想做一些自认为对的事。在这些人当中,只有极少数具有企业、政府或其他地方所需要的领导能力。正如约翰·科特所做的形象的比喻:"倘若我们的社会是一辆汽车,它最初的速度是 30 公里,我们需要很长时间才能到达下一个目标,但其间我们只需要为数不多的几次调整方向,而今天,车速已达到 200 公里,用在路途上的时间大大缩短,但这也意味着你要更频繁与敏捷地调控方向盘。"

(三)企业(文化)的变革

企业文化(包括内在的共享价值观及外显的行为规范)对长期经营绩效有巨大的正相关性,企业长期经营绩效的好坏与企业文化的强弱无关,而与企业文化是否适应外部环境变化有关。

现在企业面临着与以前完全不同的挑战和机遇。世界经济飞速发展,经济全球化给每个人既带来了更大的风险,也带来了更多的机遇,企业不仅要面对国内市场,也要面对国际市场。企业面对的竞争不仅是国内的竞争,也会有国际上的竞争。这就迫使各企业不仅要为提高竞争能力和获得成功而实施改革,而且还要为企业的生存,实行重大调整。反过来,技术革新、世界经济一体化、较发达国家的国内市场走向成熟和世界范围内知识经济广泛而强有力的影响对市场全球化也起到了推动作用。同时,这也在相当强烈的程度上逼迫企业自身进行调整与变革,以实现"以变求生"的目的。对此,美国哈佛大学工商业领导学著名专家科特在他的《领导变革》一书中,将组织的变革,特别是企业文化的变革流程分解成耗时且极端复杂的 8 个步骤,总结了企业变革的 8 个要点。这 8 个步骤必须依顺序执行;否则,成功的机会非常微小。

1. 增强紧迫感

如果企业的全体成员都感到现在的状况很好的话,那么变革是无从谈起的。因此说,要想变革首先就要增加员工的紧迫感。要想增加紧迫感,就必须消除造成自满情绪的根源,或尽可能减小其影响。企业的领导人要制造出一些危机，让员工都有危机意识。例如，允许出现财政亏损；通过同竞争对手进行对比，让经理们了解公司存在的问题和与对手的差距；在决策过程中定出更高的标准；鼓励每位员工多从外部收集有关业绩的信息；高层管理人员停止发表乐观言论。这些措施都能有效地增加企业的紧迫感。

2. 建立指挥团队，成立指导联盟

很多人都这样认为：一位富有传奇色彩的人才具备那种对改革来说是至关重要的领导才能。科特则认为："这种看法是非常危险的。"特别是对于21世纪来说，要进行企业的重大变革，仅靠一位总经理单打独斗是不行的。这需要组建一个联合指挥团队，通过这个团队，集体作决策，共同对决策负责。委员会的规模大小似乎同这家企业的规模有关。当然，这个团队必须要有一个好的领导，没有好的领导是不会获得成功的。

3. 确定变革愿景

愿景包含着某种崇高或神秘的东西，好的愿景能够引导员工向着目标努力工作。它是一个特别重要的因素，没有愿景，决策过程有可能演变成一场无休止的争吵，而在做预算时可能会不加考虑，信手将去年的数字改动5%就算大功告成。当然企业的愿景应该是可想象的、具有吸引力的、可行的、灵活的并且有好的传播性的。从长远看，如果没有正确的设想，产品的重新策划、企业的调整和其他改革计划就决不会发挥作用。

4. 以有效沟通传播变革愿景

愿景不是设想出来就行了，只有少数几个关键人物理解这一设想不是好现象，只有在参与这项事业或活动的大多数人就所实现的目标和行动方向达成共识时，设想所蕴含的力量才能得到释放。为此，有效的沟通就显得非常重要。为了能够达到这一效果，在建立愿景时应该简洁、清晰、明了，多用比喻和类比，而且还要领导人进行反复地强调，要进行双向的交流，因为提出自己的想法并听取他人的意见历来比单向交流更富有成效。

5. 授权员工行动

要使传播设想真正有效，只靠口头、书面的沟通形式还不够，还得进行相应的改革，要更多的授权，以使更多成员能够采取行动。这样才可能真正有效。向职员们宣传一项合理的改革设想：如果职员们有了一个共同的目标，那么为了实现这些目标行动起来就容易多了，使体制适应改革设想，为职员们提供必要的培训，使信息制度和人事制度适应改革设想。以上措施的核心是授权，改变领导与管理体制。

6. 创造短期成效

重大变革都要花去大量的时间，但多数人都希望能够快速地看到成果，来说明自己的努力没有白费。而持怀疑态度的人可能会提出更高的标准。对此，科特提出了"创造短期收益"的问题，并且认为，企业的短期业绩能够促进改革总目标的实现。这种短期成效对改革计划起了肯定的作用，明显的收益也有助于获得老板必要的支持；持观望态度的人变成了支持者；而且也有利于管理团队来检验他们的设想等等。

7. 巩固成果并推行更多的变革

当变革进入这个阶段时，成果已开始明朗，同时也是变革举步维艰的时期。由于功成名就，组织开始滋生自满的情绪，往往导致成果得而复失。特别是由于改革成果已经出现，许多人便会出现坐地分成的念头，一旦得不到改革成果，或认为分享不公平，便会想办法使别人也得不到。对此现象，科特从组织内部找原因，认为以往改革失败的原因有两点：其一，以往的管理方式往往过于集中，根本无法应付 20 个以上的复杂改革计划；其二，改革计划的负责人没有协调他们之间的行动，彼此造成牵制，产生阻力，妨碍改革成功。因此，这时候千万不能放松，一定要坚持下去，把改革进行到底。

8. 深植新做法于文化中

科特认为，将工作方法以企业文化的方式制度化往往是最后实现的变革。将变革作为一种新的行为规范与企业文化固定下来，这个步骤在变革中是必不可少的。文化对长期经营绩效有巨大的正相关性。科特认为，新模式的文化应是"以变化为支点的企业文化"，这种文化会帮助企业适应一个迅速变化的环境，并大大胜过财力更强的竞争者。

当一个公司建立起这样的文化时，公司的管理人员会诚恳真实地珍视与公司有关的所有人员。他们非常珍视支持自己生意的基本成员，从客户、供应商、雇员到股东。他们要更多地往外看，而不是朝内看，这一特征对于形成灵活的、适应性的、以变化为支点的文化是很重要的；而且组织内的各个阶层都非常重视进取心和领导权。公司内部大力宣传改革设想，管理层也给予高度的重视并且改革了企业内部的业绩评估制度以及其他一些因素。所有这一切都坚强地支持着新的工作方法。由于企业里没有人真正重视过这个问题，所以，人们并没有努力地去帮助这种新的工作方法在公司文化中生根发芽。要想让这种新的工作方法取代旧的价值观念，就必须使它深深地植根于企业文化中并使它在企业文化中发展壮大。

（四）"目睹－感受－改变"推动变革

人们愿意变革是由于"目睹－感受－改变"而非"分析－思考－改变"的过程。因此，仅仅凭借数据说服人的理智是不够的，必须能够以生动活泼的方式使人有所感受，激发人们变革。

当遇到挫折的时候，我们有时甚至会使自己相信，"大规模的组织变革可能并不是那么必要"。在现实世界中，一股强大的力量却在不停地推动着这股变革潮流。在所有这8个步骤当中，最核心的问题就是改变人们的行为。组织变革当中最核心的问题不是战略，不是系统，也不是文化，这些因素都是非常重要的，但最关键的问题无疑还是行为——如何改变人们工作的内容和方式。从改变人们行为的角度来说，与其给他们一堆分析数据，以改变他们的思维，倒不如让他们看到事情的真相，并进而影响他们的感受。

换句话说，科特的意思其实是主张发挥感情在企业变革中的作用。思维和感受都是必要的，实际上，在大多数取得成功的组织当中，这二者是并存的，但组织变革的关键还是在于改变人们的情感。在这点上，目睹—感受—变革的流程，要远比分析—思考—变革的过程更为有力。目睹和分析、感受和思考等要素之间的区别是非常关键的，因为在大多数情况下，我们使用后者的频率、熟练程度和满意度都会高于前者。成功的组织变革总是以一种能够影响人们感受（而不仅仅是思维）的方式来观察问题并寻找解决方案。事实上，这种主张正反映了近年来管理学重心的转移。

在"工业经济"时代，管理是建立在机械生产基础上的，侧重通过分析和计算，确定一个最佳答案，然后人们就机械地照搬去做。那时的员工靠的是遵守规定和程序，听从上级指示，以对组织的忠诚换取薪酬和升迁的机会；然而在进入"知识经济"时代的今天，创新是企业的生命，管理所要激发和依赖的，乃是人员的热情和投入。知识工作者不再是组织内的一颗螺丝钉，他们追求的是个人的"成长机会"和"受雇能力"。科特的这种思想对今天的我们有很大的启发。

三、简评

明确地区分"领导"与"管理"，是科特管理思想重要的贡献之一。在此基础上，他构建了一套新的视角来认识企业的发展，思考管理的本质。这些思想给企业管理者以新的视野，另外，他对管理和领导的理解，对所有社会组织都是一种不可多得的智慧支持。为了实现领导功能，科特又深入考察了企业组织的运行过程，找到文化因素作为变革的切入点，以此为契机分析了企业变革的8个要点，为变革时代的管理构建了一套一般化的模式。在这一过程中，他重视变革，鼓励创新，将管理中人的作用进一步放大。

在外界环境和市场需要相对稳定的时代，稳定和效率决定了企业的成败；在变化快速的不确定年代，无论企业、政府，还是社会，对领导能力的需求都更加殷切。随着企业经营环境走向自由化和全球化，使得企业所面临的最大考验和挑战，不再是稳定和效率，而是改变的能力和速度，因此，企业文化和变革成为决定企业经营成败的最关键问题。然而，变革不会自然发生，它有赖于高层主管认真而持久地推动，这就是领导的功能。

科特的管理思想对东方文化背景下的组织管理，特别是中国企业有很强的借鉴意义。在传播科特的管理思想的时候，中国学者认为[1]，仅仅用管理的方法是不够的，成功的变革需要用领导的方法。变革的理论众多，进行变革实践的企业成功的例子却极少。许多变革失败的原因是因为仅仅使用规章、制度等这些管理方法，成功的变革应更多地使用领导的方法。管理方法更多使用单向沟通，"自上而下"，而领导的方法则更多使用双向沟通，"上下结合"。国内企业大都采取"自上而下"的方式：高层提出愿景，然后向下灌输，在科特看来这是不行的。接受的过程必须是双向沟通，要鼓励员工挑战传统的做法，鼓励员工对公司未来愿景提出质疑。企业的愿景和文化理念只有被大家真正接受，才会真正提高管理效率。变革时代需要鼓励变革的制度环境。

　　科特认为不管是日本，还是中国都缺乏个人主义或企业家传统，年轻人得不到更多的鼓励去表现他们自己。日本多年经济衰退的部分原因是因为，在一个高速变化的时代，日本政府控制得太多，企业家能做的太少，科技创新提供了很多新机会，但今天的日本缺乏促使"新的松下"们成长的环境。

　　中国改革的成功经验之一就是鼓励人们大胆地试、大胆地闯的创业精神，守业不应该是中国企业家的任务，创业才应该是优秀企业家的职责。今日的中国正类似于19世纪末与20世纪初的美国，卡耐基、福特等企业巨子那时在美国建立现代商业帝国。中国的企业家应更多地具有在荒原上建造新王国的雄心与远见，这样的企业家才是中国真正需要的商业领袖。

---

[1] 李乾文：《变革时代的领导艺术——约翰·科特的代表作及其贡献》，载《企业管理》，2004年第10期，第86页。

第三节 彼得·圣吉的学习型组织理论

一、彼得·圣吉和他的主要著述

1991年的一天,一位年近90高龄、大名鼎鼎的美国老人,打电话给另一位在当时默默无闻,年仅40出头的美国人,诚恳地表示要向他学习。这位老人就是曾为战后日本经济复苏立下汗马功劳,并被称为"当代最杰出的管理科学大师"的戴明,而那位默默无闻的中年人就是美国麻省理工学院教授彼得·圣吉博士。戴明所要学习的,就是圣吉博士当时创立的"学习型组织"理论。

20世纪90年代,由美国麻省理工学院博士彼得·圣吉撰写的《第五项修炼——学习型组织的艺术与实务》一书热销全球,风靡世界,在世界各地掀起了一阵阵学习管理的热潮,这本书被评为"世界上影响最深远的管理书籍"之一。而该书的作者彼得·圣吉被《经营战略》杂志誉为"20世纪对商业战略影响最大的24个伟人之一",《金融时报》评述他是"顶尖管理大师",《商业周刊》将其列为"十大管理大师之一"。现在,彼得·圣吉被誉为继彼得·杜拉克之后最具影响力的管理大师,被称为"'学习型组织'理论之父"。

(一)生平

彼得·圣吉(Peter Senge)1947年出生于美国芝加哥,1970年于斯坦福大学(Stanford University)获得航空及太空工程学学士学位后,进入麻省理工史隆管理学院读研究生,旋即被佛睿斯特(Jay Forrester)教授的系统动力学整体动态搭配的管理新观念所吸引。1978年获得系统动力学博士学位。

此后,他和戴明(Edwards Deming)、阿吉瑞斯(Chris Argyris)、雪恩(Edgar Schein)、熊恩(Donald Schon)等大师级的前辈,以及一些有崇高理想的企业家,着力使系统动力学的要领简单化、通俗化和可操作化,致力于将系统动力学与组织学习、创造原理、认知科学、群体深度对话与模拟演练游戏融合，发展出一种学习型组织的蓝图。在这一蓝图中，人们得以从工作中得出生命的意义、实现共同愿景的"学习型组织"。

1990年圣吉出版《第五项修炼——学习型组织的艺术与实务》，作为"学习型组织"的理论依据，力求提供给组织一套行之有效的修炼办法，以提高组织的学习能力和竞争能力。学习型组织对传统组织发起了巨大的挑战。这是一种理论与实践相配套的新型管理方法，是继"全面质量管理"（TQM）、"生产流程重组"、"团队战略"之后出现的又一管理新模式，被西方企业界誉为21世纪的企业管理圣经。其主要内容有"自我超越""改善心智模式""建立共同愿景""团队学习""系统思考"五项管理技巧，企业通过这些具体的修炼办法来提升组织整体运作的"群体智力"。

为了更好地发展学习型组织，彼得·圣吉等人1991年在麻省理工学院成立了组织学习中心。中心建立的最初目的是通过系统思考、改善心智模式、自我超越和建立共同愿景来提高领导和员工的学习能力。在创立后的几年之内，中心得到了迅速发展。至1995年，该中心已拥有19个合作伙伴，包括AT&T、IBM、福特汽车等。许多公司都进行了各种各样的关于学习型组织的实验。

圣吉现在的身份是麻省理工学院的资深教授，也是该学院"组织学习与变革"团队成员，以及"组织学习协会"（Society for Organizational Learning，SOL）主席。

在众多的世界级管理大师当中，圣吉算是与中国最有渊源的一位。20世纪80年代中期，禅宗大师南怀瑾先生旅美侨居3年。其间，圣吉经人介绍结识了南先生，并由南先生而爱上了东方文化。接着，他便拜师南怀瑾研修中国传统禅文化，并每天坚持两个小时的静坐修道，直到今天仍坚持不辍。也许正是由于这一点使他永远保持着旺盛精力，也使他对"修炼"一词有了深厚的感情。其成名作《第五项修炼——学习型组织的艺术与实务》中的"第五项修炼"的英文翻译为The Fifth Discipline，"Discipline"一词来源于拉丁文，译作"修炼"，在意境上极为贴切。他认为这是蕴含东方文化的神来之笔。因为长期亲近东方哲学，他甚至打算用后半生的时间在中国和印度探索东方文化的神韵。

（二）主要著述

1983年，英国壳牌公司做过一个调查，"全球500强企业的生命周期有多长"，并将结果保密了15年后才对外公布。这份调查显示，这些非常成熟的公司平均寿命只有30到40年，还不到常人寿命的一半；只有20家公司存活了200年以上，并且依然充满活力。

调查发现，上述20家长寿企业有一个共同特点，就是学习力旺盛。而那些短命的公司都不知道怎么学习，在环境、技术、社会等发生变化以后，依然按照老办法运作。虽然他们在资金、技术、人才等各种资源方面应有尽有，看似风光十足，实则不堪一击。

这项调查催生了后来对"学习型组织"的研究。圣吉认为，未来真正出色的企业将是能使企业各阶层人员全心投入，并有能力不断学习的企业，也就是"学习型组织"企业。未来企业唯一持久的优势是有能力比你的竞争对手学习得更快更好，只有营造学习型组织的工作氛围和企业文化，企业才具有长盛不衰的生命力和竞争力。

作为研究成果的结晶，圣吉的代表作《第五项修炼——学习型组织的艺术与实务》于1990年在美国出版。在书中，彼得·圣吉为经理人提供了工具和概念性原型，以更好地理解潜藏在组织问题下的结构和互动问题，并首次系统地提出了一个全新的概念：学习型组织。该书于1992年荣获世界企业学会（World Business Academy）最高荣誉的开拓者奖（Pathfinder Award），并被《哈佛商业评论》评选为在过去75年中影响最深远的管理书籍之一，圣吉本人也于同年被美国《商业周刊》推崇为当代最杰出的新管理大师之一。他所提出的学习型组织被誉为"21世纪的金矿"。

1994年圣吉出版了《第五项修炼——学习型组织的艺术与实务》的配套实用手册《第五项修炼·实践篇》，由此催生出一场世界性的运动。1999年，圣吉又推出了《变革之舞》。据圣吉自己说，此书是从两个重大教训开始的：第一，启动和维持变革并非如《第五项修炼——学习型组织的艺术与实务》所建议的那样令人乐观，而是一项常常令人沮丧的任务。第二，启动变革这一任务要求商界人士改变思考企业的模式，即要像生物学家那样思维。时代已经转型，思维也要更新。

二、彼得·圣吉的管理思想

（一）学习型组织理论的诞生

学习型组织是 20 世纪 90 年代以来，在管理理论与实践中发展起来的全新的管理理论，其最初构想来源于彼得·圣吉的老师佛睿恩特（Jay Forrester）在 1965 年写的一篇论文——《企业的新设计》。在这篇文章中，佛睿恩特利用系统动力学的基本原理，非常具体地构想了未来企业的一些基本特征，包括组织结构扁平化，组织信息化，组织更具开放性，员工与管理者的关系逐渐由从属关系转向工作伙伴关系，组织不断学习，不断调整组织内部的结构关系等等。彼得·圣吉作为他的学生一直致力于研究如何以系统动力学为基础建立起一种更理想的组织。后来，他于 1990 年出版了其旷世之作——《第五项修炼——学习型组织的艺术与实务》，创立了学习型组织理论。

（二）学习型组织理论的主要内容

如果给学习型组织简单地下一个定义，所谓学习型组织，就是充分发挥每个员工的创造性的能力，努力形成一种弥漫于群体与组织的学习气氛，凭借着学习，个体价值得到体现，组织绩效得以大幅度提高。这种组织具有持续学习的能力，具有高于个人绩效总和的综合绩效。彼得·圣吉指出：在学习型组织中，有 5 项新技能正在逐渐汇集起来使学习型组织变成一项创新，虽然它们是分开的，但都紧密相连，其中的每一项技能对学习型组织的建立都不可缺少。彼得·圣吉把这 5 项技能称为 5 项修炼，并精辟论述了学习型组织模型的 5 项修炼的内涵。

1. 自我超越

自我超越作为学习型组织的精神基础，是个人成长的学习修炼，其修炼是学习不断清并加深个人的真正愿景集中精力，培养耐心，并客观地实现这些愿景。具有高度自我超越的人，能不断扩展他们创造生命中真正所向往的能力，以个人追求为起点，形成学习型组织的精神。圣吉概括了这样一个思想成长过程：开发自我去面对不断进步的世界——依创造性的而非反映性的观点生活。这包括不断学习以便更清晰地看待当前局势与现实的鸿沟，并产生学习的压力，这是一种真正的终身学习。彼得·圣吉认为要想不断精熟和扩大自我超越的能力，必须按照以下原理进行修炼：

（1）建立个人愿景。个人愿景，就是内心真正关心的事情，是一个特定的结果，一种期望的未来景象或意象。愿景是内在的而不是相对的，他是你渴望得到某种事情的内在价值。如果说一个人对未来所持有的"上层目标"是抽象的，那么个人愿景则是具体的。

（2）保持创造性张力。所谓创造性张力是指解决愿景与现实之间差距的创造力。愿景与现实的差距，可能成为一种力量。这种力量一旦被正确使用，就会将你向愿景推动。此种差距是创造力的来源，因而被圣吉看作是"创造性张力"。彼得·圣吉指出："创造性张力是自我超越的核心原理，它整合了这项修炼所有的要素。"

（3）看清结构性冲突。意识清醒的人时常感觉到自己正被两种不同方向的力量所控制：一种力量将你拉向你的愿景；但同时也有另外一种力量将你拉向相反的方向。这时就要我们也全神贯注去克服达成目标过程中所有形式的阻力。每一位成功的人都有过人的意志力，他们把这种特性看作与成功同义。他们愿意付出任何代价以克服阻力，达到目标。

（4）诚实地面对真相。诚实地面对真相的关键在于克服那些看清真实状况的障碍。我们未曾觉察到的结构囚禁着我们，一旦我们看得见它们，它们就不再能够像以前那样囚禁我们。我们开始感到内心里生出一种力量，把自己从那种支配自己行为的神秘力量中解放出来，这对个人和组织都是如此。

（5）运用潜意识。意识和潜意识是个体学习过程中经常运用的两种意识形式。任何新的工作，当一开始时，整个活动都需要在高度清醒的意识的指挥下才能完成，而当熟练后，在潜意识的指挥下就可以很好地完成工作。所以，培养潜意识是重要的。培养潜意识最重要的就是他必须切合内心真正想要的结果，越是发自内心深处的良知和价值观，越容易与潜意识深度结合，或有时是潜意识的一部分。

2. 改善心智模式

在管理过程中，许多好的构想往往没有机会付诸实施，而许多具体而细微的见解也常常无法切入运作中的政策，也许组织中有过小规模的尝试成果，每个人都非常满意，但始终无法全面地将此成果继续推广。这是什么原因呢？这不是根源于企图太弱、意志力不够坚强，或缺乏系统思考，而是来自"心智模式"。具体地说，新的想法无法付诸实施，常是因为它和人们深植心中、对于周遭世界如何运作的看法和行为相抵触。因此，学习如何将我们的心智模式摊开，并加以检视和改善，有助于改变心中对于周遭世界如何运作的既有认知。对于建立学习型组织而言，这是一项重大的突破。那么，何谓心智模式？心智模式是认识心理学上的概念，指那些深深固结于人们心中，影响人们认识周围世界，以及采取行动的许多假设、成见和印象，是思想的定式反映，是人们思想方法、思维习惯、思维风格和心理素质的反映。心智模式的形成受人们所经历的环境，人的性格，人的智商、情商和逆境商的影响，并要经历漫长的过程。心智模式影响人们的思想和对周围事物的看法，也影响着人们的学习和生活方式。心智模式是一种思维定式，不同的心智模式，导致不同的行为方式。当我们的心智模式与认知事物发展情况相符时，就能有效地指导行动；反之，就会使自己好的构想无法实现。但是，人无完人，每个人的心智模式都存在一定的缺陷，它是一种客观存在，不容置疑。很多人不愿意承认自己的心智模式存在缺陷，更不能自觉地去进行改善心智模式的修炼。而且心智模式一经形成，就很难改变。所以，心智模式的修炼无论对个人还是对组织来说，都是最艰难的修炼。修炼心智模式必须具备锲而不舍的精神。

3. 建立共同愿景

共同愿景最简单的说法是，"我们想要创造什么"，它是组织中全体成员的个人愿景的整合，是能成为员工心中愿望的远景，它遍及组织全面的活动，而使各种不同的活动融合起来。"共同愿景"不是一个想法，甚至像"自由"这样的一个重要的想法。它是人们心中的一股令人深受感召的力量。共同愿景刚开始时可能只是被一个想法所激发，然而一旦发展成感召一群人的支柱时，就不再是个抽象的东西,人们开始把它看成是具体存在的。在人类群体活动中,很少有像共同愿景这样能激发出强大的力量的事物。它是个人、团队、组织学习和行动的坐标。它对学习型组织至关重要,能为学习聚集能量。只有当人们致力于实现共同的理想、愿望和愿景时,才会产生自觉的创造性学习。

(1) 鼓励个人愿景。共同愿景是由个人愿景汇聚而成的,个人愿景通常包括对家庭、组织、社区,甚至全世界的关注。借着汇集个人愿景,共同愿景获得能量。真正的愿景必须根植于个人的价值观、关切与热望中。因此,对共同愿景真诚的关注是根植于个人愿景中的。

(2) 创造共同愿景。当一群人都能分享组织的某个愿景时,每个人都有一个最完整的组织图像,每个人都对整体分担责任,不只对自己那一小部分负责。同样,每个人所持有的整体愿景也都有其不同之处,因为每个人都有独自观看大愿景的角度。当有更多人分享共同愿景时,愿景本身虽不会发生根本的改变,但是愿景变得更加生动、更加真实,因而人们能够真正在心中想之。从此,他们拥有伙伴,拥有"共同创造者",愿景不再单独落在个人的双肩上。在此之前,当他们尚未孕育个人愿景时,人们可能会说那是"我的愿景",但是,当共同愿景形成之时,就变成既是"我的",也是"我们的"愿景。

(3) 愿景不源于高层。官方愿景并非是从个人愿景中建立起来的,它很少在每一个阶层内进行探询与检验,因此,无法使人们了解与感受到共同拥有这个愿景,结果新出炉的官方愿景也无从孕育出能量与真诚地投入。事实上,有时它甚至无法在建立它的高阶管理团体中激起一丝热情。这并不是说愿景不能从高层发散出来。但是,有时愿景是源自不在权力核心层的个人愿景,有时是从许多阶层互动的人们中激荡而出。分享愿景的过程,远比愿景源自何处更重要。除非共同愿景与组织内个人的愿景连成一体,否则它就不是真正的共同愿景。对那些身居领导位置的人而言,最要紧的是必须记得他们的愿景最终仍然只是个人愿景,位居领导位置并不代表他们的个人愿景自然就是组织的愿景。

4. 团体学习

"团体学习"是建立在发展"共同愿景"和"自我超越"之上的，是发展团体成员整体搭配与实现共同目标能力的过程。组织在今天尤其迫切需要团体学习，无论是管理团体、产品开发团体，还是跨机能的工作小组，都是如此。而团体在组织中渐渐成为最关键的学习单位，之所以如此，是因为现在几乎所有重要决定都是直接或间接通过团体形成，而进一步付诸行动。甚至从某种意义上讲，个人学习与组织学习是无关的，即使个人始终都在学习，并不表示组织也在学习。但如果是团体在学习，团体变成整个组织学习的一个小单位，他们也可将所得到的共识化为行动。在组织内部，团体学习有三个方面需要顾及。

首先，团体必须学习如何组合出高于个人智力的团体智力。但一般情况下组织中会有一些强大的智力抵消，造成团体的智慧小于单个成员的才智。然而，这些力量有许多是团体成员可以控制并加以应用的。

其次，既需要个性突出，又需要协调一致。在组织发展中，单个成员的个性特点发展对团体的发展有很大的帮助，而杰出团体也需要一种"工作上的默契"，每一位团体成员都要在发展自己的同时很好地配合自己的同伴。

第三，要重视团体成员的不同角色与影响，比如管理机构的每一个决定都是通过一个个执行机构来实行的。

5. 系统思考

"系统思考"是"看见整体"的一项修炼，它是一个架构，让我们看见相互关联而非单一的事件，看见渐渐变化的形态而非稍纵即逝的一幕。系统思考以一种新的方式使我们重新认识自己所处的世界，其主要观点可以概括为由"将自己看作与世界分开，转变为与世界连接"，从"将问题看作是由'外面'某些人或事引起的，转变为看到自己的行动如何造成问题"。

系统思考有两个关键点：一是系统的观点，二是动态的观点。我们应该重视系统中各个局部的相互作用，它们都不是孤立存在的，而是相互联系的。我们要了解整个事情的全部，也要看到人们研究事物的主要机能。所以，它并非深不可测的一项修炼，而是大家比较熟悉的，在生活、学习、工作中自然运用的一项修炼。系统思考要求认清系统的结构，而不应被表面现象所迷惑，应处理动态的、复杂的细节问题。

系统思考是5项修炼的核心。不具备系统思考的自我超越，常常是以自我为中心，以自己的追求为主，忽视外部力量与自身行动的相互影响；而拥有系统思考的自我超越，能融合理性与直觉，看清自己跟周围世界是一体的，对整体有使命感，于是，在自我超越的过程中，清醒地看到自己与外界的相互关联，自然而然地形成一个更宽阔的"愿景"，这就是一种高层次的"自我超越"。

系统思考对于有效确立改善心智模式也很重要。在心智模式中，加入系统的思考，不仅能改善我们的心智模式，还能改变我们的思考方式，可以使我们的心智模式更加完善和健全。

系统思考对建立共同愿景也有很重要的作用。如果缺少了系统思考，我们的愿景，将止于对未来不着边际的描述，而不是科学合理的描述，这样的愿景缺乏吸引力，不能把员工凝聚起来。

"系统思考"的观点对"团体学习"更为重要。系统思考的工具为团体学习应对和克服工作中复杂的、动态的问题提供了有效的语言工具。系统模型应成为团体学习的共同模型。当然，"系统思考"也需要有"建立共同愿景""改善心智模式""团体学习"与"自我超越"4项修炼来发挥它的潜力。

这5项修炼之间有很强的正相关性，每一项修炼的成败都与其他修炼的成败相联系。它们之所以称为修炼，是因为这是一个过程，一个学习和提高的过程，作为企业的领导者，都要深刻理解它们的原理，并在实践中不断地演练。

三、简评

彼得·圣吉的《第五项修炼——学习型组织的艺术与实务》一书融合了东西方智慧中的精华，在世界各地掀起了一阵阵学习管理的热潮。《第五项修炼——学习型组织的艺术与实务》出版后迅速席

第九章　当代管理思想及其发展趋势

卷全球，被各个行业的大小企业所认同，一些国际知名企业，如壳牌石油、福特汽车、克莱斯勒、摩托罗拉、苹果电脑等都随即以"五项修炼"作为操作方法，在企业内建立起了学习型组织。可以说，《第五项修炼——学习型组织的艺术与实务》一书给组织管理带来了一个全新理念，而该理念转化为实际管理制度与行为，就可能引起管理方式的大变革。

《第五项修炼——学习型组织的艺术与实务》是理论与实践相配套的一套新型的管理技术方法，是继"全面质量管理"（TQM）、"生产流程重组"、"团队战略"之后出现的又一管理新模式，被西方企业界誉为 21 世纪的企业管理圣经。其主要内容有"自我超越""改善心智模式""建立共同愿景""团队学习""系统思考"五项管理技巧，试图通过这些具体的修炼办法来提升人类组织整体运作的"群体智力"。《第五项修炼——学习型组织的艺术与实务》的核心是强调以系统思考代替机械思考和静止思考，并通过了解动态复杂性等问题，找出解决问题的高"杠杆解"。《第五项修炼——学习型组织的艺术与实务》涉及个人和组织心智模式的转变，它深入到哲学的方法论层次，强调以企业全员学习和创新精神为目标，在共同愿景下进行终身的团队学习。

彼得·圣吉的名头在中国十分响亮，他的代表作《第五项修炼——学习型组织的艺术与实务》，已经成为管理学界的畅销书。仅上海三联书店一个版本，就已经重印 47 次，发行量达到 64.5 万册。可以毫不夸张地说，他是引领管理时尚的大师。《第五项修炼——学习型组织的艺术与实务》顺应了信息化时代大潮，是知识经济的产物，完全符合我国创建学习型社会、学习型城市、学习型社区、学习型企业和学习型家庭的发展目标。

圣吉对管理学的贡献不在理论上，而在实践上。他以独到的视角和敏锐的洞见，试图破解一个个现实中的管理问题。圣吉的思想并不复杂，他以系统理论为支撑，开出的管理药方只有一个关键词——修炼。但他的志向十分宏远，正如他为《第五项修炼——学习型组织的艺术与实务》的中文版所写的序言的标题——"为人类找出一条新路"。然而，这种时髦能不能持续，管理学理论会不会因之而重写,圣吉头上的大师光环有没有可能褪色,尚有待于时间的检验。

第四节 迈克尔·哈默与詹姆斯·钱皮的企业再造理论

一、迈克尔·哈默与詹姆斯·钱皮简介

进入20世纪80年代以来,随着科技的发展,人类进入信息社会,以强调劳动专业分工和管理层级制为基本特色的西方发达国家主流企业制度、组织结构和管理模式已不再适用。于是,西方的学术界、企业界提出了各种改革企业管理的主张和理论。其中,管理学者迈克尔·哈默与企业管理实践者詹姆斯·钱皮共同开创了一系列有关企业改革的新观念,成为这一时期有关企业改革的最重要的理论成果之一。

（一）哈默的生平与著作

迈克尔·哈默（Michael Hammer）,美国著名的管理学家,出生于1948年,先后在麻省理工学院获得学士、硕士和博士学位,专攻土木工程。他曾担任IBM的软件工程师,麻省理工学院计算机专业教授,Index Consulting集团的PRISM研究负责人。在20世纪80年代末,他发明了"再造"一词并用以形容用信息技术实现对企业业务过程的彻底改造,以实现企业业绩的增长。1990年,哈默在《哈佛商业评论》上发表一篇名为《再造:不是自动化,而是重新开始》的文章,率先提出了企业再造的思想,后来,该思想通过一系列的畅销书使哈默成为20世纪90年代最受关注的管理思想家之一。

1993年,迈克尔·哈默还只是普通的管理咨询顾问,但他和詹姆斯·钱皮（James A. Champy）合著的《再造企业——管理革命的宣言》成为国际畅销书。该书发展了再造理论,明确提出了再造理论概念,而且普及了这一思想。以后,他们又陆续出版了《再造革

命》(1995年)、《管理再造》(1995年)、《超越再造》(1996年)等著作,丰富和发展了企业再造理论,在全球刮起一股再造旋风。到1995年,有关公司再造工程的咨询业务总额高达500亿美元。再造热让哈默这位曾经是MIT的计算机科学教授一举成为新经济的天王巨星,迅速跻身于美国最具影响力的人员名单。

迈克尔·哈默(Michael Hammer),世界最著名的管理学家之一,是公认的企业再造和业务流程理念的创始人。他的思想使现代经营管理领域发生了深刻的变化。遍及全球的许多企业将他所倡导的理念运用于自身的经营活动和组织结构中,创造了惊人的业绩。美国《商业周刊》把他列为20世纪90年代4位杰出的管理思想家之一,《时代》周刊把他评选为美国最具影响力的25人之一。

(二)钱皮的生平与著作

詹姆斯·钱皮(James Champy),先后在麻省理工学院获得学士和硕士学位,后又在波士顿大学获得法学学位,一个在管理理论和实践方面同时有杰出成就的管理者。他是研究企业再造的权威人士。他曾是CSC指数公司的创始人和董事长。CSC指数公司的基地在马萨诸塞州坎布里奇,是一家率先提出改革发展和实践的管理咨询公司。

1993年,詹姆斯·钱皮与迈克尔·哈默合著《再造企业——管理革命的宣言》。继《再造企业——管理革命的宣言》之后,1995年,钱皮的著作《再造管理》又被《商业周刊》评为1995年最佳管理类书籍之一。1996年,钱皮离开CSC指数公司,加入了佩罗特系统(Perot Systems)咨询公司;1998年,与尼丁·诺利亚(Nitin Nohria)合作出版《管理的革命》;2001年,与尼丁·诺利亚合著《抱负弧线》(中信出版社中文版译名为《管理你的企图心:诠释成就的发展曲线》);2002年,出版《企业X再造》。钱皮现为Perot Systems公司咨询部门主席,佩罗系统顾问公司董事长,还在PBS商务频道主持节目,并为《福布斯》《销售与营销管理》等杂志撰写专栏文章。人们对詹姆斯·钱皮的评价是:"他是一个能够抓住现实变革根本的管理大师,所以,才会有那么多人在聆听他的声音、关注他的言行。"

二、企业再造理论

(一) 企业再造理论产生的背景

企业再造理论的产生有其深刻的时代背景。随着现代工业的发展，大量生产和分配产品已经成为现实，而且，20世纪六七十年代以来，信息技术革命使企业的经营环境和运作方式发生了很大的变化，西方国家经济的长期低增长又使得市场竞争日益激烈，企业面临着严峻挑战。哈默和钱皮将当时的市场特征总结为：竞争 (Competition)、顾客 (Customer)、变化 (Change)，有的人称为"3C"。在这种情况下，许多学者认识到，必须对现有的企业管理观念、组织原则和工作方法进行彻底的重组再造，做一次伤筋动骨的大手术，才能帮助美国企业迅速获得再生，重新夺回世界领先的位置。在《企业再造》一书中，哈默和钱皮指出："应在新的企业运行空间条件下，改造原来的工作流程，以使企业更适应未来的生存发展空间。"

(二) 企业再造理论的主要内容

企业再造理论也被译为"公司再造"、"再造工程"，简称为 BPR (Business Process Reengineering)，人们将其称为"毛毛虫变蝴蝶"的革命。简而言之，企业再造理论就是以工作流程为中心，重新设计企业的经营、管理及运作方式。按照哈默与钱皮在《再造企业——管理革命的宣言》一书中的定义，企业再造是指"为了飞越性地改善成本、质量、服务、速度等重大的现代企业的运营基准，对工作流程 (business process) 进行根本性重新思考并彻底改革"。也就是说，"从头改变，重新设计"。为了能够适应新的世界竞争环境，企业必须摒弃已成惯例的运营模式和工作方法，以工作流程为中心，重新设计企业的经营、管理及运营方式。

企业再造是以一种再生的思想重新审视企业。它的第一步往往是在顾问的帮助之下，对公司的核心强项及竞争优势进行归纳分析，第二步是区分促成这些优势的各个因素，哈默和钱皮将这些步骤命名为商业价值分析 (Business Value Analysis, BVA)。这种分析必须触及竞争优势的核心所在，严格区分哪些过程及活动是促进了竞争优势的，哪些是等而次之的，还有哪些是根本不起任何作用的。最后一个步骤是新生结构的应用。这些结构有助于竞争力的发展，增加商业的价值。这些结构往往跨越原有的职能部门，形成自我管理的团队，这一切保证了工作效率和成长空间，以更为精简和平面的结构取代原有的企业职能管道，因为水平面上的沟通显然比由上而下的垂直沟通有更大优势。

哈默与钱皮在《再造企业——管理革命的宣言》一书中深入地论述了企业再造的基本观点，它主要包括以下四个方面。

1. 基本问题的重新思考

在企业的业务流程再造中，企业人员尤其是高级管理人员需要对业务流程进行根本性思考，对长期以来企业在经营中所遵循的分工思想、等级制度以及官僚体制进行重新审视，并打破原有的思维定式，进行创造性思维。其关键在于提出颠覆性的基本问题，对贯穿企业始终的管理思想与方法进行思考，脑海中不能带有任何条条框框，不受任何束缚。

2. 彻底的变革

流程再造不是对现有组织体系的调整与补充，而是要进行脱胎换骨式的彻底改造，抛弃现有的业务流程和组织结构，以及所有的陈规陋习，把过去一切规定好的结构与过程都搁置一边，另起炉灶，创造出全新的工作思路与方法，并对企业从整体上进行重新设计，开辟崭新的企业发展路径。对于企业来说，再造是一场革命而不是改良。如果不进行彻底变革，只在管理制度和组织结构方面进行修补，对根除企业的顽疾无济于事。

3. 显著的进展

企业进行流程再造，并不是要取得微小的改善和点滴的提高，而是要取得业绩上的突飞猛进。哈默与钱皮为"显著的进展"制定了一个目标，即"周转期缩短70%，成本降低40%，顾客满意度和企业收益增进40%，市场份额增长25%"。企业的流程再造绝非是缓和的、渐进的改善，而是要实现一跃千里的大步跨越。

4. 重新设计企业的业务流程

在一个企业中，业务流程的设计决定着企业的运行效率以及企业产品和服务的效益。在传统的企业组织中，分工理论决定着企业业务流程的构造方式。依托于分工理论的组织结构模式在促进组织发展的同时，也给企业组织的发展带来了一系列弊端，诸如分工过细过窄、员工技能单一、组织机构庞大、组织效率低下、管理费用增多等等。这些都严重背离了"分工出效率"的初衷。正是由于原有的业务流程作怪，才造成了企业百病缠身，因此，再造要从重新设计企业的业务流程入手。

流程再造的实质，是对企业的一种系统变革，其对象及核心领域是企业的业务流程，根本目标是显著提高企业的绩效，而提高绩效的途径是对被专业分工和官僚体制分割得支离破碎的业务流程进行重新设计和彻底变革。

三、简评

企业再造的理论思想在企业管理界的影响是显著的，很多公司都因为有效地利用了科学技术而获利匪浅，如柯达公司在产品预订和送货之间节省了一半的时间。哈默希望这种效率不仅仅体现在商业过程之中。他曾经说过，再造是工作中的天使，它能对抗低效率这一时弊，这个问题一旦解决，一切都将迎刃而解。

然而，现实的情况与哈默的希望有一定的距离。效率是一把双刃剑，当公司越来越精简，很多员工不得不卷铺盖走人，那些留下来的就得加倍努力工作或是另谋出路，所以 BPR 被人嘲笑为企业精简的遮羞布，也有人认为它是弗雷德里克·泰勒科学管理邪恶影响的卷土重来。钱皮的公司后来将此过程重新命名为业务流程改进（Business Process Improvement，BPI），它保留了 BPR 的精华，但减少了很多弊端，在一定程度上改进了这一关于改革的理论本身。

再造理论提出至今，理论界和实践者投入很大精力进行研究，因而得到迅速推广，带来显著经济效益，并涌现出大批成功的范例。据说，在 1994 年，美国 3/4 的顶尖大公司都展开了再造工程。IBM

信用公司通过流程再造,实行一个通才信贷员代替过去多位专才,并减少了九成作业时间的故事广为流传。到1995年,有关企业再造工程的咨询业务总额高达500亿美元。"再造"热也使得钱皮和哈默更为迅速地跻身于最具影响力的世界管理大师行列。

有人评价说:"企业再造理论对当前企业的重要意义不亚于在过去200年期间亚当·斯密的思想对企业家和经理们的重要意义。我们相信,运用企业再造的原则所产生的效果之重大,也将不亚于当年运用亚当·斯密的工业组织原则所产生的效果。"

第五节 虚拟组织理论

一、虚拟组织理论的产生

随着现代科技的迅猛发展,国际竞争的日益激烈,以及网络经济时代的到来,虚拟组织越来越成为企业借助外部力量迅速回应市场、增强自身核心竞争能力的重要手段。

1990年,《哈佛商业评论》第6期发表了哈默和普拉哈拉德的文章——《公司核心能力》。他们第一次明确提出了"企业核心竞争力"这一概念,希望企业通过虚拟组织实现这种核心竞争力,由此引发后来的"虚拟组织热"。

1991年,美国机械工程学会名誉理事、《敏捷企业学报》(Agile Enterprise Journal)主编肯尼斯·普瑞斯(Kenneth Preiss)与史蒂文·戈德曼(Steven L. Goldman)、罗杰·内格尔(Roger N. Nagel)合作完成了一份名为《21世纪制造企业研究:一个工业主导的观点》的研究报告。该报告指出:在市场变化加快,全球性竞争日益激烈的情况下,单个企业仅仅依靠其内部资源的整合已经难以满足快速变化的市场需求。该报告首次提出了虚拟企业的概念,并提出了以虚拟企业为基础的敏捷制造模式。其核心理念和出发点是"敏捷制造",同时,由于该报告的影响巨大,虚拟企业作为一种组织形态开始受到理论工作者的重视。

1994年,普瑞斯等三人合著的《灵敏竞争者与虚拟组织》成为研究虚拟组织理论与实践的代表作。在这本书中,作者系统地总结了促使公司运用虚拟企业模型的原因:

(1) 共享基础性设施和研究开发,共担风险和成本;

(2) 将互补性核心能力联系起来;

(3) 通过共享缩短"概念→现金"的时间;

(4) 增加便利性和外在规模;

(5) 获得市场渠道,共享市场或顾客忠诚度;

(6) 从出售产品过渡到出售方案。

面对这些变化和要求,越来越多的管理者开始重新审视已有的传统组织和管理模式,并且比以往更加强烈地渴望寻求新的方法。有学者指出:"过去五年来,改善组织生产力的机会来源于重新思考部门之间的关系,但是现在或未来的机会可能已转变为重新思考企业间的合作关系。"

二、虚拟组织理论的内涵

虚拟组织是指两个以上的独立实体,为迅速向市场提供产品和服务,在IT网络技术的支持下,在一定时间内结成的动态联盟,是企业面对日益激烈的国际竞争、现代科技的日新月异等而作出的卓有成效的组织创新。虚拟组织理论以一个重要概念为基本前提,那就是"企业核心竞争力"。

哈默和普拉哈拉德第一次提出"企业核心竞争力"这个概念并且给出了如下定义:企业核心竞争力是"组织中的积累性知识,特别是关于如何协调不同的经营生产技术和有机结合的多种技术流的学识"。他们建议企业应将经营的焦点放在不易被抄袭的核心能力上,追求企业核心竞争力,因为这是企业生命的源泉。它既来源于企业内部技术、知识的整合,又来源于企业通过虚拟组织实现的对企业外部资源的整合。

虚拟组织理论的主旨是组织通过虚拟经营实现企业核心竞争力。

1993年，约翰·拜恩断言："虚拟经营将成为21世纪一种重要的公司管理模式。"

三、虚拟组织的特征

1990年，《商业周刊》在提出虚拟组织概念的同时，也对其关键特征进行了总结，大致表现在以下几个方面：①

（1）虚拟组织具有较大的适应性，在内部组织结构、规章制度等方面具有敏捷性。虚拟组织是一个以机会为基础的各种核心能力的统一体，这些核心能力分散在许多实际组织中，它被用来使各种类型的组织部分或全部结合起来以抓住机会。当机会消失后，虚拟组织就解散。所以，虚拟组织可能存在几个月或者几十年。

（2）虚拟组织共享各成员的核心能力。虚拟组织是通过整合各成员的资源、技术、顾客、市场机会而形成的。它的价值就在于能够整合各成员的核心能力和资源，从而降低时间、费用和风险，提高服务能力。如波音777型客机开发小组的某些成员具有互补性核心能力，某些成员具有协同操作能力，而另一些成员则能提供进入非波音公司市场的途径。

现在，建立这样一个特殊工作团体并非难事，把实现既定目标所需要的理想资源整合到一起，又不改变团体成员的生活方式，像组成体育运动队中的全明星队那样集中了各代表队中最优秀的运动员，去应付每天的变革所带来的挑战。显然，在相同的市场机会下，虚拟组织会优于各成员公司。对于顾客而言，整合的特征是无形的、无边界的。

（3）虚拟组织中的成员必须以相互信任的方式行动。合作是虚拟组织存在的基础。但由于虚拟组织突破了以内部组织制度为基础的传统的管理方法，各成员又保持着自己原有的风格，势必在成员的协调与合作中出现问题。但各个成员为了获取一个共同的市场机会而结合在一起，他们在合作中必须彼此信任，当信任成为分享成

---

① 参见《虚拟组织论》，"中华企管网"，2001年11月23日。

功的必要条件时,就会在各成员中形成一种强烈的依赖关系。否则,这些成员无法取得成功,顾客们也不会同他们开展业务。

有些企业通过拥有突出的能力而处于虚拟组织的中心,并对其他成员产生有力的影响,使虚拟组织的协调变得相对容易。如耐克公司凭借设计和营销方面的卓越能力,将负责生产的亚洲的合作伙伴紧密地联系在一起,实施有效的控制和协调。

四、虚拟组织的优点与不足

(一)虚拟组织的优点

虚拟组织是由独立企业虚拟组织单位组成的联盟,这些虚拟组织单位通常比采用传统结构形式的企业规模小、层级控制少,因此,虚拟组织对外界的反应更快,具有小公司的特征。

为了抓住市场机会,采用虚拟组织的形式可以迅速聚集所需要的众多资源,资源利用的数量,仅仅受识别和评估众多潜在的合作伙伴的能力的限制。对于一个加入虚拟组织的企业来说,其可以利用的资源是所有虚拟组织单位资源的总和。

实际上,合作伙伴各自的核心能力才是它们为什么能够成为合作伙伴的原因。劳动专业化可以提高一个企业的效率,企业的专业化可以提高整个虚拟组织的效率。虚拟组织内部企业的专业化可以看作是企业能力的分工,这种分工可以产生协同效应,使得整个虚拟组织的经营绩效高于单独经营绩效之和。当企业开展全球化经营时,如果全部依靠自己的力量和资源,则存在很大的风险,因为企业面对的是一个陌生的市场。如果企业与指定地区和国家的企业结成联盟,充分地利用当地企业的市场经验和专长,则可以大大降低风险,增加成功的可能性。

(二)虚拟组织的不足

传统的组织结构横向实行职能分工,纵向实行高度的垂直整合,因此得以对企业活动、信息和技术维持广泛、严格的控制。而虚拟组织是一种更加松散的耦合系统,合作伙伴之间的协调和控制是通过市场机制和合同来进行的,因此,对经营活动失去控制的可能性大为增加。

对传统的多业务的、垂直整合的大企业来说，这种转变尤为重要。管理工作的重点不再是对众多的任务以及人们完成任务的方式实施直接控制，而是企业间的谈判和协调工作，这种变化是转向虚拟组织管理最艰巨的部分。

与多部门的企业不同，虚拟组织需要整合独立的合作伙伴之间的流程和系统，这种整合通常耗资很大、耗时很多。多部门的企业已经建立了合适的层级结构来完成这种协调，在虚拟组织协调系统中，IT担当着重要的角色。

五、虚拟组织应用的价值

有人预言，随着信息技术的发展、竞争的加剧和全球化市场的形成，没有一家企业可以单枪匹马地面对全球竞争。因此，由常规组织过渡到虚拟组织阶段是必然的，虚拟组织日益成为公司竞争战略"武器库"中的核心工具。这种组织形式有着强大的生命力和适应性，它可以使企业准确有效地把握住稍纵即逝的市场机会。对于小型企业来说，借用大型合作伙伴的一个好处在于容易被银行和客户所接纳。如一家名字为"Telepad"的小型公司最初生产手写型电脑输入设备，后来扩展到多媒体输入系统。这家小公司使用著名设计公司的设计，让IBM生产，仅仅使用28个临时工、4个长期雇员，在12个月内就成功地推出了4种新产品。当Telepad说IBM加工他们的产品，并且他们与其他大公司有业务联系时，他们就在业务融资、展示实力、实现承诺的能力上获得了重要的信誉。

理清虚拟组织与企业核心竞争力之间的关系，对培育和提升我国企业核心竞争力有很强的现实意义。加入WTO以后，面对日趋激烈的国际竞争，我国企业必须采取恰当的竞争策略。一方面，企业应确定并培育其核心竞争力，这是企业生存和发展的基础；另一方面，企业还要借助于优势供应链提升自身的核心竞争力，要抓住与大型跨国公司合作的机会，通过加入它们的供应链，获得参与国际竞争的机会和经验，分享优势价值链所带来的收益。此外，企业要尽可能控制供应链上的关键环节和利润最丰厚的区域，逐步确立自己在供应链上的不可替代的重要地位，提高对供应链的掌控能力。

同时，我们还应该看到，尽管宣传使用虚拟组织的概念十分容易，但虚拟组织的组成与运作并不简单，最为明显的是实施上的困难，如各组成部分如何进行实体上的接触及处理协调上的困难。人们寄希望于信息高速公路作为虚拟组织的实现工具，但信息高速公路本身还需要发展和完善，企业不可能在漫长的等待中丧失市场机会。

主要参考书目

［1］［美］哈罗德·孔茨，西里尔·奥唐奈．管理学．贵阳：贵州人民出版社，1996
［2］郭咸纲．西方管理思想史．北京：经济管理出版社，2005
［3］［美］丹尼尔·A·雷恩．管理思想的演变．北京：中国社会科学出版社，2004
［4］王凤彬，李东．管理学．北京：中国人民大学出版社，2003
［5］孙耀君．西方管理学名著提要．南昌：江西人民出版社，2005
［6］王晓君．管理学．北京：中国人民大学出版社，2004
［7］法约尔．工业管理与一般管理．北京：中国科学出版社，1980
［8］芮明杰．管理学——现代的观点．上海：上海人民出版社，1999

附 录

高等教育自学考试

管理思想史自学考试大纲

(2007年制定)

四川省高等教育自学考试委员会

Ⅰ 课程性质与设置目的要求

"管理思想史"是针对人力资源管理专业（独立本科）的必考课，是为培养和提高自学应试者管理的基本理论和知识设置的一门专业基础课程。

本课程的内容分为九章。第一章阐述了管理思想史的研究对象与研究方法，管理科学形成前的主要的管理思想和实践，管理科学的历史演进路径以及对管理思想未来发展的展望；第二章阐述了古典管理理论形成的时代条件，泰勒的科学管理思想，法约尔的一般管理思想，韦伯的行政组织思想的主要内容和古典管理理论的传播和发展；第三章阐述了行为科学理论形成的背景，人际关系学说、个体行为理论、群体行为理论和组织领导行为理论的主要内容；第四章阐述了管理科学理论的形成过程和特点，管理科学学派和系统学派的主要理论，以及管理科学理论在当前的发展概况；第五章阐述了现代管理理论的社会系统学派、决策管理学派、经验主义学派、权变理论学派和经理角色学派的主要代表人物的主要思想及其发展过程；第六章阐述了质量管理理论的实践与理论演变过程，戴明的全面质量管理思想、朱兰的全面质量控制思想、韦尔奇的 6σ 管理法和 ISO9000 质量认证体系的主要内容与意义；第七章阐述了战略管理理论的演变过程，战略管理理论、产业组织理论和资源、能力基础理论的主要内容与意义；第八章阐述了企业文化和跨文化管理理论的形成和发展的过程，企业文化和跨文化管理理论的主要内容与意义；第九章阐述了当代管理思想的主要代表人物托马斯·彼得斯的管理思想、约翰·科特的领导理论、彼得·圣吉的学习型组织理论、迈克尔·哈默与詹姆斯·钱皮的企业再造理论以及虚拟组织理论的主要内容与意义。

学习本课程的主要目的在于使学员能够以马克思主义唯物辩证法为指导，了解现代管理思想形成和发展的历史过程，理解管理思想发展的原因和基本规律，掌握管理思想发展的各个历史阶段最重要的管理理论的主要观点及意义。通过本课程的学习，一方面为学

员进一步学习管理相关课程打下必要的理论基础,另一方面加深学员对管理学理论的理解并为其解决管理实践问题提供指导和参考。

鉴于课程的性质和特点,在自学过程中,学员可通过关注各历史阶段的主要管理学家的简单生平与主要著作,各种管理思想的主要内容和形成与演变的基本线索,以及各种管理思想的历史地位三个方面来达到对本课程内容的把握。

Ⅱ 课程内容与考核要求

第一章 绪论

一、学习的目的和要求

通过本章学习重点掌握管理思想史的研究对象与研究方法,管理科学形成前的主要的管理思想和实践,管理科学的历史演进路径以及对管理思想未来发展的展望。

二、考核内容

第一节 管理思想史的研究对象与研究方法

(一)什么是管理。从广义和狭义两个角度理解管理概念。

(二)管理思想史的研究对象。管理思想史是一门研究管理科学产生、形成和发展过程及其规律的学问。它的研究对象主要包括:(1)影响管理科学产生、形成和发展的历史条件;(2)管理科学产生、形成和发展的主要过程;(3)管理科学发展变化的基本规律;(4)通过对各种管理思想的广泛运用而产生的主要社会影响。

(三)管理思想史的研究方法。管理思想史的研究有三个基本的视角:(1)时间系列的视角;(2)研究领域系列的视角;(3)研究方法系列的视角。

(四)促进管理思想演进的主要原因。管理思想的历史演进是各个特定时代文化的经济内容、社会内容和政治内容交互作用的结果。

第二节　管理科学形成前的管理思想与实践

（一）古代早期的管理实践与管理思想。许多管理思想和主张有着悠久的历史。

（二）中世纪时期的管理实践与管理思想。中世纪在经济管理领域的研究基本上没有任何重要成果，但在社会管理领域，在中世纪后期还是产生了诸如阿奎那的管理思想、马基雅维利的管理思想以及托马斯·莫尔的管理思想等影响深远、值得研究的成果。

（三）工业文明的形成与现代管理理论的萌芽。资本主义精神的确立、资产阶级政治革命和工业革命为工业文明的繁荣和现代管理理论的形成，奠定了实践基础。对工业化时代早期企业管理问题的研究，产生了许多重要的管理思想。

第三节　管理科学的历史演进路径

人们往往从不同的角度对各种管理思想进行类型区分，并据此勾画出管理科学的历史演进路径。

第四节　对管理思想未来发展的展望

（一）新世纪对管理学的挑战。21世纪社会的发展和变化必然给管理科学提出新的挑战，促使管理科学向新的水平和形态演变。

（二）管理学未来发展的新趋势。创新仍然是未来管理学发展的主旋律，学科体系的完善是未来管理学发展的重要方向，社会效用的进一步扩大是未来管理学发展的重要动力。

三、考核知识点

（一）管理思想史的研究对象和研究方法。

（二）古代早期的管理实践与管理思想。

（三）中世纪时期的管理实践与管理思想。

（四）工业文明的形成与现代管理理论的萌芽。

（五）新世纪对管理学的挑战和管理学未来发展的新趋势。

四、考核要求

（一）管理思想史的研究对象和研究方法。

1. 识记：广义和狭义的管理概念。
2. 简单应用：(1) 管理思想史的研究对象；(2) 管理思想史的研究方法；(3) 促进管理思想演进的主要原因。

(二) 古代早期的管理实践与管理思想。
1. 识记：古代早期的管理实践的典型事例。
2. 理解：古代早期的主要管理思想。

(三) 中世纪时期的管理实践与管理思想。
1. 识记：中世纪时期的管理实践的典型事例。
2. 理解：中世纪时期的主要管理思想。

(四) 工业文明的形成与现代管理理论的萌芽。
1. 识记：现代管理理论形成的实践基础。
2. 综合运用：工业文明时期产生的重要的管理思想。

(五) 新世纪对管理学的挑战和管理学未来发展的新趋势。
1. 识记：新世纪对管理学的挑战。
2. 理解：管理学未来发展的新趋势。

第二章 古典管理理论的形成与发展

一、学习的目的和要求

通过本章学习重点掌握古典管理理论形成的时代条件，泰勒的科学管理思想、法约尔的一般管理思想、韦伯的行政组织思想的主要内容和古典管理理论的传播和发展。

二、考核内容

第一节 古典管理理论形成的时代条件

（一）古典管理理论形成的宏观背景。市场和企业规模的迅速扩大、对企业制度化管理的重视和管理者组织的出现等新的时代背景，为现代管理科学的诞生奠定了现实条件。

（二）古典管理理论形成的现实原因。对困扰当时管理实践中四方面现实问题的研究，是古典管理理论形成的现实原因。

第二节 泰勒与科学管理思想

（一）泰勒的生平简介。

（二）泰勒的探索。泰勒通过一系列可控的实验，探索有效解决效率问题的科学方法。

（三）科学管理原理。"经济人"的人性假定；管理的中心问题是提高劳动生产率，可以通过一系列科学方法的应用和心理革命来提高劳动生产率。

（四）对泰勒的科学管理思想的评价。

第三节 法约尔与一般管理思想

（一）亨利·法约尔的生平简介。

（二）法约尔的管理思想。法约尔的组织管理理论，法约尔的十四项管理原则。

第四节 韦伯的行政组织思想

（一）马克斯·韦伯的生平简介。

（二）理想的行政组织。以理性原则为指导可建立理想的行政组织。理想的行政组织具有一系列重要特征。

（三）韦伯对权力的分类。韦伯把组织的权力划分为三种类型，认为在三种权力当中只有合理和法定的权力才是理想行政组织的基础。

第五节　古典管理理论的传播和发展

（一）科学管理理论的传播。甘特发明甘特图，为有效的计划和控制提供了常用工具；玛丽·派克·福莱特对协作的研究。

（二）工业管理教育。哈洛·泊森、德克斯特·金布尔和雨果·迪默开创了工业管理知识的正规教育。

（三）古典管理理论的系统化。林德尔·福恩斯·厄威克对古典管理理论的系统化，卢瑟·哈尔西·古利克的管理七职能论。

（四）古典管理理论简评。

三、考核知识点

（一）古典管理理论形成的时代条件。

（二）泰勒的科学管理思想。

（三）法约尔的一般管理思想。

（四）韦伯的行政组织思想。

（五）古典管理理论的传播和发展。

四、考核要求

（一）古典管理理论形成的时代条件

1. 识记：古典管理理论形成的宏观背景。

2. 理解：古典管理理论形成的现实原因。

3. 简单应用：政府机关如何提高管理效率。

（二）泰勒的科学管理思想。

1. 识记：泰勒为有效解决效率问题所进行的一系列可控实验。

2. 理解：科学管理思想的前提假设。

3. 简单应用：科学管理思想的内容。

4. 综合运用：对泰勒科学管理思想的评价。

（三）法约尔的一般管理思想。

1. 识记：（1）法约尔的组织管理理论；（2）法约尔的十四项管理原则。

2. 理解：法约尔的思想最初未被重视的原因。

3. 简单应用：法约尔对管理教育的必要性和可能性的观点。

（四）韦伯的行政组织思想

1. 理解：理想的行政组织。
2. 简单应用：韦伯对权力的分类。
3. 综合运用：对韦伯的管理思想的评价。

（五）古典管理理论的传播和发展

1. 识记：工业管理教育。
2. 理解：科学管理理论的传播。
3. 简单应用：(1) 古典管理理论的系统化；(2) 对古典管理理论的简单评述。

第三章 行为科学理论的形成与发展

一、学习的目的和要求

通过本章学习重点掌握行为科学理论形成的背景，人际关系学说、个体行为理论、群体行为理论和组织领导行为理论的主要内容。

二、考核内容

第一节 行为科学产生的历史背景和研究概况

（一）行为科学产生的历史背景。行为科学是当时特定的政治背景、经济背景和人文背景的产物。

（二）行为科学的研究领域。从狭义的角度看，行为科学主要包括人际关系学说、个体行为理论、群体行为理论和组织领导行为理论等内容。

第二节 人际关系学说

（一）梅奥与霍桑实验。

（二）人际关系学说的理论要点。"社会人"的人性假定，对非正式组织的重视，管理的关键在于提高工人的满意度。

第三节 个体行为理论

（一）需要和动机理论。(1) 马斯洛的需要层次理论；(2) 赫茨伯格的双因素理论；(3) 麦克里兰的成就需要理论；(4) 弗鲁姆的期望理论；(5) 波特和劳勒的综合激励理论。

（二）"人性"理论。(1) 麦格雷戈的 $X-Y$ 理论；(2) 埃德加·沙因的复杂人假设。

第四节　群体行为理论

（一）勒温的群体动力学理论。

（二）群体成员相互关系的理论。(1) 社会关系计量学；(2) 团体成员相互影响分析法。

第五节　领导行为理论

（一）领导品质理论。(1) 亨利的领导品质理论；(2) 库塞基和波斯纳的领导品质理论。

（二）领导方式理论。(1) 斯托格迪尔的领导四分图理论；(2) 布莱克和莫顿的管理方格论。

（三）领导权变理论。(1) 菲德勒的领导权变模型；(2) 赫塞和布兰查德的情境领导理论。

第六节　对行为科学理论的评价

（一）行为科学理论对管理思想的历史贡献。

（二）行为科学理论的局限性。

三、考核知识点

（一）行为科学产生的历史背景和研究概况。

（二）人际关系学说。

（三）个体行为理论。

（四）群体行为理论。

（五）领导行为理论。

（六）对行为科学理论的评价。

四、考核要求

（一）行为科学产生的历史背景和研究概况。

1. 识记：行为科学的界定。

2. 理解：行为科学产生的历史背景。
（二）人际关系学说。
1. 识记：人际关系学说的理论要点。
2. 理解：霍桑实验主要内容。
（三）个体行为理论。
1. 识记：(1) 马斯洛的需要层次理论；(2) 麦克里兰的成就需要理论；(3) 弗鲁姆的期望理论；(4) 波特和劳勒的综合激励理论；(5) 麦格雷戈的 $X-Y$ 理论。
2. 综合运用：(1) 赫茨伯格的双因素理论；(2) 埃德加·沙因的复杂人假设。
（四）群体行为理论。
1. 理解：(1) 勒温的群体动力学理论；(2) 群体成员相互关系的理论。

（五）领导行为理论。
1. 识记：(1) 亨利的领导品质理论；(2) 库塞基和波斯纳的领导品质理论。
2. 理解：(1) 斯托格迪尔的领导四分图理论；(2) 布莱克和莫顿的管理方格论。
3. 简单应用：(1) 菲德勒的领导权变模型；(2) 赫塞和布兰查德的情境领导理论。
（六）对行为科学理论的评价。
1. 识记：行为科学理论对管理思想的历史贡献。
2. 简单应用：行为科学理论的局限性。

第四章　管理科学理论的形成与发展

一、学习的目的和要求

通过本章学习重点掌握管理科学理论的形成过程和特点、管理科学学派和系统学派的主要理论，以及管理科学理论在当前的发展概况。

二、考核内容

第一节 管理科学理论的产生和特点

（一）管理科学理论的产生。

（二）管理科学理论的主要特点。将数学应用到组织管理中，在管理中应用电子计算机技术，将系统观念引进到管理方法中，生产和经营管理各个领域的各项活动都以经济效果好坏作为评价标准。

第二节 运筹学

（一）运筹学的定义。

（二）运筹学研究的目的。

（三）运筹学研究的主要问题：（1）规划问题；（2）排队问题；（3）对策问题；（4）决策问题；（5）库存问题；（6）搜索问题。

（四）运筹学的主要特点。

第三节 系统管理理论

（一）系统理论基础：（1）路德维希·伯塔朗菲的观点；（2）威纳和控制论；（3）香农和信息论；（4）肯尼思·博尔丁的观点。

（二）系统分析思想及其理论：（1）系统分析的含义；（2）系统分析的目的；（3）系统分析的准则；（4）系统分析的步骤。

（三）系统管理理论的主要内容：（1）系统管理的特点；（2）系统管理的过程；（3）组织的系统模型；（4）系统管理中的管理职能。

第四节 管理科学理论的发展

（一）20世纪70年代到80年代的发展：出现了协同论、突变论和耗散结构论，一般称之为"新三论"。

（二）20世纪80年代以来的发展：非线性科学和复杂性研究的兴起。

三、考核知识点

（一）管理科学理论的产生和特点。

（二）运筹学。

(三) 系统管理理论。

(四) 管理科学理论的发展。

四、考核要求

(一) 管理科学理论的产生和特点。

1. 识记：管理科学理论的产生。

2. 理解：管理科学理论的主要特点。

(二) 运筹学

1. 识记：(1) 运筹学的定义；(2) 运筹学研究的目的。

2. 理解：(1) 运筹学研究的主要问题；(2) 运筹学的主要特点。

(三) 系统管理理论。

1. 识记：系统理论基础。

2. 理解：系统管理理论的主要内容。

3. 掌握：系统分析思想及其理论。

(四) 管理科学理论的发展。

1. 识记：(1) 20 世纪 70 年代到 80 年代的发展；(2) 20 世纪 80 年代以来的发展。

第五章 现代管理理论的主要学派

一、学习的目的和要求

通过本章学习重点掌握现代管理理论的社会系统学派、决策管理学派、经验主义学派、权变理论学派和经理角色学派的主要代表人物的主要思想及其发展过程。

二、考核内容

第一节 巴纳德与社会系统学派

(一) 巴纳德生平与著述。

(二) 巴纳德的主要思想。

(三) 简评。

第二节 决策管理学派

（一）赫伯特·西蒙的生平简介。

（二）西蒙的主要思想与经典著作。

（三）决策理论的主要内容：（1）管理就是决策；（2）决策是一个复杂的过程；（3）合理性的决策标准；（4）程序化决策和非程序化决策。

（四）简评。

第三节 经验主义管理学派

（一）彼得·德鲁克生平简介。

（二）主要代表著作及思想贡献。

（三）经验学派的主要观点。

（四）对经验主义学派的评价。

第四节 权变理论学派

（一）权变理论学派的主要代表人物。（1）卢桑斯；（2）弗雷德·E·菲德勒。

（二）权变理论的主要观点。

（三）对权变理论的评价。

第五节 经理角色学派

（一）明茨伯格的生平与著作。

（二）经理角色学派的主要观点：（1）经理工作的 6 个特点；（2）经理所承担的角色。

（三）简评。

三、考核知识点

（一）巴纳德与社会系统学派。

（二）决策管理学派。

（三）经验主义管理学派。

（四）权变理论学派。

（五）经理角色学派。

四、考核要求

（一）巴纳德与社会系统学派。

1. 识记：巴纳德生平与著述。

2. 理解：巴纳德的主要思想。

（二）决策管理学派。

1. 识记：西蒙的主要思想与经典著作。

2. 理解：(1) 管理就是决策；(2) 决策是一个复杂的过程。

3. 简单应用：(1) 合理性的决策标准；(2) 程序化决策和非程序化决策。

（三）经验主义管理学派。

1. 识记：彼得·德鲁克的主要代表著作及思想贡献。

2. 理解：(1) 经验学派的主要观点；(2) 对经验主义学派的评价。

（四）权变理论学派。

1. 识记：权变理论学派的主要代表人物。

2. 理解：(1) 权变理论的主要观点；(2) 对权变理论的评价。

（五）经理角色学派。

1. 识记：明茨伯格的生平与著作。

2. 理解：经理所承担的角色。

3. 简单应用：经理工作的6个特点。

第六章　全面质量管理理论的发展

一、学习的目的和要求

通过本章学习重点掌握质量管理理论的实践与理论演变过程，戴明的全面质量管理思想、朱兰的全面质量控制思想、韦尔奇的 6σ 管理法和 ISO9000 质量认证体系的主要内容与意义。

二、考核内容

第一节　质量管理的实践与理论的演变

（一）传统质量管理阶段。
（二）统计质量控制阶段。
（三）全面质量管理阶段。

第二节　戴明的全面质量管理思想

（一）戴明的生平简介。
（二）全面质量管理十四要点。
（三）戴明环。

第三节　朱兰的全面质量管理思想

（一）朱兰的生平简介。
（二）朱兰的主要理论：（1）质量三元论；（2）突破历程理论；（2）质量螺旋；（4）"80/20 原则"。
（三）朱兰对质量管理的贡献。

第四节　韦尔奇的 6σ 管理法

（一）韦尔奇的生平简介。
6σ 理论：（1）什么是 6σ 管理法；（2）实践的基本途径。

第五节　ISO9000 质量认证体系

（一）ISO9000 族的产生背景及发展。
（二）八项质量管理原则。
（三）贯彻 ISO9000 标准获得认证的意义。

三、考核知识点

（一）质量管理的实践与理论的演变。
（二）戴明的全面质量管理思想。
（三）朱兰的全面质量管理思想。
（四）韦尔奇的 6σ 管理法。

（五）ISO9000 质量认证体系。

四、考核要求

（一）质量管理的实践与理论的演变。

1. 识记：（1）传统质量管理阶段；（2）统计质量控制阶段。

2. 理解：全面质量管理阶段。

（二）戴明的全面质量管理思想。

1. 识记：戴明的生平。

2. 理解：全面质量管理十四要点。

3. 简单应用：戴明环。

（三）朱兰的全面质量管理思想。

1. 识记：（1）朱兰的生平；（2）朱兰对质量管理的贡献。

2. 理解：（1）质量三元论；（2）突破历程理论；（3）质量螺旋；（4）"80/20 原则"。

3. 简单应用：朱兰的主要理论。

（四）韦尔奇的 6σ 管理法。

1. 识记：韦尔奇的生平；

2. 理解：（1）6σ 理论；（2）6σ 管理法实践的基本途径。

（五）ISO9000 质量认证体系。

1. 识记：（1）ISO9000 族的产生背景及发展。

2. 理解：贯彻 ISO9000 标准获得认证的意义。

3. 掌握：八项质量管理原则。

第七章 战略管理理论的形成和发展

一、学习的目的和要求

通过本章学习重点掌握战略管理理论的演变过程，战略管理理论、产业组织理论和的资源、能力基础理论的主要内容与意义。

二、考核内容

第一节 战略和战略管理的概念

（一）战略的概念。

（二）战略管理的概念。

（三）战略管理理论的学派。

第二节 战略管理理论的发展演变

（一）以环境为基础的经典战略管理理论——战略规划理论。

（二）以产业（市场）结构分析为基础的产业组织理论。

（三）以资源和能力为基础的资源、能力基础理论。

第三节 经典战略管理理论——战略规划理论的形成和发展

（一）战略规划学说的思想及其发展演变。（1）基本思想；（2）形成与演变。

（二）环境适应学说的产生及其基本思想：（1）产生；（2）基本思想；（3）评价。

（三）战略规划理论的代表人物：（1）伊戈尔·安索夫；（2）艾尔弗雷德·D·钱德勒。

（四）对战略规划理论的总结和评价。

第四节 产业组织理论的形成和发展

（一）产业组织理论的产生背景。

（二）产业组织理论的发展历程和基本思想。

（三）迈克尔·波特的战略思想和理论：（1）生平简介；（2）主要思想。

（四）总结性评价。

第五节 资源、能力基础理论的形成和发展

（一）资源、能力基础理论的产生背景。

（二）资源、能力基础理论的基本思想：（1）基本观点；（2）基本概念；（3）基本假设。

（三）资源、能力基础理论的代表性思想：（1）沃纳菲尔特的"企业的资源、能力基础理论"；（2）格兰特的"竞争优势的资源、能力基础理论"；（3）柯利斯与蒙哥马利的"基于资源的竞争"；（4）

普拉哈拉德和哈默尔的"公司核心竞争力"。
（四）评价。
三、考核知识点
（一）战略和战略管理的概念。
（二）战略管理理论的发展演变。
（三）经典战略管理理论——战略规划理论的形成和发展。
（四）产业组织理论的形成和发展。
（五）资源、能力基础理论的形成和发展。
四、考核要求
（一）战略和战略管理的概念。
1. 识记：(1) 战略的概念；(2) 战略管理理论的学派。
2. 理解：战略管理的概念。
（二）战略管理理论的发展演变。
1. 识记：战略规划理论。
2. 理解：(1) 产业组织理论；(2) 资源、能力基础理论。
（三）经典战略管理理论——战略规划理论的形成和发展。
1. 识记：战略规划理论的代表人物。
2. 理解：环境适应学说的产生及其基本思想。
3. 简单应用：战略规划学说的思想及其发展演变。
4. 综合运用：对战略规划理论的总结和评价。
（四）产业组织理论的形成和发展。
1. 识记：产业组织理论的产生背景。
2. 理解：产业组织理论的发展历程和基本思想。
3. 简单应用：迈克尔·波特的战略思想和理论。
（五）资源、能力基础理论的形成和发展。
1. 识记：资源、能力基础理论的产生背景。
2. 理解：资源、能力基础理论的基本思想。
3. 简单应用：(1) 沃纳菲尔特的"企业的资源、能力基础理论"；(2) 格兰特的"竞争优势的资源、能力基础理论"；(3) 柯利斯与蒙哥马利的"基于资源的竞争"；(4) 普拉哈拉德和哈默尔的"公司核心竞争力"。

第八章 企业文化与跨文化管理理论的形成与发展

一、学习的目的和要求

通过本章学习重点掌握企业文化和跨文化管理理论的形成和发展的过程，企业文化和跨文化管理理论的主要内容与意义。

二、考核内容

第一节 企业文化管理理论的形成和发展

（一）企业文化管理理论的萌芽。

（二）20世纪80年代早期：企业文化理论奠基阶段：（1）企业文化管理理论研究四重奏；（2）企业文化管理理论研究两派别。

（三）20世纪80年代中后期：企业文化理论完善阶段：（1）劳伦斯·米勒；（2）盛田昭夫。

（四）20世纪90年代：企业文化理论全面深入研究阶段：（1）开展了企业文化基本理论的深入研究；（2）开展了企业文化与企业经营业绩的研究；（3）开展了企业文化测量的研究；（4）开展了企业文化的诊断和评估研究。

第二节 企业跨文化管理理论的形成和发展

（一）跨文化维度分析模式理论研究：（1）霍夫斯泰德的文化维度模式及评价；（2）克拉克洪和斯卓特贝克价值双向模型及评述；（3）冯·特姆彭纳斯和查尔斯·汉普顿·特纳的文化架构理论；（4）爱德华·霍尔高情景文化与低情景文化语言分析模式。

（二）跨文化企业管理理论研究：（1）帕尔默特的跨文化企业管理模式；（2）松本厚治的比较管理模式；（3）莫朗的跨文化组织管理理论；（4）阿德勒的文化协调配合论；（5）斯特文斯的组织隐模型论；（6）彼得·基林的合资企业经营论。

三、考核知识点

（一）企业文化管理理论的形成和发展：（1）企业文化管理理论的萌芽。（2）20世纪80年代早期：企业文化理论奠基阶段。（3）20

世纪 80 年代中后期：企业文化理论完善阶段。

（二）企业跨文化管理理论的形成和发展：(1) 跨文化维度分析模式理论研究；(2) 跨文化企业管理理论研究。

四、考核要求

（一）企业文化管理理论的形成和发展。

1. 识记：企业文化管理理论的萌芽。

2. 理解：(1) 企业文化管理理论研究四重奏；(2) 企业文化管理理论研究两派别。

3. 简单应用：(1) 劳伦斯·米勒的主要思想；(2) 盛田昭夫的主要思想。

4. 综合运用：(1) 企业文化基本理论的深入研究；(2) 企业文化与企业经营业绩的研究；(3) 企业文化测量的研究；(4) 企业文化的诊断和评估研究。

（二）企业跨文化管理理论的形成和发展。

1. 理解：(1) 霍夫斯泰德的文化维度模式及评价；(2) 克拉克洪和斯卓特贝克价值双向模型及评述；(3) 冯·特姆彭纳斯和查尔斯·汉普顿·特纳的文化架构理论；(4) 爱德华·霍尔的高情景文化与低情景文化语言分析模式。

2. 简单应用：(1) 帕尔默特的跨文化企业管理模式；(2) 松本厚治的比较管理模式；(3) 莫朗的跨文化组织管理理论；(4) 阿德勒的文化协调配合论；(5) 斯特文斯的组织隐模型论；(6) 彼得·基林的合资企业经营论。

第九章　当代管理思想及发展趋势

一、学习的目的和要求

通过本章学习重点掌握当代管理思想的主要代表人物托马斯·彼得斯管理思想、约翰·科特的领导理论、彼得·圣吉的学习型组织理论、迈克尔·哈默与詹姆斯·钱皮的企业再造理论以及虚拟组织理论的主要内容与意义。

二、考核内容

第一节　托马斯·彼得斯的管理思想

（一）托马斯·彼得斯和他的主要著述。

（二）托马斯·彼得斯管理思想的主要内容：（1）"永久性革命"的理论；（2）追求卓越；（3）追求卓越的激情；（4）解放管理与建立"讨厌鬼营地"；（5）托马斯·彼得斯对人的认识。

（三）简评。

第二节　约翰·科特的领导理论

（一）约翰·科特和他的主要著述。

（二）约翰·科特的管理思想：（1）领导者与管理者；（2）领导行为与管理行为；（3）企业（文化）的变革；（4）"目睹－感受－改变"推动变革。

（三）简评。

第三节　彼得·圣吉的学习型组织理论

（一）彼得·圣吉和他的主要著述。

（二）彼得·圣吉的管理思想：（1）学习型组织理论的诞生；（2）学习型组织理论的主要内容。

（三）简评。

第四节　迈克尔·哈默与詹姆斯·钱皮的企业再造理论

（一）迈克尔·哈默与詹姆斯·钱皮的简要介绍。

（二）企业再造理论：（1）企业再造理论的产生背景；（2）企业再造理论的主要内容。

（三）简评。

第五节　虚拟组织理论

（一）虚拟组织理论的内涵。

（二）虚拟企业的特征。

（三）虚拟组织的优点与不足。

（四）虚拟组织应用的价值。

三、考核知识点

（一）托马斯·彼得斯的管理思想。

（二）约翰·科特的领导理论。

（三）彼得·圣吉的学习型组织理论。

（四）迈克尔·哈默与詹姆斯·钱皮的企业再造理论。

四、考核要求

（一）托马斯·彼得斯的管理思想。

1. 识记：（1）托马斯·彼得斯生平；（2）托马斯·彼得斯的主要著述。

2. 理解：（1）"永久性革命"的理论；（2）解放管理与建立"讨厌鬼营地"。

3. 简单应用：托马斯·彼得斯对人的认识。

4. 综合运用：托马斯·彼得斯管理思想的主要内容。

（二）约翰·科特的领导理论。

1. 识记：（1）约翰·科特的生平；（2）约翰·科特的主要著述。

2. 理解：（1）领导者与管理者；（2）企业（文化）的变革；（3）"目睹—感受—改变"推动变革。

3. 简单应用：领导行为与管理行为。

（三）彼得·圣吉的学习型组织理论。

1. 识记：（1）彼得·圣吉的生平；（2）彼得·圣吉的主要著述。

2. 理解：学习型组织理论的诞生。

3. 简单应用：学习型组织理论的主要内容。

4. 综合运用：彼得·圣吉的管理思想。

（四）迈克尔·哈默与詹姆斯·钱皮的企业再造理论。

1. 识记：迈克尔·哈默与詹姆斯·钱皮的生平。

2. 理解：企业再造理论的产生背景。

3. 简单应用：企业再造理论的主要内容。

（五）虚拟组织理论

1. 识记：虚拟组织理论的内涵。

2. 理解：虚拟企业的特征。

3. 简单应用：（1）虚拟组织的优点与不足；（2）虚拟组织应用的价值。

Ⅲ 有关说明与实施要求

为了使本大纲的规定在个人自学、社会助学和考试命题中得到贯彻和落实，现对有关问题作如下说明，进而提出具体实施要求。

一、关于考核目标的说明

为使考试内容具体化和考试要求标准化，本大纲各章分为学习目的与要求、考核内容、考核知识点和考核要求四方面内容，使自学应考者能够进一步明确考试内容和要求，有目的地系统学习教材；使社会助学者能够更全面地有针对性地分层次进行辅导；使考试命题范围更加清楚明确，更准确地安排试题的知识能力层次和难易度。

本大纲在考核要求中，按照认知能力，分为识记、理解、简单应用和综合运用四个层次。四个能力层次存在着由低到高的递进等级关系，其中低一层次是高一层次的基础，高一层次又包含低一层次的内容和变化。各认知层次的含义如下：

1. 识记：能正确认识和表述科学事实、原理、术语和规律；知道该课程的基础知识，并能进行正确的选择和判断。

2. 理解：能将所学知识加以解释、归纳；能领悟某一概念或原理与其他概念或原理之间的联系，理解其引申意义，并能作出正确的表述和解释。

3. 简单应用：能用所学的概念、原理、方法正确分析和解决较简单的问题，具有分析和解决一般问题的能力。

4. 综合运用：能灵活运用所学过的知识，分析和解决比较复杂的问题，具有一定解决问题的能力。

二、关于自学教材

本课程使用教材是：《管理思想史》，王建军、杨智恒主编，成都：四川大学出版社，2007年版。

三、自学方法指导

本课程的整体框架和思路在第一章第三节中作了说明。本课程的内容分为九章。第一章阐述了管理思想史的研究对象与研究方法，管理科学形成前的主要的管理思想和实践，管理科学的历史演进路径以及对管理思想未来发展的展望；第二章阐述了古典管理理论形成的时代条件，泰勒的科学管理思想、法约尔的一般管理思想、韦伯的行政组织思想的主要内容和古典管理理论的传播和发展；第三章阐述了行为科学理论形成的背景，人际关系学说、个体行为理论、群体行为理论和组织领导行为理论的主要内容；第四章阐述了管理科学理论的形成过程和特点，管理科学学派和系统学派的主要理论，以及管理科学理论在当前的发展概况；第五章阐述了现代管理理论的社会系统学派、决策管理学派、经验主义学派、权变理论学派和经理人角色学派的主要代表人物的主要思想及其发展过程；第六章阐述了质量管理理论的实践与理论演变过程，戴明的全面质量管理思想、朱兰的全面质量控制思想、韦尔奇的6σ管理法和ISO9000质量认证体系的主要内容与意义；第七章阐述了战略管理理论的演变过程，战略管理理论、产业组织理论和资源、能力基础理论的主要内容与意义；第八章阐述了企业文化和跨文化管理理论的形成和发展的过程，企业文化和跨文化管理理论的主要内容与意义；第九章阐述了当代管理思想的主要代表人物托马斯·彼得斯管理思想、约翰·科特的领导理论、彼得·圣吉的学习型组织理论、迈克尔·哈默与詹姆斯·钱皮的企业再造理论以及虚拟组织理论的主要内容与意义。

鉴于课程的性质和特点，在自学过程中，学员可通过关注各历史阶段的主要管理学家的简单生平与主要著作、各种管理思想的主要内容和形成与演变的基本线索，以及各种管理思想的历史地位三个方面来达到对本课程内容的把握。

四、对社会助学的要求

1. 社会助学者应根据本大纲规定的考核要求，认真钻研指定教材，明确本课程的特点、重点和学习要求，对自学应考者进行切实有效的辅导,引导他们避免自学中的各种偏向,把握社会助学的正确导向。

2. 要正确处理重点和一般的关系。课程内容有重点与一般之分,但考试内容是全面的,而且重点与一般是相互联系,不是截然分开的。社会助学者应指导自学应考者系统地学习教材,掌握全面内容和考核知识点,在此基础上再突出重点。总之,要把重点学习同兼顾一般结合起来,切勿孤立地抓重点,把自学应考者引向猜题押题。

五、关于命题考试的若干要求

1. 本课程的命题考试,应根据本大纲所规定的考试内容和考试目标来确定考试范围和考核要求,不要任意扩大或缩小考试范围,提高或降低考核要求。考试命题要覆盖到各章,并适当突出重点章节、体现本课程的内容重点。

2. 本课程在试题中对不同能力层次要求的分数比例为:识记占25%左右,理解占25%左右,简单应用占35%左右,综合运用占15%左右。

3. 试题要合理安排难度结构。试题难度可分为易、较易、较难、难四个等级。每份考卷中,不同难易度试题的分数比例一般为:易占20%,较易占30%,较难占30%,难占20%。必须注意,试题的难易度与能力层次不是一个概念,在各能力层次中都会存在不同难度的问题,切勿混淆。

4. 本课程考试试卷采用的题型有:单项选择题、多项选择题、名词解释题、简答题和论述题等。各种题型的样式可参见本大纲附录。

5. 本课程的考试方式为闭卷、笔试,考试时间为150分钟。试题分量以中等水平考生在规定时间内答完全部试题为度。评分采用百分制,60分为及格。

附录：题型举例

一、单项选择题

在每小题列出的四个备选项中只有一个是符合题目要求的，请将其代码填写在题后的括号内。错选、多选或未选均无分。

1. 20世纪20年代进行的著名的"霍桑实验"的主持人是（　　）。

　A. 泰勒　　　　　B. 梅奥
　C. 法约尔　　　　D. 马克斯·韦伯

2. 泰勒的科学管理理论对人性的假设是（　　）。

　A. 经济人　　　　B. 社会人
　C. 自我实现人　　D. 复杂人

二、多项选择题

在每小题列出的五个备选项中有二至五个是符合题目要求的，请将其代码填写在题后的括号内。错选、多选、少选或未选均无分。

1. 为现代管理理论的萌芽提供实践基础的社会历史条件主要有：（　　）。

　A. 资本主义精神的确立　　B. 资产阶级政治革命
　C. 工业革命　　　　　　　D. 商品经济的兴起
　E. 市场交换

2. 在领导理论中，有关领导权变的理论有（　　）。

　A. 斯托格迪尔的领导四分图理论
　B. 布莱克和莫顿的管理方格论
　C. 菲德勒的领导权变模型
　D. 赫塞和布兰查德的情境领导理论
　E. 库塞基和波斯纳的领导品质理论

三、填空题

1. 托马斯·彼得斯一生著述颇丰，当然，其中最具影响力的当数（　　　　　　　　），正是在这本书中，他构建了一种全新的管理思想。

2. 20 世纪 60 年代，弗雷德·菲德勒提出（　　），使以往盛行的研究领导方式转向了研究领导情境，开创了领导行为研究的新阶段。

四、辨析题

对每个小题的内容进行正误判断，认为阐述对的在括号内打"√"，认为阐述有误则在括号内打"×"，并改正。

1. 托马斯·彼得斯提出了"现场管理""讨厌鬼营地"等管理思路。（　）_____

2. 主张系统思考，并强调建立学习型组织的学者是约翰·科特。（　）_____

五、名词解释题

1. 费根堡姆的"全面质量管理"

2. 虚拟组织

六、简答题

1. 简述科学管理理论的主要特点。

2. 简述赫茨伯格的双因素理论。

3. 简述劳伦斯·米勒关于企业文化应体现的"八大原则"的基本内容。

七、论述题

1. 试述为了应对 21 世纪向管理学提出的挑战，管理学将展现出哪些新的发展趋势？

2. 试述 ISO9000 标准所确立的八项质量管理原则的基本内容。

八、材料分析题

仔细阅读下面材料，并回答问题（材料来源：本文选自中国台湾地区《远见》杂志 2003 年《再造学习型台湾》特刊，是天下文化编辑部主编游常山、邓嘉玲对彼得·圣吉先生的越洋专访）。

《远见》：为什么研究《第五项修炼》会成为全球管理界的风潮？

彼得·圣吉：我认为有两个原因：首先，大家都感觉传统组织十分僵化，不再适用于变化快速的现代社会。这些组织泛指所有的企业、学校、医院、政府等,事实上,组织面临前所未有的困境。第二个原因是,《第五项修炼》与其他管理方法不同。其他管理方法多半强调让组织更有效率,像是改善组织或重新设计组织,而《第五项修炼》是强调组织应更了解人,包括人的创造力、潜能,以及最重要的——学习的能力。许多其他管理方法并不重视这些基本的层面,而《第五项修炼》中所提的方法才能创造出一种环境,让人们真正集体地学习、思考未来应有的改变,以及改变所需要的能力为何。

《远见》:《第五项修炼》的理论和实务,可以被广为应用于全球吗?会不会因文化差异产生不适用的问题?

彼得·圣吉:正因为这个原因,我们成立了"组织学习协会"(Society for Organizational Learning, SOL),并在全球成立分支机构。这个组织的成立宗旨,就是在全球建立学习社群网络,更重要的是,依照各地文化的不同,演化出一套可以使用该地的组织学习方法。除了因地制宜,我想组织学习这种方式会受到广为采用。因为不管哪一种文化,人类都有渴望学习的动机。人与人间的依存性与日俱增。其次,对每个人而言,人与人的"关系"都很重要,没有一个社会不重视关系。这些关系包括彼此间的信任、互惠、大家一起工作的默契等。其实更重要的是,人与人之间的相互依存性与日俱增。我们都清楚地看到,世界变得愈来愈小,当甲地发生事情,乙地很快就会受到影响。因此,了解彼此间的相互依存关系,以及更大的系统是如何运作的,是非常重要的。而这更大的系统,指的不只是经济系统,还包括社会系统,以及更重要的——大自然的系统。目前,中国大陆也对组织学习有高度的兴趣,因为中国大陆是少数仍有机会主宰自己未来的国家。举例而言,因为正在开发中,中国大陆可以选择建立一套完全不同于已开发国家的运输和能源系统。当西方国家愚蠢地开着每两百英里耗油一加仑的车时,中国大陆可以有别的选择。我们没有理由将地球的原油用尽。事实上在50年内,另一套更环保的能源系统可能被开发出来,像中国这样开发中的国家就有其他的选择。

根据材料内容回答下面问题:

1. 学习型组织理论诞生的社会背景是怎样的?
2. 总结学习型组织理论的主要内容。
3. 你认为学习型组织理论是否适合在中国企业组织中应用?为什么?

大纲后记

《管理思想史自学考试大纲》由四川大学公共管理学院王建军、杨智恒执笔编写。

管理思想史
（课程代码 06088）
真题荟萃

一、**单项选择题**（在每小题列出的四个备选项中只有一个是符合题目要求的，请将其代码填写在题后的括号内，错选、多选或未选均无分）。

1. 托马斯·莫尔认为，一切罪恶的根源是（ ）
   A. 私有制　　　　　　B. 资本主义
   C. 金钱　　　　　　　D. 贫穷
2. 第一个明确提出管理是生产的第四要素的学者是（ ）
   A. 萨伊　　　　　　　B. 亚当·斯密
   C. 张伯伦　　　　　　D. 李嘉图
3. 以下哪一项不属于古典管理理论形成的宏观背景（ ）
   A. 市场和企业生产规模的迅速扩大
   B. 对企业制度化管理的重视程度投入增强
   C. 资产阶级革命和工业革命
   D. 管理者和管理者组织的出现
4. 泰勒的科学管理理论的中心是（ ）
   A. 计划　　　　　　　B. 工人
   C. 效率　　　　　　　D. 协调
5. 以下哪一个工长在计划室（ ）
   A. 纪律工长　　　　　B. 检验工长
   C. 速度工长　　　　　D. 修理工长
6. 法约尔认为，基层管理的管理幅度最好是（ ）
   A. 1∶20　　　　　　　B. 1∶15
   C. 1∶10　　　　　　　D. 1∶5

7. 以下不属于韦伯的理想行政组织特征的是（   ）
   A. 规范录用　　　　　B. 指挥链
   C. 公私有别　　　　　D. 首创精神
8. 以下关于"梅奥"和"霍桑实验"关系论述正确的是（   ）
   A. 梅奥在霍桑领导下进行了实验
   B. 梅奥在一个叫霍桑的工厂主持了实验
   C. 梅奥与霍桑一起主持了实验
   D. 梅奥在一个叫霍桑的城市主持了实验
9. 根据马斯洛需要理论，人们购买商业型养老保险是满足以下哪种需要（   ）
   A. 生理需要　　　　　B. 安全需要
   C. 社交需要　　　　　D. 尊重需要
10. 波特和劳勒的综合激励模型是在以下哪一个理论的基础上发展起来的（   ）
    A. 麦克利兰的需要理论　B. 一般系统理论
    C. 双因素理论　　　　　D. 弗鲁姆的期望理论
11. 根据勒温的群体动力学理论，群体不包括以下哪种领导方式（   ）
    A. 授权式领导方式　　　B. 专能式领导方式
    C. 自由放任式领导方式　D. 民主式领导方式
12. 赫伯特·西蒙认为，应该用以下哪个人性假设代替"理性人"假设（   ）
    A. 复杂人　　　　　　　B. 有限理性人
    C. 管理人　　　　　　　D. 决策人
13. 亨利·明兹伯格在以下哪一个管理领域也做出了巨大贡献（   ）
    A. 人力资源　　　　　　B. 市场营销
    C. 战略管理　　　　　　D. 生产管理
14. 以下关于戴明和朱兰的共同点论述不正确的是（   ）
    A. 都出生于美国　　　　B. 都曾到日本讲学
    C. 都重视客户的意见　　D. 都是质量管理方面的大师

15. 战略规划的核心是（   ）
    A. 目标   B. 企业资源的优化配置
    C. 适应环境   D. 环境和目标的匹配
16. 以下哪一个是约翰·科特的观点（   ）
    A. 企业中管理和领导是相同的概念
    B. 管理重在变革
    C. 领导关注约束
    D. 要发挥感情在企业变革中的作用
17. 彼得·圣吉五项修炼的核心是（   ）
    A. 自我超越   B. 建立共同愿景
    C. 系统思考   D. 团队学习
18. 泰勒组织实施的"铁块搬运实验"的目的是（   ）
    A. 提高效率   B. 研究外部环境对劳动生产率的影响
    C. 减少"磨洋工"   D. 设计合适的工具
19. 马克斯·韦伯认为，建立在对个人的崇拜和迷信基础上的权力是（   ）
    A. 法定的权力   B. 传统的权力
    C. 封建的权力   D. 神授的权力
20. 以下哪一个实验不属于霍桑实验的内容（   ）
    A. 继电器绕线组实验   B. 金属切削实验
    C. 继电器装配实验   D. 照明实验
21. 赫塞和布兰查德的情境领导理论又被称为（   ）
    A. Y 理论   B. 领导生命周期理论
    C. Z 理论   D. 权变领导理论
22. 管理科学理论中，不属于"新三论"的是（   ）
    A. 突变论   B. 信息论
    C. 耗散结构论   D. 协同论
23. 社会系统学派代表人物巴纳德的代表作是（   ）
    A.《组织管理》   B.《社会系统的基本原理》
    C.《经理人员的职能》   D.《工业管理和一般管理》
24. "检验员的质量管理"属于（   ）

A. 事前的质量控制　　　　B. 事中的质量控制
C. 事后的质量控制　　　　D. 全面的质量控制

25. ISO 是以下哪一个国际组织的简称（　　）
A. 国际标准化组织　　　　B. 国际全面质量管理组织
C. 国际质量管理协会　　　D. 国际统计协会

26. 威廉·大内是（　　）
A. X 理论的创始人　　　　B. Z 理论的创始人
C. Y 理论的创始人　　　　D. A 理论的创始人

27. 下面哪一项不属于早期领导品质理论的局限性（　　）
A. 没有一种特质能保证领导的成功
B. 忽视下属需要
C. 过于强调情境因素
D. 领导是天生的

28. 贝塔朗菲的观点是（　　）
A. 系统的观点　　　　　　B. 控制的观点
C. 信息的观点　　　　　　D. 协同的观点

29. 巴纳德认为，整个社会得以正常运转的基本而又重要的前提条件是（　　）
A. 协作　　　　　　　　　B. 控制
C. 能率　　　　　　　　　D. 系统

30. 下面哪个解释不包括在明兹伯格的战略定义之中（　　）
A. 战略是计划　　　　　　B. 战略是观念
C. 战略是模式　　　　　　D. 战略是组织

31. 以下哪一个不是约翰·科特的观点（　　）
A. 企业中管理和领导是不同的概念
B. 管理重在约束
C. 领导关注变革
D. 领导的重要性小于管理的重要性

32. 彼得·圣吉在以下哪个管理领域取得了重大的成就？（　　）
A. 管理学习领域　　　　　B. 领导学领域
C. 组织设计领域　　　　　D. 企业再造领域

33. 泰勒的科学管理的人性假设是（　　）
A. 经济人　　　　　　B. 社会人
C. 自我实现人　　　　D. 复杂人

34. 法约尔的"统一领导"管理原则的内涵是（　　）
A. 统一领导可以多头领导
B. 统一领导强调下对上的绝对服从
C. 统一领导不可以多头领导
D. 统一领导强调下对上的原则服从

35. 林德尔·福思斯·厄威克的最大贡献是（　　）
A. 提出了组织设计理论的原则
B. 对古典管理理论进行了总结
C. 提出了协作的概念
D. 发明了甘特图

36. 被称为"权变管理的创始人"的是（　　）
A. 卢桑斯　　　　　　B. 赫塞
C. 菲德勒　　　　　　D. 布兰查德

37. 中世纪管理思想家阿奎那的基本观点是（　　）
A. 社会人　　　　　　B. 政治人
C. 理性人　　　　　　D. 经济人

38. 加尔文在中世纪宗教改革中提出的著名概念是（　　）
A. "天职"概念　　　　B. "选民"及"弃民"概念
C. 人是环境的产物　　D. 管理就是实现上帝的意志

39. 行为科学产生的历史背景没有下面哪一项（　　）
A. 科学管理理论局限性　B. 工厂制度的建立和发展
C. 频繁爆发的经济危机　D. 工会组织的蓬勃发展

40. 霍桑实验证明了人是（　　）
A. 经济人　　　　　　B. 社会人
C. 组织人　　　　　　D. 自我实现人

41. 在赫兹伯格的双因素理论中，满意的反面或对立面是（　　）
A. 不满意　　　　　　B. 很满意
C. 没有满意　　　　　D. 很不满意

42. 社会系统学派代表人物巴纳德的核心观点是（　　）
    A. 分工　　　　　　　　B. 控制
    C. 协作　　　　　　　　D. 效率
43. 决策理论学派认为决策的准则是（　　）
    A. 最大化原则　　　　　B. 最优化原则
    C. 边际最大化原则　　　D. 令人满意原则
44. 经验主义学派认为管理的研究内容是（　　）
    A. 管理职能　　　　　　B. 操作流程和劳动方式
    C. 管理经验　　　　　　D. 环境与行为的关系
45. 以下哪一项论述不属于权变理论学派的思想主张（　　）
    A. 没有一成不变的管理方法
    B. 研究管理必须与环境联系起来
    C. 管理的基本特点就是变化
    D. 法约尔的一般管理原则仍然是有效的
46. 典型的美国企业管理模型被称为（　　）
    A. A型组织管理模式　　　B. J型组织管理模式
    C. O型组织管理模式　　　D. Z型组织管理模式
47. 约翰·科特主要的贡献是（　　）
    A. 明确区分"管理"和"领导"
    B. 认识到领导方式的权变
    C. 指出人不存在"两重性"
    D. 提出了团队建设的基本方案
48. 发明"再造"一词的管理学家是（　　）
    A. 彼得·圣吉　　　　　　B. 约翰·科特
    C. 迈克尔·哈默　　　　　D. 詹姆斯·钱皮
49. 霍桑实验的第四阶段继电器绕线组实验的目的是（　　）
    A. 照明强度对生产效率的影响
    B. 查明福利待遇变化对生产效率的影响
    C. 了解工人对现有管理方式的意见
    D. 证实非正式组织的存在
50. 以下哪一项不属于赫兹伯格的双因素理论的激励因素（　　）

A. 工资福利 B. 成就
C. 成长与发展 D. 赏识

二、**多项选择题**（在每小题列出的五个备选项中至少有两个是符合题目要求的．请将其代码填写在题后的括号内．错选、多选、少选或未选均无分）．

1. 詹姆斯·库塞基和贝瑞·伯纳斯认为，排在前四位的领导品质是（ ）
   A. 诚实 B. 有远见
   C. 鼓舞人心 D. 决断力强
   E. 敢于承担责任

2. 根据菲德勒的领导权变模型，决定领导绩效高低的情境因素有（ ）
   A. 市场环境 B. 职位权力
   C. 领导风格 D. 任务结构
   E. 领导者与被领导者的关系

3. 全面质量管理的全面性决定了全面质量管理内容应当包括以下哪些过程（ ）
   A. 设计过程 B. 制造过程
   C. 辅助过程 D. 使用过程
   E. 产权转让过程

4. 以下属于战略规划理论思想的论述是（ ）
   A. 企业战略制定要重视环境的特征
   B. 企业战略制定要分析产业结构，以评估竞争程度
   C. 企业战略实施要求组织结构具有变化性和适应性
   D. 企业战略制定要以发挥企业核心竞争力为目的
   E. 企业战略制定要以提高市场占有率为目标

5. 以下关于约翰·科特论述正确的是（ ）
   A. 约翰·科特是美国人
   B. 约翰·科特认为，在企业成功的原因方面，领导的因素比管理因素更重要
   C. 约翰·科特认为，管理强而领导弱的后果是企业失控

D. 约翰·科特认为,一位富有传奇色彩的领导人是企业重大变革的决定力量

E. 约翰·科特认为,组织变革中最核心、最关键的问题无疑还是行为

6. 《出埃及记》中,摩西岳父向摩西的建议"挑选有才能的人充当千夫长、百夫长,让他们对每件小事做出判断,但每件大事向你汇报"体现了以下哪些管理原则(   )

 A. 分权原则   B. 管理幅度适度原则
 C. 合理报酬原则   D. 例外原则
 E. 保持人员稳定原则

7. 社会系统学派的创始人提出了以下哪些管理原则(   )

 A. 令人满意原则   B. 有效性原则
 C. 统一指挥原则   D. 能率原则
 E. 有限理性原则

8. 下面哪些观点属于戴明的观点(   )

 A. 最高管理层不能仅仅看到短期目标,眼光要转回到长远建设的方向上去

 B. 质量不是来源于检验,而是来源于改进生产的过程

 C. 作为管理者,要对员工进行岗位培训

 D. 过度的标语告诫会使员工产生压力、挫折感、怨气、恐惧

 E. 取消定额管理和目标管理

9. 下面关于迈克尔·波特的论述正确的是(   )

 A. 迈克尔·波特是战略管理理论产业组织理论的代表人物

 B. 迈克尔·波特的三大经典著作是《竞争战略》《竞争优势》《竞争结构》

 C. 迈克尔·波特的五力模型中的五力包括政府

 D. 迈克尔·波特认为企业的作业链也表现为价值链

 E. 迈克尔·波特的三大通用竞争战略是指成本领先战略、技术领先战略、集中战略

10. 下面哪些观点属于托马斯·彼得斯的观点(   )

 A. 变革是管理者的唯一选择

B. 贵在行动，而不是沉思
C. 公司要与顾客保持紧密的关系，经常倾听顾客的意见
D. 发展到一定时候，抓住机会，进行多元化经营
E. 建立完善的控制制度和管理结构，以保障组织的复杂运作

11. 马克斯·韦伯学术研究领域包括（　　）
   A. 社会学　　　　　　　B. 政治学
   C. 法学　　　　　　　　D. 经济学
   E. 管理学

12. 把工人看作"活的机器"的理论是（　　）
   A. 计算机管理理论　　　B. 古典管理理论
   C. 决策管理理论　　　　D. 古典组织理论
   E. 行为理论

13. 下面论述正确的有（　　）
   A. 社会系统学派的创始人巴纳德并没有获得学士学位
   B. 决策理论学派的代表人物西蒙获得过美国心理学会颁发的心理学领域的最高奖
   C. 彼得·德鲁克被称作"现代管理学之父"
   D. 经理学派代表人物明茨伯格是美国人，获博士学位后一直在加拿大任教
   E. 权变理论一直坚持认为"没有最优的决策，只有最满意的决策"

14. 下面获得了博士学位的有（　　）
   A. 托马斯·彼得斯
   B. 迈克尔·波特
   C. 彼得·圣吉
   D. 朱兰
   E. 法约尔

15. 在"天职"和"选民"的观念基础上，新教衍生出了哪几条重要的伦理准则（　　）
   A. 浪费时间是万恶之源
   B. 教徒应该尽心履行现实中自己的工作职责

C. 超过基本需求的消费是有罪的
D. 不劳动者不得食
E. 政府的权力来自人民

16. 下面关于法约尔论述正确的是（　　）
A. 法约尔是法国人，管理过程学派的创始人
B. 法约尔获得了博士学位后，进入法国的一家矿业公司任职
C. 法约尔认为他的思想和泰勒的思想在根本上是不对立的
D. 法约尔的代表作有《工业管理和一般管理》《公共精神的觉醒》《科学管理原理》
E. 法约尔认为，统一领导比统一指挥重要

17. 根据期望理论，一个在校大学生是否积极复习准备考研取决于以下哪些因素（　　）
A. 考研对该学生是否重要
B. 该学生是否有足够能力考取研究生
C. 父母是否支持
D. 大学综合成绩是否优秀
E. 同学中考研人数的多少

18. 属于战略管理的说明性学派的有（　　）
A. 设计学派　　　　B. 结构学派
C. 计划学派　　　　D. 环境学派
E. 定位学派

19. 根据托马斯·彼得斯的思想，追求卓越必须遵循的原则有（　　）
A. 崇尚行动　　　　B. 贴近顾客
C. 自我控制　　　　D. 人本管理
E. 不离本行

20. 以下哪些管理职能属于法约尔的一般管理理论（　　）
A. 计划　　　　　　B. 协调
C. 领导　　　　　　D. 控制
E. 决策

21. 以下论述哪些体现了X理论的基本思想（　　）

A. 员工不管不行，人都是贱骨头
B. 人都是自私的，没有谁会无偿付出
C. 管理就是矫正员工的不适当行为
D. 对员工的激励主要靠物质激励
E. 人的潜力是巨大的，只是没有被激发出来

22. 管理科学的三大基础是（   ）
A. 数学　　　　　　　B. 系统思想
C. 计算机运用　　　　D. 数学模型
E. 试验设计

23. 迈克尔·波特的基本竞争战略包括（   ）
A. 成本领先战略　　　B. 差异化战略
C. 市场集聚战略　　　D. 专一化战略
E. 技术创新战略

24. "虚拟组织"的优势体现在（   ）
A. 市场反应快　　　　B. 高度的内部专业化
C. 松散的耦合系统　　D. 协调取代控制
E. 资源整合效应

25. 以下哪些属于行为科学理论形成的历史背景（   ）
A. 资本家开始寻找新的管理指导思想
B. 大规模的生产和销售要求更大的资本投入
C. 经济危机的频繁爆发
D. 工程师发挥着越来越大的作用
E. 开始有组织地和雇主斗争，工会组织蓬勃发展

26. 根据麦克利兰成就需要理论，"成就需要"是（   ）
A. 渴望被他人喜爱和接纳的需要
B. 影响控制他人的需要
C. 追求卓越、争取成功的需要
D. 后天学习形成的
E. 造成职工满意的因素

27. 经理角色学派的观点有（   ）
A. 决策只是组织高中层管理人员的事，与下面的其他人员无关

B. 经理较下属工作量少，但责任重大、步调紧张
C. 经理有 5 种工作联系方式
D. 经理承担 10 种角色
E. 作为发言人的经理必须履行一些形式上的职责，如礼仪活动、签署文件等

28. "虚拟组织"的特点有（   ）
A. 有较大的适应性
B. 组织共享各成员的核心能力
C. 组织规模较大
D. 组织成员必须以相互信任的方式行动
E. 组织结构的横向和纵向都控制得很好

29. 古典管理理论形成的宏观背景有（   ）
A. 市场和企业生产规模的迅速扩大
B. 对企业制度化管理的重视程度增强
C. 管理者和管理者组织的出现
D. 阶级斗争和革命组织出现高潮
E. 劳资关系矛盾激化

30. 根据战略管理学家凯菲的观点，以下战略定义不属于"线性模式"的是（   ）
A. 战略是一个企业根据其所处的特定情形而选择的一系列的行动
B. 战略是确定企业基本长期目标、选择行动途径和为实现这些目标进行资源分配
C. 战略是关于企业宗旨、目标和目的的一种模式．以及达到目标的政策和计划
D. 战略是企业的目标和政策要与环境匹配
E. 战略是公司为之奋斗的一些终点和为达到它们而寻求的方法的结合物

三、名词解释题
1. 保健因素（赫兹伯格双因素理论）

2. 巴纳德的"能率原则"

3. 阿曼德·费根堡姆的全面质量管理定义

4. 普拉哈拉德和哈默尔的核心竞争力定义

5. 企业再造

6. 泰勒的"职能工长制"

7. 管理方格论的"团结型领导"方式

8. 系统分析

9. 战略定义的"适应性模式"

10. 学习型组织理论的"共同愿景"

11. 泰勒的"作业管理"

12. 马斯洛的"尊重的需要"

13. 朱兰三部曲

14. 战略定义的"线性模式"

15. 威廉·大内的"A型组织管理模式"

16. 法约尔的"公平"管理原则

17. 团队型领导方式

18. 朱兰的"80/20原则"

19. 彼得·圣吉的"共同愿景"

20. 虚拟组织

21. 双因素理论

22. 明兹伯格的战略定义

23. 简述企业再造理论的基本观点

24. 沙因的企业文化定义

25. Y理论

26. 巴纳德的"能率"原则

27. 朱兰的质量三元论

28. 泰勒的"差别工资制"

29. 管理方格图理论的"任务型领导"领导方式

30. 经理学派的"作为联络者的经理"

四、简答题

1. 简述古典管理理论形成的现实原因。

2. 简述行为科学理论的局限性。

3. 简述权变管理学派理论的主要观点。

4. 简述对权变理论的评价。

5. 简述战略规划理论的核心思想。

6. 简述管理的概念。

7. 简述梅奥和他的学生对人际关系学说的理论要点总结。

8. 简述决策学派认为决策很难求得最佳方案的原因。

9. 简述乔治·斯坦纳关于战略规划经典模型的六个阶段。

10. 简述弗洛姆的期望理论。

11. 简述科学管理的前提假设。

12. 简述行为科学的历史贡献。

13. 简述贯彻 ISO9000 标准的意义。

14. 简述战略管理的资源、能力基础理论的产生背景。

15. 简述库塞斯和波斯纳的领导品质理论。

16. 简述战略资源、能力基础理论的局限性。

17. 简述劳伦斯·米勒关于成功企业文化建设的 8 种基本价值观。

18. 简述泰勒的科学管理的前提假设。

19. 简述管理方格论。

20. 简述乔治·斯坦纳的战略规划经典模型。

五、论述题

1. 论述领导生命周期理论。

2. 论述虚拟组织理论。

3. 试述菲德勒的领导权变模型理论。

4. 试述约翰·科特关于管理与领导的比较。

5. 试述经理角色学派的"经理十大角色"。

6. 试述企业再造理论。

7. 论述法约尔的五项管理职能。

8. 总结战略规划理论。

9. 论述行为科学理论的历史贡献及局限性。

10. 试述战略管理理论的发展演变。

后 记

《管理思想史》教材由王建军、杨智恒担任主编。参加编写的人员及分工如下：
  第一章　王建军（四川大学）
  第二章　叶栋梁（四川大学）
  第三章　唐　娟（西南科技大学）
  第四章　廖志高（四川大学）
  第五章　陈　静（成都信息工程学院）
  第六章　曾　巧（成都理工学院）
  第七章　杨智恒（四川大学）
  第八章　李文勇（四川大学）
  第九章　刘金程（四川师范大学）
  全书由王建军、杨智恒统稿和定稿。

在本书编写过程中，我们参阅了国内外有关管理思想史和管理学方面的著述，在此表示感谢。由于编者水平和掌握的材料有限，难免有疏漏和错误，敬请读者批评指正。

编　者

2007年8月10日